新HSK 급소공략 5급 쓰기

유태경, 팡훙메이, 이샤오샹 저

다락원

저자의 말

여러분, 新 HSK 쓰기 영역 때문에 고민이 많으시죠? 너무 생소한 시험 유형이라 어디에서부터 어떻게 준비해야 할지 감이 안 잡힐 수도 있습니다. 하지만 이것은 결코 여러분만의 고민이 아닙니다. 우리 수험생 모두가 함께 넘어야 할 산이라고 생각합니다. 하지만 꼭 넘고야 말겠다는 의지만 있다면 세상에 넘지 못할 산은 없습니다. 그래서 저희가 여러분이 이 높은 산을 넘는 데 힘이 되어 주고자 합니다.

본 교재는 수년간 HSK 수업을 하면서 쌓은 경험을 토대로 지난해부터 지금까지 치러진 新 HSK를 자세히 연구하고 분석하여 수험생들이 보다 쉽게 새로운 문제 유형에 적응할 수 있도록 구성하였습니다.

쓰기 영역은 어법의 기초 없이는 정복할 수 없습니다. 따라서 본 교재는 중국어 어법을 체계적으로 다루는 동시에 시험에서 자주 출제되는 어법 내용과 어휘를 한눈에 알아보기 쉽게 요점만 콕콕 찍어 설명했습니다.

특히 본 교재 쓰기 제1부분의 가장 큰 특징이자 장점은 문제 푸는 방법과 요령을 간단명료하게 공식화하여 학습자들이 좀더 빨리, 정확하게 정답에 접근할 수 있도록 한 것입니다. 또한 문제를 유형별로 분류하여 수험생들이 중국어의 어순과 구조를 보다 체계적으로 정리하고 분석하여 시험에 효과적으로 대비할 수 있도록 했습니다.

여러분들이 가장 어려워하는 쓰기 제2부분 작문에서는 '百看不如一写'의 원칙하에 누구나 자신의 생각과 견해를 보다 쉽게, 생동감 있게, 명확하게 표현할 수 있도록 가이드가 되어 드리려고 노력했습니다.

新 HSK에 응시하는 여러분 각자의 목적은 다르겠지만 쓰기 영역이야말로 수험생들의 진정한 중국어 실력을 평가할 수 있는 종합적인 부분이라고 생각합니다. 여러분이 하루 빨리 진정한 中国通이 되시길 빌면서 저희 교재가 여러분의 시험 준비에 많은 도움이 되길 바랍니다.

2011년 9월
유태경, 팡홍메이, 이샤오샹

이 책의 구성

이 책은 新 HSK 5급 쓰기 영역 시험에 기준하여, '제1부분' '제2부분' '모의고사'의 3장으로 구성되어 있다.

본책

'쓰기 급소공략 → 예제로 감 익히기 → 쓰기 내공 Tip → 실력 다지기' 순서로 5급 쓰기 영역을 집중 분석한다.

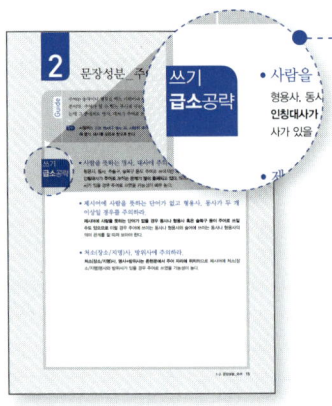

쓰기 급소공략

풀이 유형별로 꼭 알아야 할 공략법을 전수한다.

예제로 감 익히기

Mission을 풀어보며 어떤 유형의 문제가 어떻게 출제되는지 감을 익히고, 그 풀이 방법과 요령을 익힌다.

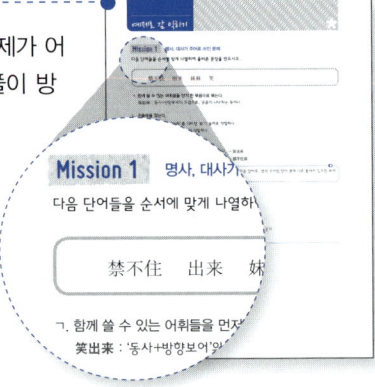

쓰기 내공 Tip

쓰기 실력 향상에 꼭 필요한 핵심 어법, 어휘, 표현 및 문형을 익힌다.

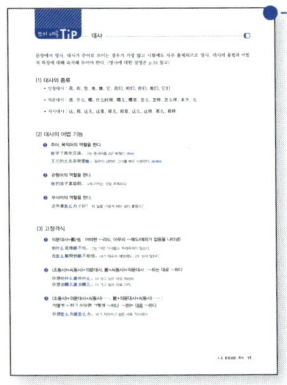

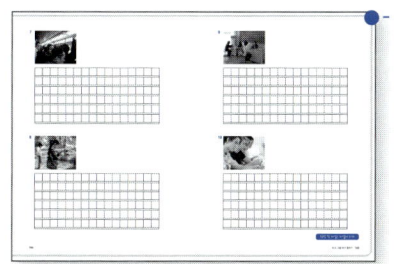

실력 다지기
풍부한 실전 문제로 실력을 다지고, 실제 시험에
대한 적응 훈련을 한다.

모의고사
최신 경향의 모의고사 3세트로 실전 감각을 익히고,
학습한 내용을 총복습한다.

해설서

각 장의 '실력 다지기'와 '모의고사'의 모든 문제에 대한 해설을
분권된 해설서에 담았다.

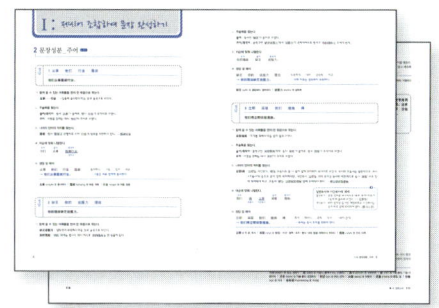

이 책의 표기법

① 이 책에 나오는 인명, 지명은 중국어 발음을 한국어로 표기하는 것을 원칙으로 하였다.

    예) 章子怡 → 장쯔이, 北京 → 베이징

② 품사는 다음과 같은 약어로 표기하였다.

품사	약자	품사	약자	품사	약자
명사/고유명사	명/고유	부사	부	접속사	접
대사	대	수사	수	감탄사	감
동사	동	양사	양	조사	조
조동사	조동	수량사	수량	의성사	의성
형용사	형	개사	개	성어	성

이 책의 순서

저자의 말   3
이 책의 구성   4
이 책의 순서   6
新 HSK 5급에 대하여   7
新 HSK 5급 쓰기 영역에 대하여   8

I 제1부분 : 제시어 조합하여 문장 완성하기

1. 기초 다지기   10
2. 문장성분_주어   15
3. 문장성분_술어   21
4. 문장성분_목적어   30
5. 문장성분_보어   37
6. 수식성분_관형어   61
7. 수식성분_부사어   67
8. 특수구문_연동문   75
9. 특수구문_겸어문   80
10. 특수구문_존현문   85
11. 특수구문_把자문   90
12. 특수구문_被자문   95
13. 특수구문_비교문   99
14. 특수구문_是……的구문   104
15. 특수구문_접속사   108

II 제2부분 : 제시어와 그림 보고 글쓰기

1. 문장의 유형   114
2. 제시어 사용하여 글쓰기   130
3. 그림 보고 글쓰기   150

III 모의고사 3회

1. 모의고사 1   168
2. 모의고사 2   170
3. 모의고사 3   172

2013년 汉办 新HSK 5급 필수어휘 수정리스트는 해설서 126~128쪽에 있습니다.

新 HSK 5급에 대하여

응시 대상
매주 2~4시간씩 2년 이상[400시간 이상] 집중적으로 중국어를 학습하고, 2,500개의 상용 어휘와 관련 어법 지식을 마스터한 학습자를 그 대상으로 한다.

시험 구성 및 시간 배분
듣기, 독해, 쓰기 3개 영역 합계 100문항을 풀게 되며, 총 소요시간은 120분 가량이다.
듣기 영역에 대한 답안은 듣기 시험 시간 종료 후 주어지는 시간(5분) 안에 답안지에 마킹하고, 독해와 쓰기 영역에 대한 답안은 해당 영역 시간에 직접 답안지에 작성한다.

시험 과목	문제 형식	문항 수		시험 시간
듣기(听力)	제1부분(두 사람의 대화 듣고 질문에 답하기)	20	45	약 30분
	제2부분(긴 대화나 단문 듣고 1개 이상의 질문에 답하기)	25		
듣기 영역에 대한 답안지 작성				5분
독해(阅读)	제1부분(빈칸에 알맞은 단어나 문장 고르기)	15	45	45분
	제2부분(단문 독해하고 일치하는 보기 고르기)	10		
	제3부분(장문 독해하고 3~5개 질문에 답하기)	20		
쓰기(书写)	제1부분(어휘 조합해서 문장 만들기)	8	10	40분
	제2부분(주어진 어휘 및 그림을 보고 80자 내외의 글쓰기)	2		
합계		100		약 120분

시험 등급 및 성적 결과
① 시험 등급 : 新 HSK 5급에 합격한 응시자는 중국어 신문과 잡지를 읽을 수 있고, 중국어 영화 또는 TV 프로그램을 감상할 수 있다. 또한 중국어로 비교적 완전한 연설을 할 수 있다.
② 성적 결과 : 성적표에는 듣기, 독해, 쓰기 세 영역의 점수와 총점이 기재된다. 각 영역별 만점은 100점이며, 총점은 300점으로 180점 이상이면 합격이다. 성적 결과는 시험일로부터 1개월 후, 중국고시센터 홈페이지에서 응시자 개별 조회가 가능하며, 성적표는 시험일로부터 40일경에 발송한다. HSK 성적은 시험일로부터 2년간 유효하다.

원서접수
① 인터넷 접수 : HSK 홈페이지(www.hsk.or.kr)에서 접수
② 방문접수 : HSK한국사무국 또는 서울공자아카데미(HSK한국사무국 2층)에서 접수
   • 접수시간 : 오전 10~12시, 오후 1시~5시(평일) / 오전 10~12시(토요일)
   • 준비물 : 응시원서, 사진 3장(최근 6개월 이내에 촬영한 3×4cm 반명함판 사진)
③ 우편접수 : 구비서류를 동봉하여 HSK한국사무국으로 발송(등기우편)
   • 구비서류 : 응시원서(3×4cm의 반명함판 사진 1장 부착) 및 별도 사진 1장, 응시비 입금 영수증

시험 당일 준비물
① 유효한 신분증
   • 주민등록증 기발급자 : 주민등록증, 운전면허증, 기간 만료 전의 여권, 주민등록증발급신청확인서, 군장교 신분증, 현역 사병 휴가증
   • 주민등록증 미발급자 : 기간 만료 전의 여권, 청소년증, HSK신분확인서(한국 내 소재 초·중·고등학생만 가능)
      * 학생증, 사원증, 의료보험증, 주민등록등본, 공무원증 등은 인정되지 않음.
② 수험표
③ 2B 연필, 지우개

新 HSK 5급 쓰기 영역에 대하여

시험 방식

新 HSK 5급 쓰기 영역은 총 10문제이며, 소요 시간은 약 40분이다. 제1부분, 제2부분으로 구성되며, 각각의 문제 형식은 다음과 같다.

	제1부분	제2부분
미리보기	三、书写 第一部分 第91~98题: 完成句子。 例如: 发表 这篇文章 什么时候 是 的 这篇文章是什么时候发表的? 91. 要 处理 遇到问题 灵活	第二部分 第99~100题: 写短文。 99. 请结合下列词语(要全部使用), 写一篇80字左右的短文。 挑战、放弃、困难、梦想、自信
문제 형식	제시어 조합하여 문장 완성하기	제시어와 그림 보고 글쓰기
시험 목적	중국어의 기본 어법을 이해하고 있는지, 문장 구조 및 어순에 맞게 올바른 문장을 쓸 수 있는 능력을 갖추고 있는지 테스트	제시된 단어의 뜻과 용법을 알고 자연스럽게 연결시켜 문장을 만들 수 있는지, 그림을 관찰하고 스토리를 짜서 어법에 맞게 문장을 만들 수 있는지 테스트
문항 수	8문항	2문항
시험 시간	약 10~12분	약 28~30분
	40분	

▶ **제1부분**

舊 HSK에는 없던 새로운 부분이다. 제시어를 조합하여 어순에 맞게 문장을 완성하는 유형으로, 중국어의 기본 어법과 문장 구조, 어순에 대한 이해도를 시험한다. 품사, 문장성분, 어순은 중국어 어법의 가장 기초이므로 쉽다고 그냥 넘기지 말고 완벽하게 개념이 설 때까지 반복해서 공부해야 한다. 그리고 기본 어법 중에서도 특히 연동문, 겸어문, 把자문, 被자문, 비교문, 是……的구문 등은 시험에 자주 출제되고, 듣기나 독해 영역에서도 매우 유용하게 쓰이는 어법이므로 평소 이 어법 사항들은 반드시 완벽하게 숙지하고 있어야 한다.

▶ **제2부분**

제2부분 역시 舊 HSK에는 없던 새로운 부분이다. 두 가지 유형이 있는데, 첫 번째는 주어진 제시어를 사용해서 문장을 만드는 것이고, 또 하나는 사진이나 그림을 보고 문장을 만드는 것이다.

첫 번째 유형은 보통 5개의 단어가 제시되는데 주로 명사, 동사, 형용사, 부사가 나온다. 제시된 단어를 보고 주제를 정한 후 주제에 따라 서술문으로 쓸지, 논설문으로 쓸지 문장의 성격을 정해야 한다. 또, 제시어를 어떤 순서로 쓸지 생각하고 간단한 개요를 짠 후 원고지에 글을 쓰는 것이 좋다.

두 번째 유형은 사진이나 그림이 제시되는데 현재까지는 인물 그림이 대부분이었다. 그림을 보고 글을 쓸 때는 그림을 자세히 관찰하는 것이 가장 중요하다. 제시어 없이 그림만 보고 작문을 해야 하므로, 그림을 보고 떠오르는 내용을 생각하고 핵심 어휘와 개요를 정리한 후 작문을 해야 완성도 높은 글을 쓸 수 있다.

제1부분

쓰기 제1부분은 총 8문항이다. 이 부분은 제시어를 조합하여 문장을 완성하는 유형으로, 중국어의 기본 어법을 잘 이해하고 있는지, 문장구조 및 어순에 맞게 올바른 문장을 쓸 수 있는 능력을 갖추고 있는지를 테스트한다.

제시어 조합하여 문장 완성하기

- 기초 다지기
- 문장성분_주어
- 문장성분_술어
- 문장성분_목적어
- 문장성분_보어
- 수식성분_관형어
- 수식성분_부사어
- 특수구문_연동문
- 특수구문_겸어문
- 특수구문_존현문
- 특수구문_把자문
- 특수구문_被자문
- 특수구문_비교문
- 특수구문_是……的구문
- 특수구문_접속사

1 기초 다지기

> **Guide** 쓰기 제1부분은 중국어의 어순을 알아야 풀 수 있는 문제이므로 먼저 중국어 어법의 기초가 되는 품사와 문장성분, 어순을 이해하고 숙지하도록 하자.

품사

품사란 단어를 기능, 형태, 의미에 따라 나눈 갈래를 말한다. 중국어의 품사에는 명사, 대사, 동사, 조동사, 형용사, 수사, 양사, 부사, 개사, 조사, 접속사, 감탄사, 의성사 등이 있다.

(1) 명사
이 세상에 존재하는 모든 사람, 사물에 붙어있는 이름을 명사라고 한다.
예 妈妈, 衣服, 韩国, 学校, 汽车

(2) 대사
명사를 대신해서 쓰는 단어를 대사라고 한다.
- 인칭대사 : 你, 你们, 我, 我们
- 지시대사 : 这, 那, 这么, 那么
- 의문대사 : 谁, 哪, 什么, 怎么

(3) 동사
동작, 행위, 심리활동, 존재, 발전, 변화, 소실 등을 나타내는 단어를 동사라고 한다.
- 동작, 행위를 나타내는 동사 : 看, 听, 吃, 睡
- 심리활동을 나타내는 동사 : 喜欢, 希望, 知道
- 발전, 변화를 나타내는 동사 : 生, 死, 开始, 变化
- 판단, 존재를 나타내는 동사 : 是, 有, 在
- 방향을 나타내는 동사 : 来, 去, 上, 下
- 명령을 나타내는 동사 : 使, 叫, 请, 要求

(4) 조동사

동사 앞에 위치하여 가능, 당위, 염원의 뜻을 나타내는 단어를 조동사라고 한다.

예 能, 会, 要, 可以, 得, 想, 应该

(5) 형용사

사람이나 사물의 형상, 성질을 설명하거나 혹은 동작의 상태를 묘사하는 단어를 형용사라고 한다.

예 大, 小, 好, 坏, 快, 慢

(6) 수사

숫자를 나타내는 단어를 수사라고 하는데, 수사에는 수량의 크기를 나타내는 기수와 순서를 나타내는 서수가 있다.

- 기수 : 零, 一, 二, 三

- 서수 : 第一, 第三本, 初一

(7) 양사

사물을 세는 단위를 양사라고 하는데, 양사에는 사람이나 사물의 수량을 세는 명량사, 동작의 횟수를 세는 동량사, 동작의 지속 시간을 세는 시량사가 있다.

- 명량사 : 个, 位, 本, 件, 张

- 동량사 : 次, 遍, 场, 回, 顿

- 시량사 : 年, 天, 分钟, 小时, 星期

(8) 부사

일반적으로 동사나 형용사 앞에 쓰여 부정, 시간, 범위, 정도, 빈도, 어기, 상태 등을 나타내는 단어를 부사라고 한다.

예 没, 不, 已, 只, 很, 又, 再, 一定, 也

(9) 개사

일반적으로 '개사+명사/대사'의 구조로 동사 앞에 위치하여 동작의 시간, 장소, 방향, 대상, 원인, 방식, 피동, 비교 등의 뜻을 나타내는 단어를 개사라고 한다.

예 在, 给, 往, 和, 比, 把, 从, 离

(10) 조사

일반적으로 단독으로 사용할 수 없고 구체적인 의미도 없지만, 단어나 구 뒤에 첨가되어 문법적 관계, 동작의 상태 등을 나타내는 것을 조사라고 한다.

❶ 구조조사 : 앞뒤의 문법적 구조를 제시해 준다.

的	관형어와 명사를 연결	我(관형어) 的 书(명사) 在哪儿? 내 책은 어디에 있지?
地	부사어와 술어를 연결	她 很高兴(부사어) 地 回家了(술어)。 그녀는 매우 기뻐하며 집으로 돌아 왔다.
得	술어와 보어를 연결	你 来(술어) 得 很早(보어)。 너 일찍 왔구나.

❷ 동태조사 : 동사 뒤에 위치하여 동작이나 상황이 어떠한 상태에 있는가를 나타낸다.

了	동작의 완료	我买了一本汉语书。 나는 중국어 책을 한 권 샀다.
着	동작, 상태의 지속	桌子上放着一本书。 책상에 책이 한 권 놓여 있다.
过	과거의 동작, 경험	我去过中国。 나는 중국에 가본 적이 있다.

❸ 어기조사 : 문장 끝에 위치하여 화자의 말투나 감정을 나타낸다.

吗	의문	你是中国人吗? 당신은 중국사람인가요?
呢	의문, 확인, 강조, 반문	我已经吃饭呢。 나 이미 밥 먹었어.
吧	명령, 요구, 상의, 건의	你一个人去吧! 너 혼자 가!

(11) 접속사

단어와 단어, 구와 구, 절과 절, 문장과 문장을 연결해주는 단어를 접속사라고 한다.

예 虽然, 因为, 如果, 只有, 宁可

(12) 감탄사

말하는 사람의 놀람, 느낌, 등을 나타내는 말을 뜻한다.

예 哎呀, 喂, 啊

(13) 의성사

소리를 나타내는 단어를 말한다.

예 哈哈, 哗啦, 哇哇

문장성분

문장성분이란 문장을 구성하는 성분으로 문장에서의 역할을 나타내며, 중국어에는 6개의 문장성분이 있다.

- 주어, 술어, 목적어 : 문장의 뼈대가 되는 성분이다.
- 관형어, 부사어 : 수식성분으로 관형어는 주어와 목적어를 꾸며주고, 부사어는 주로 술어 앞에 위치하여 술어를 꾸며준다.
- 보어 : 술어 뒤에서 술어를 보충 설명하는 성분이다.

어순

중국어의 문장구조는 6대 문장성분으로 이루어져 있다.

❶ 중국어 문장의 기본 어순은 '주어+술어+목적어'이다.

朋友　买　书。 친구는 사전을 산다.
주어　술어　목적어

❷ 주어와 목적어는 수식성분인 관형어의 수식을 받을 수 있다.

(관형어) + 주어 + 술어 + (관형어) + 목적어

(我)　的　朋友　买　了　(一本)　(汉语)　词典。
(관형어)　구조조사　주어　술어　동태조사　(관형어)　(관형어)　목적어

나의 친구는 중국어 사전을 한 권 샀다.

❸ 술어는 수식성분인 부사어의 수식을 받을 수 있다.

(관형어) + 주어 + {부사어} + 술어 + (관형어) + 목적어

(我)　的　朋友　{在书店}　买　了　(一本)　(汉语)　词典。
(관형어)　구조조사　주어　부사어　술어　동태조사　(관형어)　(관형어)　목적어

나의 친구는 서점에서 중국어 사전을 한 권 샀다.

❹ 보어는 술어 뒤에서 술어를 보충 설명한다.

(관형어) + 주어 + {부사어} + 술어 + 〈보어〉 + (관형어) + 목적어

(我)　的　朋友　{在书店}　买　〈到〉　了　(一本)　(汉语)　词典。
(관형어)　구조조사　주어　부사어　술어　보어　동태조사　(관형어)　(관형어)　목적어

나의 친구는 서점에서 중국어 사전을 한 권 샀다.

다음 각 문장의 문장성분을 적어보세요.

1 这位小姐是我哥哥的女朋友。
_____

2 他很详细地介绍了他们公司的情况。
_____

3 我去年去过一次中国。
_____

4 在中国，我哥哥认识了很多外国朋友。
_____

5 马上要毕业的同学们在学校门口照了一张照片。
_____

정답 및 해석

1 这位 / 小姐 / 是 / 我哥哥 / 的 / 女 / 朋友。
　　관형어　주어　술어　관형어　구조조사　관형어　목적어
이 아가씨는 내 형의 여자친구이다.

2 他 / 很详细 / 地 / 介绍 / 了 / 他们公司 / 的 / 情况。
　주어　부사어　구조조사　술어　동태조사　관형어　구조조사　목적어
그는 그들 회사의 상황을 매우 자세하게 소개했다.

3 我 / 去年 / 去 / 过 / 一次 / 中国。
　주어　부사어　술어　동태조사　보어　목적어
나는 작년에 중국에 한 번 간 적이 있다.

4 在中国, / 我 / 哥哥 / 认识 / 了 / 很多 / 外国 / 朋友。
　부사어　관형어　주어　술어　동태조사　관형어　관형어　목적어
중국에서 우리 형은 많은 외국 친구를 알게 되었다.

5 马上要毕业 / 的 / 同学们 / 在学校门口 / 照 / 了 / 一张 / 照片。
　관형어　구조조사　주어　부사어　술어　동태조사　관형어　목적어
곧 졸업을 하는 반 친구들은 학교 정문에서 사진을 한 장 찍었다.

2 문장성분_주어

Guide

주어는 동작이나 행동을 하는 사람이나 사물로, 문장 안에서 '누구' 혹은 '무엇'에 해당하는 성분이다. 주어가 될 수 있는 품사와 구는 명사, 대사, 형용사, 동사(구), 주술구, 술목구가 있는데 그 중에서도 명사, 대사가 주어로 쓰이는 경우가 많고 시험에도 자주 출제된다.

주의 시험에는 **주로 명사나 대사 즉, 사람이 주어로 쓰이는 문제가 많이 출제되므로** 문장에서 주어를 찾을 때 명사, 대사를 위주로 찾도록 한다.

쓰기 급소공략

- **사람을 뜻하는 명사, 대사에 주의하라.**

  형용사, 동사, 주술구, 술목구 등도 주어로 쓰이지만 **시험에는 주로 사람을 뜻하는 명사나 인칭대사가 주어로 쓰이는 문제가 많이 출제되고 있다.** 따라서 제시어에 사람을 뜻하는 명사가 있을 경우 주어로 쓰였을 가능성이 매우 높다.

- **제시어에 사람을 뜻하는 단어가 없고 형용사, 동사가 두 개 이상일 경우를 주의하라.**

  제시어에 사람을 뜻하는 단어가 없을 경우 동사나 형용사 혹은 술목구 등이 주어로 쓰일 수도 있으므로 이럴 경우 주어에 쓰이는 동사나 형용사와 술어에 쓰이는 동사나 형용사의 의미 관계를 잘 따져 보아야 한다.

- **처소(장소/지명)사, 방위사에 주의하라.**

  처소(장소/지명)사, 명사+방위사는 존현문에서 주어 자리에 위치하므로 제시어에 처소(장소/지명)명사와 방위사가 있을 경우 주어로 쓰였을 가능성이 높다.

예제로 감 익히기

Mission 1   명사, 대사가 주어로 쓰인 문제

다음 단어들을 순서에 맞게 나열하여 올바른 문장을 만드시오.

> 禁不住   出来   妹妹   笑

ㄱ. 함께 쓸 수 있는 어휘들을 먼저 한 묶음으로 묶는다.
   笑出来 : '동사+방향보어'의 조합으로, '웃음이 나다'라는 뜻이다.

ㄴ. 주술목을 찾는다.
   술어 : 동사 '笑'와 '禁不住' 중 의미상 '笑'가 술어로 적합하다.
   주어 : '笑'의 주어는 명사 '妹妹'가 적합하다.

ㄷ. 나머지 단어의 위치를 찾는다.
   出来 : 방향보어로서 술어동사 '笑' 뒤에 위치해야 한다. → 笑出来
   禁不住 : 부사어로서 술어동사 '笑' 앞에 위치해야 한다. → 禁不住笑

   > '禁不住'는 동사로서 술어로도 쓰이고 부사로서 부사어로도 쓰이는 단어로, 만약 주어진 단어 중에 다른 동사가 있으면 부사어로 쓰이고, 다른 동사가 없으면 술어로 쓰인다.

ㄹ. 어순에 맞춰 나열한다.

   주어   부사어   술어
   妹妹   **禁不住**   **笑_____出来。**
   명사   동사 + 방향보어

ㅁ. 정답 및 해석

   禁不住   出来   妹妹   笑   저도 모르게   나오다   여동생   웃다
   → 妹妹禁不住笑出来。   → 여동생은 저도 모르게 웃었다.

禁不住 jīnbúzhù 🔹 저도 모르게 | 笑 xiào 🔹 웃다

Mission 2 형용사, 동사(구)가 주어로 쓰인 문제

다음 단어들을 순서에 맞게 나열하여 올바른 문장을 만드시오.

> 什么　用　着急　有

ㄱ. 함께 쓸 수 있는 어휘들을 먼저 한 묶음으로 묶는다.
   有什么用 : '～한들 무슨 소용이 있겠는가'라는 뜻의 고정구문이다.

ㄴ. 주술목을 찾는다.
   주어 : '有什么用' 자체가 술목구로서 술어 역할을 하고 있으므로 형용사 '着急'가 주어가 된다.
   술어/목적어 : '有什么用'이 술목구로 쓰였으므로 '有'가 술어, '什么用'이 목적어가 된다.

ㄷ. 어순에 맞춰 나열한다.
   주어　　술어　　목적어
   着急　　有　　什么　用?
   형용사　　　　　명사구

ㄹ. 정답 및 해석
   什么　用　着急　有　　무슨　필요하다　조급해하다　있다
   → **着急有什么用?**　　→ 서두른들 무슨 소용이 있는가?

着急 zháojí 동 조급해하다, 초조해하다 | **用** yòng 명 쓸모, 용도 동 쓰다, 사용하다

Mission 3 술목구가 주어로 쓰인 문제

다음 단어들을 순서에 맞게 나열하여 올바른 문장을 만드시오.

> 有意思   比賽   非常   看   棒球

ㄱ. 함께 쓸 수 있는 어휘들을 먼저 한 묶음으로 묶는다.
　看……比賽 : '~경기를 보다, 관람하다'라는 뜻의 상용격식이다.

ㄴ. 주술목을 찾는다.
　술어 : 동사 '看'과 형용사 '有意思'를 의미 관계에 따라 배열하면 '~를 보는 것은 재미있다'라는 문장을 완성할 수 있다. 따라서 술어는 형용사 '有意思'가 되어야 한다.
　주어 : 술어 '有意思'의 주어는 '시합을 보는 것'이므로 '看……比賽'가 되어야 한다.

ㄷ. 나머지 단어의 위치를 찾는다.
　棒球 : '比賽'의 범위를 제한하는 관형어로 쓰였으므로 '比賽' 앞에 위치해야 한다. → 棒球比賽
　非常 : 형용사를 수식하는 부사이므로 '有意思' 앞에 위치해야 한다. → 非常有意思

ㄹ. 어순에 맞춰 나열한다.

　　　　　주어　　　　　　　　　술어
　看　棒球比賽　　　非常　　有意思。
　　　　술목구　　　　　　　　형용사구

ㅁ. 정답 및 해석
　有意思   比賽   非常   看   棒球   재미있다 경기 매우 보다 야구
　→ **看棒球比賽非常有意思。**　　　→ 야구 경기를 보는 것은 정말 재미있다.

棒球 bàngqiú 명 야구 | 比賽 bǐsài 명 경기, 시합 | 有意思 yǒuyìsi 형 재미있다, 흥미 있다

쓰기 내공 TIP — 대사

문장에서 명사, 대사가 주어로 쓰이는 경우가 가장 많고 시험에도 자주 출제되므로 명사, 대사의 용법과 어법적 특징에 대해 숙지해 두어야 한다. (명사에 대한 설명은 p.34 참고)

(1) 대사의 종류

- 인칭대사 : 我, 你, 您, 他, 她, 它, 我们, 咱们, 你们, 他们, 它们
- 의문대사 : 谁, 什么, 哪, 什么时候, 哪儿, 哪里, 怎么, 怎样, 怎么样, 多少, 几
- 지시대사 : 这, 那, 这儿, 这里, 那儿, 那里, 这么, 这样, 那么, 那样

(2) 대사의 어법 기능

❶ 주어, 목적어의 역할을 한다.

他学了两年汉语。 그는 중국어를 2년 배웠다. (주어)
王兰的丈夫非常爱她。 왕란의 남편은 그녀를 매우 사랑한다. (목적어)

❷ 관형어의 역할을 한다.

他的孩子真聪明。 그의 아이는 정말 똑똑하다.

❸ 부사어의 역할을 한다.

这件事怎么办才好? 이 일을 어떻게 하는 것이 좋을까?

(3) 고정격식

❶ 의문대사+都/也 : 어떠한 ~라도, 아무리 ~해도(예외가 없음을 나타냄)

他什么困难都不怕。 그는 어떤 어려움도 두려워하지 않는다.
我怎么解释他都不相信。 내가 아무리 해명해도 그는 믿지 않는다.

❷ (조동사)+A(동사)+의문대사, 就+A(동사)+의문대사 : ~하는 대로 ~하다

你想吃什么就吃什么。 너 먹고 싶은 대로 먹어라.
你想去哪儿就去哪儿。 너 가고 싶은 대로 가라.

❸ (조동사)+의문대사+A(동사)……, 就+의문대사+A(동사)…… :
어떻게 ~하고 싶으면 그렇게 ~하다, ~하는 대로 ~하다

你想怎么办就怎么办。 네가 처리하고 싶은 대로 처리해라.

실력 다지기

1~5 제시된 단어를 어순에 맞게 조합하여 문장을 완성하시오.

1 从事   他们   行业   服装

2 缺乏   你的   说服力   理由

3 立即   采取   我们   措施   得

4 给他   印象   北京   留下了   深刻的

5 挑战   面临着   股票市场   新的

3 문장성분_술어

Guide
술어는 주어가 '어떤 행위를 하다, 어떠하다, 무엇이다'를 설명하는 말이다. 다시 말해 술어는 주어의 행위, 상태, 성질 등을 설명한다. 술어가 될 수 있는 품사와 구는 동사, 형용사, 동사구, 형용사구, 주술구 등이 있는데 모두 시험에 자주 출제된다.

주의 시험에는 **주로 동사나 형용사가 술어로 쓰이는 경우가 많으므로**, 문장에서 술어를 찾을 때 우선 동사나 형용사가 있는지 살펴보도록 한다.

쓰기 급소공략

- **동사, 형용사에 주목하라.**
  제시어에 동사나 형용사가 있을 경우 술어로 쓰였을 가능성이 매우 높다. 이때 형용사는 목적어를 갖지 않으므로 제시어에 나온 명사(구)는 주어일 가능성이 높다.

- **술어성분을 목적어로 갖는 동사를 암기하라.**
  형용사(구), 동사(구), 주술구, 술목구 등 술어 성분이 목적어로 쓰였을 경우, 전체 문장의 술어와 목적어 내의 술어를 구분하기가 어려운 경우가 있으므로, '觉得, 打算, 认为' 등 **술어 성분을 목적어로 갖는 동사의 특징을 잘 숙지해야 한다.** 또한 주술구가 술어로 쓰인 문장에서 술어에 쓰인 주어와 전체 문장의 주어를 구분하기가 어려운 경우가 있으므로 단어 간의 의미 관계를 잘 파악해야 한다.

- **이합동사와 이중목적어를 목적어로 갖는 동사(수여동사)에 주의하라.**
  제시어에 이합동사나 수여동사가 있을 경우 그 특징과 용법에 주의하여 단어를 배열하도록 한다. 특히 이합동사는 뒤에 목적어를 수반할 수 없다는 점, 수여동사는 반드시 '동사+간접목적어(사람)+직접목적어(사물)'의 순으로 배열해야 한다는 점을 기억하자.

- **형용사의 용법에 주의하라.**
  형용사는 술어 외에 관형어, 부사어, 보어 등의 용법으로도 많이 쓰이므로 형용사의 용법에 주의해야 한다. 특히 '快, 慢, 多, 少, 早, 晚' 등의 1음절 형용사는 부사어와 보어로 많이 쓰이고, 일부 2음절 형용사 '认真, 努力, 仔细, 急忙' 등은 부사어로 자주 쓰인다는 점을 알아두자.

예제로 감 익히기

Mission 1 동사(구)나 형용사가 술어로 쓰인 문제

다음 단어들을 순서에 맞게 나열하여 올바른 문장을 만드시오.

> 春节　传统节日　中国的　是

ㄱ. 함께 쓸 수 있는 어휘들을 먼저 한 묶음으로 묶는다.
　　中国的传统节日 : '中国的' 뒤에는 명사(구)가 와야 한다. 그런데 이 문장에서는 문맥상 명사 '春节'보다는 명사구 '传统节日'가 와야 자연스럽다.

ㄴ. 주술목을 찾는다.
　　술어 : 동사 '是'가 술어로 적합하다.
　　주어 : 의미 관계에 따라 배열하면 '春节'가 동사 '是'의 주어가 되어야 한다.
　　목적어 : 목적어가 될 수 있는 두 개의 명사 중 '春节'가 주어이므로 '传统节日'가 동사 '是'의 목적어임을 알 수 있다.

ㄷ. 어순에 맞춰 나열한다.
　　　주어　　술어　　　　목적어
　　　春节　　是　　中国的　传统节日。
　　　　　　동사　　　　명사구

ㄹ. 정답 및 해석
　　春节　传统节日　中国的　是　　　춘지에　전통명절　중국의　~이다
　　→ 春节是中国的传统节日。　　　→ 춘지에는 중국의 전통명절이다.

传统 chuántǒng 명 전통 ｜ **节日** jiérì 명 (국경일 따위의 법정) 기념일, 경축일

Mission 2 주술구가 술어로 쓰인 문제

다음 단어들을 순서에 맞게 나열하여 올바른 문장을 만드시오.

> 悠久   那座   历史   寺庙

ㄱ. 함께 쓸 수 있는 어휘들을 먼저 한 묶음으로 묶는다.
  历史悠久 : '역사가 유구하다'라는 뜻의 주술구이다.
  那座寺庙 : '지시대사+양사' 뒤에는 명사가 나와야 하므로 '那座寺庙'가 한 묶음이 된다.

ㄴ. 주술목을 찾는다.
  술어 : 주술구 '历史悠久'가 술어로 쓰였다.
  주어 : '역사가 깊은' 것은 저 사찰이므로 명사구 '那座寺庙'가 주어가 된다.

ㄷ. 어순에 맞춰 나열한다.

  <u>那　座　寺庙</u>　<u>历史　悠久</u>。
  　지시대사 + 양사 + 명사　　　주술구
  　　　（주어）　　　　　　（술어）

ㄹ. 정답 및 해석

  悠久　那座　历史　寺庙　　　　유구하다　저　역사　사찰
  → 那座寺庙历史悠久 。　　　　→ 저 사찰은 역사가 유구하다.

悠久 yōujiǔ 형 유구하다, 길다 | 历史 lìshǐ 명 역사 | 寺庙 sìmiào 명 사원, 절, 사찰

 동사, 형용사

문장에서 동사, 형용사가 술어로 쓰이는 경우가 많고 시험에도 자주 출제되므로 동사, 형용사의 용법과 어법적 특징에 대해 숙지해 두어야 한다.

동사

동사의 종류로는 일반동사, 이중목적어를 목적어로 갖는 동사, 형용사(구)/동사(구)/주술구를 목적어로 갖는 동사, 이합동사, 조동사 등이 있다.

(1) 일반동사

동작을 나타내는 동사를 말한다.

> 看, 听, 写, 吃, 读, 睡, 穿

❶ 일반적으로 목적어를 갖는다.

看书 책을 보다   吃饭 밥을 먹다

❷ 동사 뒤에 동태조사 등을 덧붙일 수 있다.

看了 보았다   看着 보고 있다   看过 본 적 있다

❸ 정도부사를 제외한 부사의 수식을 받을 수 있다.

一起吃 함께 먹다   都有 모두 있다   只是 오직 ~이다. (단지) ~이다

❹ 부정형식은 동사 앞에 부정부사 '不, 没'를 쓴다.

不看 보지 않다   没到 아직 도착하지 않았다

❺ 동사 뒤에 각종 보충 성분이 올 수 있다.

吃完 다 먹었다   坐下 앉다   等一会儿 잠깐 기다리다

❻ 대부분의 일반동사는 중첩할 수 있다.

• 1음절 동사의 중첩

AA	A一A	A一下	A了A	A了一A
看看	看一看	看一下	看了看	看了一看
想想	想一想	想一下	想了想	想了一想

• 2음절 동사의 중첩

ABAB	AB一下
介绍介绍	介绍一下
研究研究	研究一下

- 이합동사의 중첩

AB	AAB
聊天	聊聊天
见面	见见面

❼ 심리 활동을 나타내는 동사는 정도부사의 수식을 받을 수 있지만 그 이외의 동사는 정도부사의 수식을 받을 수 없다.

很**生气** 매우 화내다   十分**喜欢** 매우 좋아하다   非常**担心** 굉장히 걱정하다
很看(×)   十分听(×)   非常吃(×)

(2) 이중목적어를 목적어로 갖는 동사
직접목적어와 간접목적어를 모두 취할 수 있는 동사를 말한다.

送，给，问，告诉，交，还，借，回答，教，通知

刘老师**教**我们汉语。 리우 선생님은 우리에게 중국어를 가르친다.
小王**告诉**我他已经离开学校。 샤오왕이 나에게 그가 이미 학교를 떠났다고 알려줬다.

(3) 형용사(구), 동사(구), 주술구를 목적어로 갖는 동사
일부 동사는 형용사(구), 동사(구)를 목적어로 취한다.

觉得，希望，喜欢，打算，认为，以为，感到，发现，进行，开始，难以，决定，准备，同意，主张，盼望

进行研究 연구를 진행하다   **希望**他来 그가 오기를 희망하다
打算去上海 상하이에 갈 계획이다   **感到**舒服 편안함을 느끼다
觉得闷热 후덥지근함을 느끼다   **以为**你不来了 네가 안 오는 줄 알았어
发现有问题 문제가 있다는 것을 발견하다   **准备**去旅行 여행을 갈 계획이다

(4) 이합동사
동사와 목적어가 합쳐져서 하나의 단어처럼 쓰이는 동사를 이합동사라고 한다.

见面，睡觉，毕业，唱歌，跳舞，聊天，上课，散步，生气，说话，游泳，帮忙，
结婚，照相，握手，打架，分手，道谢，请假，洗澡，放假，吃亏，插嘴

❶ 뒤에 목적어를 수반할 수 없다.

帮忙他(×)   见面他(×)   毕业大学(×)

❷ 이합동사의 목적어는 A(동사)와 B(목적어) 사이에 위치하거나, 개사를 동반하여 이합동사 앞에 위치하기도 한다.

- A+목적어+B

  帮他**忙** 그를 돕다   **见**他**面** 그를 만나다

- 개사+목적어+AB

    给他**帮**忙 그에게 도움을 주다   跟他**见**面 그와 만나다   从**大学毕**业 대학을 졸업하다

❸ 동태조사, 양사 등은 A(동사)와 B(목적어) 사이에 위치한다.

见过面 만난 적이 있다   见一次面 한 번 만난 적 있다   散一个小时步 한 시간 동안 산책하다

❹ 이합동사의 중첩형식은 동사만을 중첩한다. (AAB)

帮帮忙 좀 돕다   散散步 좀 걷다   聊聊天 수다를 좀 떨다

❺ 보어는 A(동사)와 B(목적어) 사이에 위치한다.

理完了发 이발을 다 했다   说起话来 말을 하기 시작하다

(5) 조동사

동사나 형용사 앞에 와서 능력, 가능, 소망, 허가, 추정, 당위 등을 나타내는 동사를 말한다.

> 会，能，可以，要，想，应该，得，愿意

❶ 술어 앞에 위치한다.

我**要**学习汉语。 나는 중국어를 공부하려고 한다.

❷ 조동사는 중첩할 수 없다.

我**应该应该**帮助你。(×)   我**要要**你的书。(×)

❸ 동태조사 '了，着，过'를 동반할 수 없다.

会了(×)   要着(×)   应该过(×)

> 단, '能'은 '没'의 수식을 받을 수 있다.
>
> 没能听懂 이해하지 못했다

❹ 조동사는 부정부사 '不'의 수식을 받는다.

不会   不能   不可以   不要   不想

❺ 술어 앞에 부사, 개사구가 있을 때 조동사는 부사 뒤, 개사구 앞에 위치한다.

你一定**得**把那个故事讲完。 너는 그 이야기를 반드시 끝까지 말해야 한다.

형용사

형용사는 술어 역할 외에 관형어, 부사어, 보어 등 다양한 역할을 한다.

(1) 형용사의 문법적 특징

❶ 대다수의 형용사는 정도부사의 수식을 받는다.

很红 매우 붉다   很忙 매우 바쁘다   非常漂亮 굉장히 예쁘다

❷ 형용사는 목적어를 수반할 수 없다. 단, 일부 형용사는 동사로 쓰여 목적어를 수반하기도 한다.

　　方便的方法 편리한 방법 (형용사)　　　　**方便**了群众 군중을 편리하게 했다 (동사)

❸ 대다수의 형용사는 중첩할 수 있다.

　　好好 잘　　　漂漂亮亮 매우 예쁘다　　　高高兴兴 매우 기쁘다

(2) 형용사의 어법 기능

❶ 관형어로 쓰인다.

- 1음절 형용사와 일부 2음절 형용사는 '的'를 사용하지 않고 직접 명사를 수식한다.

　　红苹果 빨간 사과　　　**老**朋友 오랜 친구　　　**新**技术 새로운 기술
　　普通人 보통 사람　　　**老实**人 성실한 사람　　　**重要**问题 중요한 문제

- 형용사가 부사의 수식을 받을 때는 명사 앞에 '的'를 쓴다.

　　他是个**很老实的**人。　그는 매우 정직한 사람이다.
　　我有一件**非常重要的**问题。　나는 매우 중요한 문제가 하나 있다.

❷ 술어로 쓰인다.

　　办公室非常**安静**。　사무실이 매우 조용하다.
　　她提出的意见很**新鲜**。　그녀가 낸 의견은 매우 참신하다.

❸ 부사어로 쓰인다.

'快, 慢, 多, 少, 早, 晚' 등의 1음절 형용사와 일부 2음절 형용사 '认真, 努力, 仔细, 急忙' 등은 부사어로 자주 쓰인다.

　　多吃 많이 먹어라　　　　　**快**回家 빨리 집으로 돌아가라
　　认真工作 열심히 일하다　　**努力**学习 열심히 공부하다

❹ 보어로 쓰인다.

　　洗**干净** 깨끗이 씻다　　　吃**多**了 많이 먹었다

(3) 형용사 중첩

❶ 형용사는 중첩 후 묘사 작용이 강해지고 생동감이 살아난다.

　　清清楚楚 아주 분명하다　　　干干净净 아주 깨끗하다
　　舒舒服服 아주 편안하다　　　热热闹闹 아주 시끌벅적하다

❷ 형용사 중첩은 '很, 非常'과 같은 정도부사의 수식을 받지 않는다.

　　他是个**很老老实实**的人。(×)　　　**非常高高兴兴**地回家了。(×)

❸ 형용사의 중첩 형식

- 1음절 형용사의 중첩

AA
大大
长长
好好

- 2음절 형용사의 중첩

AABB
漂漂亮亮
暖暖和和
痛痛快快

- 기타 중첩 형식

ABAB	A里AB	ABB
형용사 자체에 비유나 묘사의 뜻을 포함하고 있는 경우	부정적 의미(혐오, 경시)의 2음절 형용사인 경우	언어적 습관에 따른 경우
笔直笔直	糊里糊涂	阴沉沉
雪白雪白	小里小气	活生生
冰凉冰凉	傻里傻气	孤零零
通红通红	土里土气	胖乎乎
漆黑漆黑	啰里啰嗦	热乎乎

❹ 형용사 중첩의 문법적 기능

- 관형어로 쓰인다.

    大大的苹果 매우 큰 사과　　地地道道的北京话 정통 베이징어

- 부사어로 쓰인다.

    轻轻地放下 가볍게 놓다　　仔仔细细地看了一遍 자세히 한번 보았다

- 1음절 형용사 중첩은 술어로 쓰인다.

    眼睛大大的 눈이 매우 크다　　头发长长的 머리가 매우 길다

- 2음절 형용사 중첩은 보어로 쓰인다.

    打扮得漂漂亮亮(的) 매우 예쁘게 치장하다　　记得清清楚楚(的) 분명하게 기억하다

- 일부 형용사는 ABAB 형식으로 중첩되어 동사 용법으로 쓰인다.

    可怜，暖和，凉快，痛快，热闹，高兴，丰富

    您就可怜可怜这个孩子吧。이 아이를 불쌍히 여겨 주세요.
    别站在那儿，进屋暖和暖和吧。거기 서 있지 말고 들어와서 몸을 좀 녹여라.
    快把这件事告诉你爸爸，让他高兴高兴。이 일을 빨리 아빠에게 알려서 아빠를 기쁘게 해 드려라.

실력 다지기

1~5 제시된 단어를 어순에 맞게 조합하여 문장을 완성하시오.

1 着   一直   保持   她   习惯   这个

2 确实   自信的   能够   人   吸引   力量

3 工作表现   突出   非常   她的

4 要   态度   一定   道歉的时候   诚恳

5 实在   完美   这件   太   艺术品   了

4 문장성분_목적어

> **Guide**
> 중국어에서 목적어는 술어 뒤에 와서 행위의 대상, 행위의 목적지, 행위가 발생하는 장소, 존재하는 사물, 행위자 등을 나타내거나 판단의 대상이 되는 성분이다. 목적어가 될 수 있는 품사와 구는 명사, 대사, 형용사(구), 동사(구), 주술구, 술목구가 있는데 그 중에서도 명사(구)가 목적어로 쓰이는 경우가 가장 많고 시험에도 가장 많이 출제된다. 형용사(구), 동사(구), 주술구, 술목구가 목적어로 쓰이는 경우도 적지 않으며 시험에도 자주 출제되고 있다.
>
> **주의** 시험에는 **주로 명사(구)가 목적어로 자주 쓰이는데**, 명사(구)는 주어로도 자주 쓰이는 품사이므로 문장에서 명사나 명사구를 찾으면 주어인지 목적어인지 잘 구분하도록 해야 한다.

쓰기 급소공략

- **명사, 명사구에 주의하라.**
  제시어에 사람을 뜻하는 명사와 기타 명사가 있을 경우 **사람을 뜻하는 명사는 주어, 기타 명사는 목적어**로 쓰였을 가능성이 매우 높다. 관형어의 수식을 받는 명사 즉, 명사구는 일반적으로 목적어로 쓰이는 경우가 많지만 형용사가 술어일 경우 주어로 쓰였을 가능성이 더 높다.

- **제시어에 사람을 뜻하지 않는 명사만 두 개 이상일 경우를 주의하라.**
  제시어에 사람을 뜻하는 단어가 없고 사물을 뜻하는 명사만 두 개 이상일 경우, **주어로 쓰이는 명사와 목적어로 쓰이는 명사의 의미 관계**를 잘 따져 보고 어순에 맞게 배열해야 한다.

- **제시어에 술어 성분을 목적어로 갖는 동사와 기타 동사나 형용사가 있는 경우를 주의하라.**
  제시어에 술어 성분(형용사구, 동사구)을 목적어로 갖는 동사와 기타 동사나 형용사가 있다면 **술어 성분을 목적어로 갖는 동사는 술어, 나머지 동사나 형용사는 목적어로 쓰였을 가능성이 매우 높다.** 가령 '我认为很好', '我同意去' 이 두 문장에서 형용사구 '很好'와 동사 '去'가 목적어로 쓰였다. 그러므로 '认为, 同意'와 같이 술어 성분을 목적어로 갖는 동사를 숙지하고 있어야만 전체 문장의 술어와 목적어 내의 술어를 구분하기가 쉽다.

예제로 감 익히기

Mission 1 명사(구), 대사가 목적어로 쓰인 문제

다음 단어들을 순서에 맞게 나열하여 올바른 문장을 만드시오.

> 条件　我男朋友的　没　妈妈的标准　达到

ㄱ. 함께 쓸 수 있는 어휘들을 먼저 한 묶음으로 묶는다.
　　达到……标准 : 술목구조로 쓰여 '어떤 기준에 도달하다, 부합하다'라는 의미를 나타낸다.
　　我男朋友的条件 : '我男朋友的' 뒤에는 명사인 '条件'이 와야 한다.

ㄴ. 주술목을 찾는다.
　　술어/목적어 : '达到……标准'이 각각 술어와 목적어로 쓰이고 있다.
　　주어 : '达到……标准'이 술목구로 쓰였으므로, 명사구 '我男朋友的条件'은 주어로 쓰였음을 알 수 있다.

ㄷ. 나머지 단어의 위치를 찾는다.
　　没 : 부정부사로서 술어동사 '达到' 앞에 위치해야 한다. → 没达到

ㄹ. 어순에 맞춰 나열한다.

주어	술어	목적어
我男朋友的条件	没　达到	妈妈的标准。
명사구	부정부사 + 동사	명사구

ㅁ. 정답 및 해석
　　条件　我男朋友的　没　妈妈的标准　达到　　　조건　내 남자친구의　아니다　엄마의 기준　도달하다
　　→ 我男朋友的条件没达到妈妈的标准。　　　　→ 내 남자친구의 조건은 엄마의 기준에 부합되지 않는다.

标准 biāozhǔn 몡 표준, 기준 | **条件** tiáojiàn 몡 조건 | **达到** dádào 동 달성하다, 도달하다

Mission 2 형용사(구), 동사(구)가 목적어로 쓰인 문제

다음 단어들을 순서에 맞게 나열하여 올바른 문장을 만드시오.

> 显得   他的   不自然   表现   很

ㄱ. 함께 쓸 수 있는 어휘들을 먼저 한 묶음으로 묶는다.

　　他的表现 : '他的' 뒤에는 명사가 와야 하므로 '他的表现'은 한 묶음이 된다.

ㄴ. 주술목을 찾는다.

　　술어/목적어 : '显得'는 일반적으로 형용사(구)를 목적어로 갖는 동사로 '显得+형용사(구)'의 형태로 쓰인다. 따라서 형용사구 '不自然'은 술어 '显得'의 목적어가 된다.

　　주어 : 명사구 '他的表现'은 주어가 되어야 한다.

ㄷ. 나머지 단어의 위치를 찾는다.

　　很 : 정도부사로서 형용사구 '不自然' 앞에 위치한다. → 很不自然

ㄹ. 어순에 맞춰 나열한다.

```
주어        술어      목적어
他的表现    显得   很   不自然。
명사구             부사  형용사구
```

ㅁ. 정답 및 해석

　　显得　他的　不自然　表现　很　　　～하게 보이다　그의　부자연스럽다　행동　매우
　　→ **他的表现显得很不自然。**　　　　→ 그의 행동은 매우 부자연스러워 보인다.

显得 xiǎnde 동 ～인 것 같다, ～하게 보이다 | **自然** zìrán 형 자연스럽다 | **表现** biǎoxiàn 명 태도, 행동, 표현 동 나타내다, 표현하다

Mission 3 주술구, 술목구가 목적어로 쓰인 문제

다음 단어들을 순서에 맞게 나열하여 올바른 문장을 만드시오.

> 更像   她   她爸爸   呢   我   觉得

ㄱ. 주술목을 찾는다.
술어 : '觉得'는 주술목구를 목적어로 갖는 동사로 일반적으로 '觉得+(주)+술+(목)'의 형태로 쓰인다.
주어 : 동사 '觉得'의 주어는 의미상 인칭대사 '我'가 적합하다.
목적어 : '觉得'는 '觉得+(주)+술+(목)'의 형태로 주술목구를 목적어로 갖는데, 밑줄 친 목적어에 해당하는 것은 '她(주)+像(술)+她爸爸(목)'이다.

ㄴ. 나머지 단어의 위치를 찾는다.
呢 : 어기조사 '呢'는 문장 끝에 위치해야 한다.

ㄷ. 어순에 맞춰 나열한다.

주어	술어	목적어			
我	觉得	她	更	像	她爸爸	呢。

주술목구: 她 更 像 她爸爸

ㄹ. 정답 및 해석

更像   她   她爸爸   呢   我   觉得   더 닮다 그녀 그녀의 아빠 呢 나 생각하다
→ 我觉得她更像她爸爸呢。   → 나는 그녀가 그녀의 아빠를 더 닮았다고 생각한다.

像 xiàng 图 같다, 비슷하다, 닮다 | 更 gèng 튄 더욱, 훨씬 | 觉得 juéde 图 ~라고 여기다, 생각하다

쓰기 내공 TIP --- 명사

문장에서 명사, 대사가 목적어로 쓰이는 경우가 가장 많고 시험에도 자주 출제되므로 명사, 대사의 용법과 어법적 특징에 대해 숙지해 두어야 한다. (대사에 대한 설명은 p.19 참고)

(1) 일반명사

사람이나 사물을 나타내는 명사를 말한다.

学生, 老师, 电脑, 电视, 书, 笔记本

❶ 일반적으로 수량사의 수식을 받는다.

一本书 책 한 권   两瓶啤酒 맥주 두 병

❷ 주로 주어, 목적어, 관형어로 쓰인다.

老师是北京人。 선생님은 베이징 사람이다. (주어)
他是汉语老师。 그는 중국어 선생님이다. (목적어)
这是老师的书。 이것은 선생님의 책이다. (관형어)

❸ 일반적으로 명사는 부사의 수식을 받지 않으므로 부사는 명사 앞에 위치하지 않는다.

很汉语(×)   不汉语(×)   一起汉语(×)

(2) 시간명사

시간을 나타내는 명사를 말한다.

年, 月, 日, 今年, 现在, 国庆节, 开学后

❶ 부사어로 쓰여 주어 앞뒤에 위치한다.

我们上午八点上第一节课。 우리는 오전 8시에 1교시 수업을 한다.
上午八点我们上第一节课。 오전 8시에 우리는 1교시 수업을 한다.

❷ 술어로 쓰인다.

现在两点一刻。 지금은 2시 15분이다.
今天星期一。 오늘은 월요일이다.

(3) 처소명사

장소와 지명을 나타내는 명사를 말한다.

韩国, 学校, 医院, 北京, 食堂

❶ '개사+처소명사'의 형태로 부사어로 쓰여 술어 앞에 위치한다.

我在食堂吃饭。 나는 식당에서 밥을 먹는다.

❷ 주어로 쓰인다.

　　桌子上有一本书。 책상 위에 책 한 권이 있다.

　　前边走过来一个人。 앞에서 어떤 사람이 걸어왔다.

(4) 방위사
방향과 위치를 나타내는 명사, 방위사에는 단순방위사와 복합방위사가 있다.

❶ 단순방위사

> 东, 西, 南, 北, 上, 下, 左, 右, 前, 后, 里, 外, 内, 中, 旁

- 명사와 결합하여 '명사+단순방위사'의 형태로 시간이나 장소를 나타낸다.

　　桌子上 책상 위　　楼下 건물 아래　　教室里 교실 안　　两年前 2년 전　　假期中 휴가 중에

- 개사와 결합하여 '개사(往/向/朝)+단순방위사'의 형태로 술어 앞뒤에 위치하여 방향을 나타낸다.

　　往下看 아래를 보다　　向左拐 왼쪽으로 돌다　　朝东走 동쪽으로 걸어가다

❷ 복합방위사

단독으로 쓰이거나 명사와 결합하여 쓰인다.

- 단순방위사 뒤에 '边, 面, 头'를 붙이거나 단순방위사 앞에 '以, 之'를 붙인다.

　　上边 위　　下边 아래　　上面 위　　下面 아래　　里头 안
　　以上 이상　　以下 이하　　之前 이전　　之后 이후　　之中 속

- 반대방향을 나타내는 단순방위사가 결합하여 시간, 수량에 대한 개략적인 범위를 나타낸다.

　　上下 ~쯤, 정도　　前后 ~쯤, 정도　　左右 ~쯤, 정도

- 수량사 뒤에 위치하여 시점, 시간의 양, 나이, 무게, 높이, 길이, 금액 등의 어림수를 나타낸다.

　　三点左右 3시 정도　　三个小时左右 3시간 정도
　　五十岁上下 50세 정도　　五千斤上下 5천근 정도
　　十五日前后 15일쯤　　春节前后 춘지에 전후

실력 다지기

1~5 제시된 단어를 어순에 맞게 조합하여 문장을 완성하시오.

1 我男朋友　　妈妈　　交往　　跟　　不　　我　　同意

2 个　　他　　记得　　是　　很活泼的　　小伙子　　我

3 自己　　忽然　　很聪明　　发现　　有一天　　他

4 把　　估计　　我　　忘了　　他　　时间　　肯定

5 研究　　对这个课题　　还要　　进行　　我们

5 문장성분_보어

Guide
보어는 동사 뒤에 와서 동작의 결과로 나타난 정도나 상태, 동작의 결과, 동작의 실현 가능성, 동작의 방향, 동작이 지속된 시간, 동작의 횟수를 나타내고, 형용사의 뒤에 와서 변화의 양을 나타낸다. 보어에는 결과보어, 정도보어, 방향보어, 가능보어, 시량보어, 동량보어가 있는데 결과보어, 정도보어가 시험에 자주 출제되고 있다.

주의 보어와 목적어의 일반적인 어순 및 목적어의 특징에 따라 **목적어와 보어의 순서가 바뀌는 예외적인 어순에 주의해야 한다.** 또한 술어동사와 결과보어로 쓰이는 동사나 형용사의 순서에 주의해야 한다.

쓰기 급소공략

• 동사+결과보어(동사/형용사) 구조에 주목하라.

동사와 결과보어는 마치 하나의 단어처럼 고정적으로 쓰이는 경우가 많으니 사용 빈도가 높은 '동사+결과보어'는 하나의 단어처럼 암기하도록 한다. 만약 제시어에 동작 행위를 나타내는 동사와 형용사나 추상적인 의미의 동사가 있다면, 행위를 나타내는 동사는 술어로, 형용사나 추상적인 의미의 동사는 결과보어로 쓰였을 가능성이 높다.

• 구조조사 '得'와 정도보어의 특징에 주의하라.

제시어에 구조조사 '得'가 있다면 이 문장은 정도보어가 쓰인 문장일 가능성이 매우 높다. 정도보어의 특징은 술어는 단독으로 나오고, 자세하게 묘사하는 내용이나 정도를 나타내는 내용은 '술어+得' 이하 부분에 위치한다는 것이다. 따라서 정도보어 문제에서 **주어와 목적어는 '동사+得' 앞에, 형용사(구)나 동사(구)는 '동사+得' 뒤에** 놓으면 된다.

• 보어와 목적어의 위치에 주의하라.

보어와 목적어의 일반적인 어순은 '술어+보어+목적어'이지만, 목적어의 특징에 따라 목적어가 보어 앞에 위치하는 경우도 있으므로 보어와 목적어의 위치에 주의해야 한다. 특히 제시어에 시량보어, 동량보어, 방향보어가 있을 때 먼저 목적어의 특징을 파악한 후 목적어의 특징에 따라 보어와 목적어의 순서를 결정해야 한다.

• 제시어에 방향보어 이외의 다른 동사가 있을 경우를 주의하라.

제시어에 동사 '来/去'와 다른 동사가 있을 때 다음 3가지 종류의 문장을 구성할 수 있다.
① 동사+방향보어(来/去) **예** 走来, 进来, 回去, 带去
② 来/去+동사(목적) **예** 去中国学习
③ 교통수단+来/去 **예** 坐飞机去中国

제시어에 있는 두 동사간의 의미 관계를 잘 파악하여 위의 3종류의 문장 중 어느 경우에 속하는지를 잘 판단해야 한다.

예제로 감 익히기

Mission 1 결과보어 문제

다음 단어들을 순서에 맞게 나열하여 올바른 문장을 만드시오.

> 烫　热油　被　他　伤　了

ㄱ. 함께 쓸 수 있는 어휘들을 먼저 한 묶음으로 묶는다.
　被……烫伤 : '~에 의해서 화상을 입다'라는 뜻의 구문이다.
　被热油 : 개사 '被' 뒤에는 명사가 와야 하므로 '热油'가 함께 쓰인다.
　烫伤 : '동사+결과보어'의 구조로 하나의 단어처럼 쓰인다.

ㄴ. 주술목을 찾는다.
　주어 : 사람을 뜻하는 대사 '他'가 주어로 적합하다.
　술어 : '동사+결과보어'로 이루어진 '烫伤'이 술어로 적합하다.

ㄷ. 나머지 단어의 위치를 찾는다.
　了 : 동태조사로서 술어 '烫伤' 뒤에 위치해야 한다. → 烫伤了
　被热油 : 개사구이므로 술어 '烫伤' 앞에 위치해야 한다. → 被热油烫伤

ㄹ. 어순에 맞춰 나열한다.
　　주어　　부사어　　　술어
　　他　被热油　烫　伤了。
　　　　　개사구　　동사 + 결과보어

ㅁ. 정답 및 해석
　烫　热油　被　他　伤　了　　화상 입다　뜨거운 기름　~에 의해　그　다치다　了
　→ 他被热油烫伤了。　　　　　→ 그는 뜨거운 기름에 화상을 입었다.

烫 tàng 통 데다, 화상 입다 | 油 yóu 명 기름 | 伤 shāng 통 상하다, 다치다

Mission 2 정도보어 문제

다음 단어들을 순서에 맞게 나열하여 올바른 문장을 만드시오.

得　太　发生　事情　突然　那件　了

ㄱ. 함께 쓸 수 있는 어휘들을 먼저 한 묶음으로 묶는다.
　　太突然了 : '太'는 '太+형+了'의 형태로 쓰이므로 '太突然了'는 한 묶음이 된다.
　　那件事情 : '지시대사(那)+양사(件)' 뒤에는 명사(事情)가 와야 한다.
　　发生得太突然了 : 구조조사 '得'는 일반적으로 '동사+得+형용사(구)' 혹은 '형용사+得+동사(구)'의 구조로 쓰인다. 여기에서는 의미상 '发生得太突然了'가 적합하다.

ㄴ. 주술목을 찾는다.
　　술어 : 동사 '发生'이 술어가 된다.
　　주어 : 명사구 '那件事情'이 주어로 쓰인다.

ㄷ. 어순에 맞춰 나열한다.

　　<u>那　件　事情</u>　<u>发生得</u>　<u>太突然了</u>。
　　　주어　　　　　　술어　　　정도보어
　　지시대사 + 양사 + 명사　　　　　　太 + 형 + 了

ㄹ. 정답 및 해석
　　得　太　发生　事情　突然　那件　了　　　得 너무 발생하다 일 갑자기 그 了
　　→ **那件事情发生得太突然了。**　　　　　→ 그 일은 너무 갑작스럽게 발생했다.

突然 tūrán 형 갑작스럽다, 뜻밖이다, 의외이다

Mission 3   방향보어 문제

다음 단어들을 순서에 맞게 나열하여 올바른 문장을 만드시오.

> 进   吧   都   屋   你们   来

ㄱ. 함께 쓸 수 있는 어휘들을 먼저 한 묶음으로 묶는다.
   进来 : 동사 '来'는 다른 동사 뒤에 위치하여 방향보어로 쓰인다.

ㄴ. 주술목을 찾는다.
   술어 : '동사+방향보어'로 이루어진 '进来'가 술어로 쓰였다.
   주어 : 사람을 뜻하는 대사 '你们'이 주어가 된다.
   목적어 : 장소명사인 '屋'가 술어 '进来'의 목적어가 된다.

ㄷ. 나머지 단어의 위치를 찾는다.
   都 : 부사이므로 술어 '进' 앞에 위치한다. → 都进
   屋 : 장소명사로서 동사와 방향보어 사이에 위치해야 한다. → 进屋来
   吧 : 어기조사이므로 문장 끝에 위치한다.

ㄹ. 어순에 맞춰 나열한다.

주어		술어	목적어	방향보어	
你们	都	进	屋	来	吧。
	부사	동사	+ 장소명사	+ 방향보어	

ㅁ. 정답 및 해석
   进   吧   都   屋   你们   来   들어오다 ~해라 모두 집 너희 오다
   → **你们都进屋来吧。**   → 너희 모두 집으로 들어와라.

屋 wū 명 집, 가옥, 방

Mission 4   가능보어 문제

다음 단어들을 순서에 맞게 나열하여 올바른 문장을 만드시오.

> 跟   小事儿   为   犯不着   他   这点儿   吵架

ㄱ. 함께 쓸 수 있는 어휘들을 먼저 한 묶음으로 묶는다.
   跟他吵架 : '跟+대상+吵架'의 구조로 쓰이므로 '跟他吵架'는 한 묶음이 된다.
   这点儿小事儿 : '这点儿' 뒤에는 명사(구)가 와야 하므로 '这点儿小事儿'는 한 묶음이 된다.

ㄴ. 주술목을 찾는다.
   술어/목적어 : '犯不着'는 동사를 목적어로 갖는 동사이므로 '犯不着'가 술어, 동사 '吵架'가 '犯不着'의 목적어로 쓰였음을 알 수 있다.

ㄷ. 나머지 단어의 위치를 찾는다.
   为 : 행위의 목적이나 원인을 나타내는 개사로, '为+원인/목적'의 형태로 술어 앞에 위치한다. 따라서 다툼의 원인인 '这点儿小事儿' 앞에 놓여야 한다. → 为这点儿小事儿

ㄹ. 어순에 맞춰 나열한다.

  　　　　　　　　　　　　　술어　　　　　　　목적어
  为　　这点儿小事儿　　犯不着　　跟他　　吵架。
  为+원인　　　　　　동사+가능보어　개사구

ㅁ. 정답 및 해석
   跟   小事儿   为   犯不着   他   这点儿   吵架
   → 为这点儿小事儿犯不着跟他吵架。
   ~와   작은 일   ~때문에   ~할 필요 없다   그   이런   싸우다
   → 이런 작은 일로 그와 다툴 필요 없다.

犯不着 fànbuzháo 통 ~할 만한 가치가 없다, ~할 필요는 없다 | **为** wèi 개 ~때문에 | **吵架** chǎojià 통 말다툼하다, 다투다

Mission 5 시량보어 문제

다음 단어들을 순서에 맞게 나열하여 올바른 문장을 만드시오.

> 只   觉   了   睡   我   三个小时

ㄱ. 함께 쓸 수 있는 어휘들을 먼저 한 묶음으로 묶는다.
  睡觉 : '잠을 자다'라는 뜻의 이합동사이다.

ㄴ. 주술목을 찾는다.
  술어/목적어 : '睡觉'는 술목구로, '睡'가 술어, '觉'가 목적어이다.
  주어 : 사람을 뜻하는 대사 '我'가 주어로 쓰였다.

ㄷ. 나머지 단어의 위치를 찾는다.
  只 : 부사이므로 동사 '睡' 앞에 위치해야 한다. → 只睡
  三个小时 : 시량보어 '三个小时'는 술어 '睡'와 목적어 '觉' 사이에 위치한다. → 睡三个小时觉
  了 : 동사 '睡' 뒤에 위치해야 한다. → 睡了

ㄹ. 어순에 맞춰 나열한다.

  주어   술어   시량보어   목적어
  我   只   睡了   三个小时   觉。
      부사

ㅁ. 정답 및 해석
  只   觉   了   睡   我   三个小时   겨우   잠   了   자다   나   세 시간
  → **我只睡了三个小时觉。**   → 나는 겨우 세 시간 밖에 못 잤다.

Mission 6 동량보어 문제

다음 단어들을 순서에 맞게 나열하여 올바른 문장을 만드시오.

> 面　了　三次　我们　见　今天

ㄱ. 함께 쓸 수 있는 어휘들을 먼저 한 묶음으로 묶는다.
   见面 : '만나다'라는 뜻의 이합동사이다.

ㄴ. 주술목을 찾는다.
   술어/목적어 : '见面'은 술목구로, '见'이 술어, '面'이 목적어이다.
   주어 : 인칭대사 '我们'이 주어로 쓰였다.

ㄷ. 나머지 단어의 위치를 찾는다.
   今天 : 시간명사로서 주어 앞뒤에 모두 위치할 수 있다. → 今天我们 / 我们今天
   三次 : 동량보어로서 술어 '见'과 목적어 '面' 사이에 위치해야 한다. → 见三次面

ㄹ. 어순에 맞춰 나열한다.

	주어	술어	동량보어	목적어
<u>今天</u> 시간명사	我们	见了	三次	面。

주어		술어	동량보어	목적어
我们	<u>今天</u> 시간명사	见了	三次	面。

ㅁ. 정답 및 해석

　　面　了　三次　我们　见　今天　　　　얼굴　了　세 번　우리　만나다　오늘
→ 今天我们见了三次面。/ 我们今天见了三次面。　　→ 오늘 우리는(우리는 오늘) 세 번 만났다.

쓰기 내공 TIP — 보어

보어에는 결과보어, 정도보어, 방향보어, 가능보어, 시량보어, 동량보어가 있는데 결과보어, 정도보어가 시험에 자주 출제되고 있다.

결과보어

동사 뒤에 위치하여 동작의 결과를 설명하거나 동작 이후에 나타난 상태를 설명해 주는 성분을 결과보어라고 한다.

(1) 결과보어의 형식

❶ 기본형식

> 동사 + 결과보어(동사/형용사)

我听懂了你的意思。 나는 너의 뜻을 이해했다.

❷ 부정형식

> 没 + 동사 + 결과보어

我没听懂你的意思。 나는 너의 뜻을 이해하지 못했다.

❸ 동사와 결과보어 사이에는 어떤 성분도 들어갈 수 없다.

我吃饭完了。(×) → 我吃完饭了。 나는 밥을 다 먹었다.

(2) 핵심 결과보어 및 용법

完	동작의 완성/완료/종결을 나타낸다.	这本小说你看完了吗? 너 이 소설 다 읽어 봤어?
好	동작의 완료(결과가 원만하게 이루어짐)를 나타낸다.	刘先生的病很快就治好了。 리우 선생의 병은 금방 다 치유되었다.
到	① 동사+到+장소 사람이나 사물이 어떤 곳에 도달함을 나타낸다.	他把我送到家门口了。 그는 나를 집앞까지 데려다 주었다.
	② 동사+到+시간 동작이 어떤 시간까지 진행, 지속됨을 나타낸다.	我昨天看电视看到夜里1点。 나는 어제 밤 1시까지 텔레비전을 보았다.
	③ 동사+到+목적어 동작의 목적 달성을 나타낸다.	我终于找到了我的钱包。 나는 마침내 지갑을 찾았다.
	④ 동사/형용사+到+수량/정도 동작이나 상태가 어떤 수량이나 정도에 도달함을 나타낸다.	今年的产量已经增加到300万台了。 올해의 생산량은 이미 300만 대에 달한다. (수량) 小李的病情严重到了必须尽快动手术的地步。 샤오리의 병은 서둘러 수술하지 않으면 안 될 정도로 심각한 지경에 이르렀다. (정도)

在	동사+在+장소 어느 장소에 머물러 있음을 나타낸다.	他坐在我身边。 그는 내 옆에 앉아 있다.
给	동사+给+동작을 받는 대상 사람이나 사물이 동작을 받는 대상 쪽으로 이동됨을 나타낸다.	我的照相机借给朋友了。 내 카메라는 친구에게 빌려줬어.
成	동사+成+변하는 대상 '~로 되다(변하다)'라는 뜻을 나타낸다.	山顶上的积雪都化成了水。 산꼭대기의 눈이 다 녹았다.
住	동작의 고정을 나타낸다.	我的话你一定要记住。 내 말을 너는 꼭 기억해야 한다.
着	① 목적 달성을 나타낸다.	现在,冬天也能吃着西瓜了。 요즘에는 겨울에도 수박을 먹을 수 있다.
	② 동작의 결과(주로 부정적인 결과)를 나타낸다.	慢点儿走,别摔着了! 천천히 가, 넘어지지 말고! 烫着　砸着　切着
见	감각기관을 통한 발견/결과를 나타낸다.	我在路上遇见了一个中学时的朋友。 나는 길에서 중고등학교 때 친구를 만났다. 看见　听见　闻见　望见　碰见 遇见　梦见
开	붙어 있던 것이 분리됨을 나타낸다.	打开书,看第十八页。 18페이지를 펴 보세요.
掉	동작의 결과로 인하여 '제거되다, 떠나다'라는 의미를 나타낸다.	他寄给我的那封信,我已经烧掉了。 그가 나에게 부친 그 편지를 나는 이미 불태워 버렸다. 卖掉　洗掉　扔掉　吃掉　忘掉　跑掉
光	조금도 남아있지 않음, 아무 것도 없음을 나타낸다.	我一个星期就把这个月的零花钱花光了。 나는 일주일만에 이번 달 용돈을 다 써 버렸다. 吃光　喝光　卖光　用光　花光　落光
遍	동작이 두루 다다를 수 있는 범위를 나타낸다.	北京的名胜古迹我都去遍了。 베이징의 명승고적을 나는 다 가 봤다. 跑遍　读遍　玩遍　找遍
上	① '합치다, 닫다, 결합하다'의 의미를 나타낸다.	拉上窗帘吧,阳光太强了。 햇빛이 너무 뜨거우니 커튼을 쳐라. 合上　关上　闭上　拉上　锁上　推上
	② 첨가/부착을 나타낸다.	请在这儿写上你的名字。 여기에 당신 이름을 적으세요. 填上　加上　画上　穿上　写上　算上

③ 이루기 어려운 목적을 실현하다.	经过多年辛勤劳动，他们终于过**上**了好日子。 몇 년간 부지런히 일하여 그들은 마침내 행복한 생활을 누릴 수 있게 되었다.	
	过上好日子　　住上新房子　　考上大学	
④ 수량/표준에 도달하다.	这个小伙子一顿能吃**上**三碗。 이 젊은이는 한 끼에 밥을 세 그릇이나 먹는다.	
⑤ 변화를 나타낸다.	第一次见面他就爱**上**了这个姑娘。 그는 첫눈에 이 아가씨에게 반해버렸다.	
	爱上　　忙上　　喜欢上	

정도보어

동사 뒤에 위치해서 행위의 결과로 나타난 정도를 나타내거나, 형용사 뒤에 위치해서 상태의 정도를 나타내는 보어를 정도보어라 한다.

(1) 정도보어의 구조

❶ 구조조사 '得'가 쓰이는 정도보어

- 긍정형식

> (동사) + 목적어 + 동사 + 得 + (부사) + 형용사

(说)汉语说**得**很好。 중국어를 정말 잘 한다.
他(写)字写**得**很清楚。 그는 글씨를 잘 쓴다.

- 부정형식

> (동사) + 목적어 + 동사 + 得 + 不 + 형용사

(说)汉语说**得**不好。 중국어를 잘 못 한다.
他字写**得**不清楚。 그는 글씨를 못 쓴다.

- 의문형식

> (동사) + 목적어 + 동사 + 得 + (부사) + 형용사 + 의문형 조사

(说)汉语说**得**好吗？ 중국어를 잘 합니까?
他字写**得**不清楚吗？ 그는 글씨를 못 씁니까?

❷ 구조조사 '得'가 쓰이지 않는 정도보어

> 술어(형/동) + 极了/透了/死了/坏了

可爱**极了** 정말 귀엽다　　　高兴**极了** 무척 즐겁다

烦**透了** 질려버렸다   糟**透了** 완전히 엉망이 됐다
急**死了** 초조해 죽겠다   饿**死了** 배고파 죽겠다
累**坏了** 피곤해 죽겠다   气**坏了** 화나 죽겠다

(2) 정도보어의 기능

❶ 행위의 정도를 나타낸다.

他说**得**很清楚。 그는 분명하게 말했다.

❷ 시간의 정도를 나타낸다.

你来**得**很早。 너는 일찍 왔다.

❸ 계량의 정도를 나타낸다.

他喝酒喝**得**很多。 그는 술을 많이 마셨다.

❹ 본질적, 습관적 행위의 정도를 나타낸다.

他脑子转**得**很快。 그는 머리가 빨리 돌아간다. (본질적 행위)
爷爷每天睡**得**早, 起**得**早。 할아버지는 매일 일찍 주무시고 일찍 일어나신다. (습관적 행위)

❺ 상태 자체를 묘사한다.

今天天气冷**得**很。 오늘 날씨가 매우 춥다.

(3) 정도보어의 형태

❶ 형용사(구)는 정도보어로 쓰인다.

你说**得对**。 네 말이 맞다. (형용사)
他汉语说**得非常流利**。 그는 중국말을 매우 유창하게 한다. (형용사구)

❷ 동사(구)는 정도보어로 쓰인다.

她疼**得哭了**。 그녀는 아파서 울었다. (동사)
她高兴**得跳了起来**。 그녀는 기뻐서 펄쩍 뛰었다. (동사구)

❸ 술목구는 정도보어로 쓰인다.

她感动**得流下了眼泪**。 그녀는 감동해서 눈물을 흘렸다.

❹ 주술구는 정도보어로 쓰인다.

他哭**得眼都红了**。 그는 울어서 눈이 빨개졌다.

❺ 정도보어 자체가 정도보어로 쓰인다.

他汉语说**得流利得很**。 그는 중국어를 아주 유창하게 말한다.

(4) 정도가 심함을 나타내는 정도보어의 형식

❶ 술어(형/동)+得+很

哈尔滨的冬天冷得很。 하얼빈의 겨울은 매우 춥다.

❷ 술어(형/동)+得+多

现在的孩子比他们的父母小时候幸福得多。 요즘 아이들은 부모 세대보다 훨씬 행복하다.

❸ 술어(형/동)+得+不得了

一考试，她就紧张得不得了。 시험만 보면 그녀는 매우 긴장한다.

❹ 술어(형/동)+得+형용사+极了

他汉字写得漂亮极了。 그는 한자를 매우 예쁘게 쓴다.

❺ 술어(형/동)+得+慌

开窗透透气吧，屋子里闷得慌。 창문을 열고 환기를 좀 시켜. 방안이 너무 답답해.

❻ 술어(형/동)+得+要命/要死

麻辣火锅辣得要死，可四川人却喜欢得要命。 마라 샤브샤브는 정말 매운데 쓰촨 사람들은 매우 좋아한다.

❼ 술어(형/동)+得+不行

昨晚我又熬夜了，现在困得不行。 어제 또 밤을 샜더니 지금 졸려 죽겠다.

부사어, 정도보어, 결과보어의 차이

① '早，晚，多，少' 등의 형용사가 부사어로 쓰이는 경우 일정한 기준과의 차이를 나타내므로 차이를 나타내는 양이 문장에 제시되어야 한다.

他早来了十分钟。 그는 10분 일찍 왔다.

他晚来了一个星期。 그는 일주일 늦게 왔다.

我今天多喝了一瓶啤酒。 나는 오늘 맥주를 한 병 더 마셨다.

② '多，少，快，慢' 등의 형용사가 부사어로 쓰이면 명령, 청유 등을 나타내고, 정도보어로 쓰이면 동작이 이미 발생했거나, 혹은 평소의 습관을 나타낸다.

快吃! 빨리 먹어! (부사어)　　　　吃得很快。 빨리 먹었다. / 평소에 빨리 먹는다. (정도보어)

多吃! 많이 드세요! (부사어)　　　吃得很多。 많이 먹었다. / 평소에 많이 먹는다. (정도보어)

慢走! 천천히 가세요! (부사어)　　走得很慢。 천천히 걸었다. / 평소에 천천히 걷는다. (정도보어)

③ '早，晚，多，少，快，慢，大，小，贵，便宜' 등의 형용사가 정도보어로 쓰이면 화자의 주관적 감정이 들어가 있지 않은 객관적 정도를 나타내지만 결과보어로 쓰이면 화자의 불만을 나타낸다.

他来得很晚。 그는 늦게 왔다. (정도보어, 그가 늦게 왔다는 객관적 사실을 설명)

你来晚了。 너는 너무 늦게 왔어. (결과보어, 늦게 온 것이 불만임을 나타냄)

방향보어

동사 뒤에 쓰여 동작의 진행 방향이나 추세를 나타내는 보어를 방향보어라 한다.

(1) 방향보어의 종류

방향보어에는 단순방향보어와 복합방향보어가 있다.

❶ 단순방향보어

동사 '来, 去'는 다른 동사의 뒤에 위치하여 단순방향보어가 된다. '来'는 동작이 화자를 향하여 진행되는 것을 나타내고, '去'는 동작이 화자로부터 멀어지는 것을 나타낸다.

> 동사 + 来/去

❷ 복합방향보어

단순방향보어 '来, 去'는 동사 '上, 下, 进, 出, 回, 过, 起, 开'와 결합할 수 있다. 이러한 결합형을 복합방향보어라고 한다.

> 동사 + 上/下/进/出/回/过/起/开 + 来/去

(2) 방향보어와 목적어의 위치

방향보어와 목적어는 모두 동사 뒤에 위치하므로 방향보어와 목적어가 동시에 나오는 경우에는 이들의 위치에 주의해야 한다.

❶ 장소목적어는 반드시 '来, 去' 앞에 위치해야 한다.

> 동사 + 장소목적어 + 来/去

他回家来了。 그는 집으로 돌아왔다.
他进教室来了。 그는 교실로 들어왔다.

❷ 일반목적어는 '来, 去' 앞뒤에 모두 올 수 있다.

> 동사 + 일반목적어 + 来/去   or   동사 + 来/去 + 일반목적어

他带了一本小说来。 / 他带来了一本小说。 그는 소설책 한 권을 가져왔다.

(3) 1음절 방향보어의 의미

来	사람/사물의 이동 방향이 화자 쪽을 향함을 나타낸다.	上来 起来	下来 开来	进来	出来	回来	过来
去	사람/사물의 이동 방향이 화자의 반대 방향으로 진행됨을 나타낸다.	上去	下去	进去	出去	回去	过去

上	① 사람/사물의 이동 방향이 낮은 곳에서 높은 곳으로 향함을 나타낸다.	爬上　登上　跳上
	② 뒤떨어진 데로부터 앞에 나섬을 나타낸다.	走上　跑上　赶上
	③ '합치다, 닫다, 결합하다'의 의미를 나타낸다.	合上　关上　闭上　锁上
	④ 첨가/부착을 나타낸다.	填上　加上　穿上　写上　算上
	⑤ 이루기 어려운 목적을 실현하다.	过上好日子　住上新房子　考上大学
	⑥ 수량/표준에 도달하다.	吃上三碗
	⑦ 변화를 나타낸다.	爱上　喜欢上　忙上
下	① 사람/사물의 이동 방향이 높은 곳에서 낮은 곳으로 향함을 나타낸다.	走下　跑下　坐下　躺下　趴下　放下　跳下
	② 고정을 나타낸다.(움직임→멈춤)	定下　固定下　停下
	③ 동작의 결과가 남아있음을 나타낸다.	录下　写下　留下　记下　剩下
	④ 분리를 나타낸다.	脱下　摘下　剪下　切下　拆下
	⑤ 수용/수납을 나타낸다.	装下　盛下　吃下　放下　坐下
进	사람/사물의 이동 방향이 밖에서 안으로 향함을 나타낸다.	走进　跑进　拿进　放进　装进
出	① 사람/사물의 이동 방향이 안에서 밖으로 향함을 나타낸다.	走出　跑出　拿出　放出　伸出　说出　提出
	② 잘 나오지 않거나 잘 생기지 않는 것을 힘들게 만들어 내다.	找出毛病　挤出时间　想出办法　做出成绩　看出问题
	③ 동작의 출현/발생/창조/제조를 나타낸다.(무→유)	想出　猜出　生产出　研究出　创造出　想象出
	④ 형용사 뒤에 쓰여 초과의 의미를 나타낸다.	大出　多出　高出
回	원래의 자리로 돌아감을 나타낸다.	放回　带回　拿回　走回　送回
过	① 어떤 곳을 경과/통과하다.	穿过　走过　跑过　越过
	② 방향 전환을 나타낸다.	翻过　转过　扭过　掉过　回过
	③ '~보다 낫다/우수하다, 한계를 초과하다'라는 의미를 나타낸다.	比过　赛过　胜过

起	① 사람/사물의 이동방향이 아래에서 위를 향함을 나타낸다.	拿起　抬起　背起　举起　站起　拾起　捡起
	② '~에 관련되다'라는 의미를 나타낸다.	想起　说起　谈起　提起　回忆起
	③ 시작의 의미를 나타낸다.	唱起　跳起
	④ 경제력/역량/자격이 기준에 이르다.	学不起　买不起　经得起
开	① 장소의 이동을 나타낸다.	躲开　让开　走开
	② 분리를 나타낸다.	打开　张开　睁开
	③ 확대를 나타낸다.	传开　说开　想开

(4) 2음절 방향보어의 의미

上来	① 사람/사물의 이동 방향이 낮은 곳에서 높은 곳으로 향함을 나타낸다.	走上来　跑上来　爬上来　登上来　抬上来　搬上来
	② 사람/사물이 어떤 동작을 통해 하급 기관에서 상급 기관으로 도달함을 나타낸다.	交上来　拿上来　递上来　送上来　搞上来　调上来
	③ 격상/향상/발전의 의미를 나타낸다.	跟上来　追上来　抓上来　提高上来
	④ 성공적으로 달성/실현의 의미를 나타낸다.	写上来　说上来　读上来　背上来　回答上来
上去	① 사람/사물의 이동 방향이 낮은 곳에서 높은 곳으로 향함을 나타낸다.	走上去　跑上去　爬上去　交上去　送上去
	② 격상/향상/발전의 의미를 나타낸다.	跟上去　追上去　抓上去　提高上去
	③ 부착/첨가의 의미를 나타낸다.	填上去　补上去　加上去　贴上去
下来	① 사람/사물의 이동 방향이 높은 곳에서 낮은 곳으로 향함을 나타낸다.	走下来　跑下来　坐下来　躺下来　放下来
	② 사물이 정지/고정되어 변함이 없음을 나타낸다.	定下来　固定下来　停下来　安静下来
	③ 어떤 동작의 결과가 계속 보존되고 있음을 나타낸다.	记下来　照下来　录下来　写下来
	④ 분리/해체를 나타낸다.	脱下来　摘下来　撕下来　剪下来　拆下来
	⑤ 과거에서 현재까지 지속되고 있음을 나타낸다.	流传下来　坚持下来　保存下来　保持下来

	⑥ 사람/사물이 어떤 동작을 통해 상급 기관에서 하급 기관으로 도달함을 나타낸다.	派下来	批下来	发下来	传达下来	
	⑦ 주로 소극적인 의미의 형용사 뒤에 사용되어 어떤 상태가 출현하기 시작하여 계속 진행됨을 나타낸다.	黑下来　暗下来　阴下来　软下来 衰弱下来				
下去	① 사람/사물의 이동 방향이 높은 곳에서 낮은 곳으로 향함을 나타낸다.	走下去	跑下去	坐下去	躺下去	趴下去
	② 현재에서 미래로 계속 진행/지속됨을 나타낸다.	说下去	干下去	讨论下去	坚持下去	
	③ 주로 소극적인 의미의 형용사 뒤에 사용되어 이미 존재하고 있는 상태가 계속 발전(악화)됨을 나타낸다.	黑下去　暗下去　瘦下去　坏下去 衰弱下去				
过来	① 사람/사물의 이동 방향이 화자가 있는 곳으로 향함을 나타낸다.	走过来　跑过来　扔过来　递过来 飞过来　开过来				
	② 방향을 바꾸어 화자 쪽으로 향함을 나타낸다.	翻过来	转过来	扭过来		
	③ 비정상적인 상태에서 정상적인 상태로의 회복을 나타낸다.	醒过来　活过来　恢复过来　苏醒过来 纠正过来　调整过来　改过来　明白过来				
	④ 주로 가능보어 형태로 쓰여 충분히 감당/완성할 수 있음을 나타낸다.	做得过来	忙得过来	数得过来	背得过来	
过去	① 화자가 있는 곳을 떠나 화자가 도달하고자 하는 곳으로 다가감을 나타낸다.	走过去	跑过去	扔过去	递过去	端过去
	② 화자 반대 쪽으로 향함을 나타낸다.	翻过去	转过去	扭过去	掉过去	
	③ 정상적인 원래 상태를 잃음을 나타낸다.	昏过去	晕过去			
	④ 주로 가능보어 형태로 쓰여 충분히 감당/완성할 수 있음을 나타낸다.	熬过去	渡过去			
	⑤ 형용사 뒤에 위치하여 초과를 나타낸다.	重不过去				
出来	① 사람/사물의 이동 방향이 안에서 밖으로 향함을 나타낸다.	走出来　跑出来　冲出来　流出来　拿出来 搬出来　开出来　飞出来　带出来　运出来				
	② 구별/식별을 나타낸다.	认出来	看出来	闻出来	听出来	尝出来

	③ 동작의 출현/발생/창조/제조를 나타낸다.	想出来　猜出来　找出来　生产出来 制造出来　创造出来　研究出来	
	④ 표명/표현/폭로를 나타낸다.	说出来　表现出来　表达出来　显露出来 透露出来　泄露出来　暴露出来	
	⑤ 잘 나오지 않거나 잘 생기지 않는 것을 힘들게 만들어 내다.	找出毛病来　挤出时间来　想出办法来 做出成绩来　看出问题来	
出去	① 사람/사물의 이동 방향이 안에서 밖으로 향함을 나타낸다.	走出去　跑出去　冲出去　流出去　拿出去 搬出去　开出去　飞出去　带出去　运出去	
	② 드러내다.	说出去　传出去　闹出去　透露出去 泄露出去	
起来	① 사람/사물의 이동 방향이 아래에서 위로 향함을 나타낸다.	升起来　站起来　坐起来　爬起来 抬起来　拿起来　举起来	
	② 동작이 시작되어 계속 진행되는 것을 나타낸다.	笑起来　唱起来　响起来	
	③ 상태가 변화하여 계속 지속될 것임을 나타낸다.	冷起来　忙起来　想起来	
	④ 분산에서 집중을 나타낸다.	加起来　团结起来　集中起来　组织起来	
	⑤ 견해/평가/판단을 나타낸다.	看起来　说起来　吃起来	
	⑥ 어떤 동작이 발생한 후 그 결과가 유지되도록 일정한 힘이 가해지는 것을 나타낸다.	盖起来　关起来　堵起来	

가능보어

술어(동사)와 보어 사이에 '得, 不'를 연결하여 동작이나 상태의 실현 가능성 여부를 나타낸다.

(1) 가능보어의 특징

❶ 서술문에 나오는 가능보어는 대개 부정형이다.

这些汉字我看不懂。 이 한자들을 나는 이해할 수 없다.

我一个人喝不完这么多酒。 나는 이렇게 많은 술을 혼자 다 마시지 못한다.

❷ 긍정형으로 가능성을 나타내고자 하는 경우에는 '能+동사+결과보어'의 형태를 사용한다.

这些汉字我都能看懂。 이 한자들을 나는 다 이해할 수 있다.

我一个人能喝完这么多酒。 나는 혼자 이렇게 많은 술을 다 마실 수 있다.

❸ 가능보어의 긍정형은 주로 의문문, 혹은 의문문의 대답에 주로 사용된다.
你**听得懂**我的话吗？ 내 말 이해했어?
听得懂。 이해했어.

(2) 가능보어의 형식

❶ 동사+'得/不'+결과보어
听**得**懂/听**不**懂 이해했다/이해 못했다
说**得**清楚/说**不**清楚 분명히 말하다/명확하게 말할 수 없다

❷ 동사+'得/不'+방향보어
回**得**来/回**不**来 돌아올 수 있다/돌아올 수 없다
看**得**出来/看**不**出来 알아볼 수 있다/알아볼 수 없다

❸ 동사+'得/不'+'了' : 동작의 완료/실현 가능성의 여부를 나타낸다
解决**得了**/解决**不了** 해결할 수 있다/해결할 수 없다
翻译**得了**/翻译**不了** 번역할 수 있다/번역할 수 없다

(3) 주로 부정형식으로 사용되는 가능보어

❶ 동사+'不成' : 어떤 사정이 생겨서 할 수 없다
吃**不成** 먹을 수 없다   去**不成** 갈 수 없다

❷ 동사+'不到' : 접할 수 없어서 할 수 없다
吃**不到** 먹지 못하다   买**不到** 사지 못하다

❸ 동사+'不动'
• 너무 아프거나 힘들어서 할 수 없다
走**不动** 걸을 수 없다   跑**不动** 뛸 수 없다

• 너무 무거워서 할 수 없다
搬**不动** 옮길 수 없다   抬**不动** 들 수 없다

❹ 동사+'不惯' : 습관이 되지 않아 할 수 없다
吃**不惯** 음식이 입에 맞지 않다   住**不惯** 사는 데 익숙하지 않다

❺ 동사+'不起'
- 경제 사정상 할 수 없다
  买不起 (돈이 없어서) 살 수 없다   吃不起 (음식이 너무 비싸) 먹을 수 없다
- 고통, 시련 따위를 견딜 수 없다
  经不起 감당할 수 없다   承担不起 맡을 수 없다

❻ 동사+'不完' : 너무 많아 끝낼 수 없다
  做不完 다 할 수 없다   吃不完 다 먹을 수 없다   喝不完 다 마실 수 없다

❼ 동사+'不下' : 수용할 공간이 없어 할 수 없다
  装不下 (너무 많아서) 다 넣을 수 없다   放不下 (자리가 좁아서) 다 놓을 수 없다
  坐不下 (장소가 좁아서) 모두 앉을 수 없다   吃不下 (너무 많아서) 다 먹지 못하다

❽ 동사+'不着' : 없어서 할 수 없다
  吃不着 먹지 못하다   找不着 찾을 수 없다   买不着 살 수 없다

❾ 동사+'不过' : 이길 수 없어/넘어가지 않아 할 수 없다
  比不过 이길 수 없다   说不过 설득시킬 수 없다
  瞒不过 숨길 수 없다   骗不过 속일 수 없다

(4) 주로 관용적인 용법으로 사용되는 가능보어

合得来/合不来 마음이 맞다/마음이 통하지 않다   划得来/划不来 수지가 맞다/수지가 맞지 않다
犯得着/犯不着 ~할 만한 가치가 있다/~할 만한 것이 못 되다   数得着/数不着 손꼽히다/~축에 들지 못하다
谈得上/谈不上 말할 만하다/(~라고까지) 말할 수 없다   看得起/看不起 존중하다/얕보다

가능보어와 조동사의 차이점	
去不了	不能去
'去'가 부정되는 것이 아니라 '了'가 부정된다. 그러므로 '明天我去不了'는 '가고 싶지만 가는 것을 달성할 수 없다'라는 의미를 갖게 된다.	'去'가 부정되므로 어떠한 이유 때문에 갈 수 있는 가능성이 전혀 존재하지 않음을 나타낸다.
그래서 중국인은 '내일 갈 수 있느냐?'라는 질문을 받았을 때, '不能去'는 상대방에게 불쾌감을 줄 수 있으므로, '去不了'로 대답하는 것이 부드러운 느낌을 주거나 예의에 맞다고 여긴다.	

시량보어

시량보어란 동사 뒤에 위치해서 행위가 지속되는 시간을 나타내거나, 형용사 뒤에 와서 상태가 지속되는 시간을 나타내는 보어를 말한다.

(1) 시량보어의 형식

❶ 동사를 반복하여 첫 번째 동사 뒤에 목적어, 두 번째 동사 뒤에 시량보어가 오도록 한다. 이때 동태조사 '了, 过'는 두 번째 동사 뒤에 위치한다.

> 동사1 + 목적어 + 동사2 + 了/过 + 시량보어

上课上了**一个小时**。 수업을 한 시간 동안 했다.
等车等了**一个小时**。 차를 한 시간 기다렸다.

❷ 동사 바로 뒤에 시량보어가 오고, 목적어가 시량보어 뒤에 위치한다.

> 동사 + 了/过 + 시량보어 + 목적어

上了**一个小时**课。 수업을 한 시간 동안 했다.
等了**一个小时**车。 차를 한 시간 기다렸다.

(2) 시량보어와 목적어의 위치

❶ 목적어가 일반목적어일 때 동사 바로 뒤에 시량보어가 오고, 목적어가 시량보어 뒤에 위치한다.

> 동사 + 了/过 + 시량보어 + 일반목적어

吃了**一个小时**饭。 밥을 한 시간 동안 먹었다.
看了**一个小时**书。 책을 한 시간 동안 읽었다.

❷ 목적어가 인칭대사이거나, 사람을 나타내는 말이면 시량보어는 목적어 뒤에 위치한다.

> 동사 + 了/过 + 인칭목적어 + 시량보어

等了他**一个小时**。 그를 한 시간 동안 기다렸다.
等了朋友**一个小时**。 친구를 한 시간 동안 기다렸다.

❸ 동사가 비지속동사일 때, 시량보어는 목적어의 뒤에 위치한다. 이때 시량보어는 동작이 완료된 후 경과된 시간을 나타내며, 동태조사 '了' 는 문장 끝에 위치한다.

> 비지속동사 + 목적어 + 시량보어 + 了

离开北京已经**一年**了。 베이징을 떠난지 이미 일년이 되었다.
我结婚已经**十年**了。 나는 결혼한지 10년이 되었다.
离开北京**没一年**。 / 离开北京**不到一年**。 베이징을 떠난지 1년이 되지 않았다. (부정형식)

(3) 이합사와 시량보어의 위치

이합사와 시량보어가 함께 쓰일 때 시량보어는 동사와 목적어 사이에 위치한다.

| 동사 + 시량보어 + 목적어 |

吵了半天架。 한참동안 말다툼을 했다.

(4) 동태조사 '了'와 어기조사 '了'의 쓰임

술어 뒤에 동태조사 '了', 문장 끝에 어기조사 '了'를 쓰면 현재까지 진행되고 있음을 나타낸다.

| 동사 + 了 + 시량보어 + 목적어 + 了 |

他学了一年汉语了。 그는 중국어를 1년 동안 배우고 있다.
他等车等了半天了。 그는 차를 한참 동안 기다리고 있다.

동량보어

동량보어란 동사 뒤에서 동작이 발생한 횟수를 나타내는 보어를 말한다.

(1) 동량보어와 목적어의 위치

❶ 목적어가 일반사물일 때, 동량보어는 목적어 앞에 위치한다.

| 동사 + 了/过 + 동량보어 + 목적어 |

看过一次中国电影。 중국영화를 한 번 본 적이 있다.
吃过几次四川菜。 쓰촨요리를 몇 번 먹어 본 적이 있다.

❷ 목적어가 대사일 때, 동량보어는 목적어 뒤에 위치한다.

| 동사 + 了/过 + 목적어 + 동량보어 |

见过他一次。 그를 한 번 만난 적이 있다.
去过那儿两次。 그곳에 두 번 가 본 적이 있다.

❸ 목적어가 사람을 나타내는 말이거나 지명이면 그 목적어는 동량보어의 앞뒤에 모두 올 수 있다.

去过三次中国。 / 去过中国三次。 중국에 세 번 가 봤다.
找过一次老王。 / 找过老王一次。 라오왕을 한 번 찾았었다.

(2) 이합사와 동량보어의 위치

이합사와 동량보어가 함께 쓰일 때 동량보어는 동사와 목적어 사이에 위치한다.

| 동사 + 동량보어 + 목적어 |

吵过一次架。 한 번 말다툼을 한 적이 있다.

실력 다지기

1~30 제시된 단어를 어순에 맞게 조합하여 문장을 완성하시오

★ 결과보어

1 谜语   没   最后一个   猜   他   对

2 完   已经   我   中文小说   这本   看   了

3 碎   玻璃   不小心   他   把   摔   了

4 遗   数据   文章   漏   了   重要的

5 替你   好   她   我   照顾   一定会

★ 정도보어

6 紧张得   心   了   跳出来   我   都要

7 胳膊   不起来   我的   抬   疼得

8 得   好   不知道   激动   他   说什么

9 把   我们   估计得   容易了   太   这次考试

10 数不清   欢庆和娱乐的   现代   方式   多得

★ 방향보어

11　了　带　一部　来　照相机　他

12　来　明年　这里　打算　我和妻子　回

13　认出　马上　来　我　就　他　了

14　有意思　听来　故事　这个　很

15　来　没完没了　话　妈妈　说起

★ 가능보어

16　实在　态度　看不惯　这种　我　傲慢的

17　血迹　洗也　洗不掉　衣服上的　怎么

18　舍不得　真　中国　离开　我　有点儿

19　解决不了　盲目修路　堵车问题

20　了　赶不上　现在去　火车　也

★ 시량보어

21 了　等　已经　我们　你　一个小时　了。

22 了　十年　大学　已经　他　毕业

23 时候　到　我　好几天　阿姨家　放暑假的　住了

24 睡觉了　音乐　一会儿　我　听了　就

25 写信　一连　没　我　三个月　给他

★ 동량보어

26 一共　中国　我　过　三次　去

27 经过　讲了　给警察　他　一遍　车祸的

28 两次　国际性　一个月之内　我　专业会议　参加过

29 两次　找过他　我　可他　刚才　都不在

30 好几遍　还是忘了　嘱咐　妈妈　可他　他

6 수식성분_관형어

> **Guide**
> 명사나 명사구를 수식하는 성분을 관형어라고 하며, 관형어의 수식을 받는 명사를 중심어라고 한다. 관형어와 중심어 사이에는 일반적으로 구조조사 '的'를 쓴다. 시험에는 주로 수량사, 형용사, 명사 등이 관형어로 쓰이는 경우가 많이 출제된다.
>
> **주의** 2개 이상의 관형어가 중심어를 수식할 때 관형어의 어순에 특히 주의해야 한다.

쓰기 급소공략

● **구조조사 '的'를 주목하라.**
제시어에 '的'로 끝나는 제시어가 있다면 **'的' 뒤에는 명사가 와야 한다.** 수량사, 명사, 1음절 형용사는 일반적으로 '的' 없이 중심어(명사)를 수식하고, 2음절 형용사나 동사(구)가 중심어(명사)를 수식할 때는 일반적으로 '的'가 있어야 한다.

● **복잡한 관형어의 어순에 주의하라.**
2개 이상의 관형어가 중심어를 수식할 때는 관형어의 어순에 따라 단어를 배열해야 하므로, **복잡한 관형어의 순서를 잘 익혀두어야 한다.**

● **술어가 동사인지 형용사인지 확인하라.**
동사가 술어로 쓰였을 때 관형어는 **목적어를 수식하는 관형어**로 쓰였을 가능성이 높고, **형용사가 술어로 쓰였을 때** 관형어는 **주어를 수식하는 관형어**로 쓰였을 가능성이 높다.

예제로 감 익히기

Mission
다음 단어들을 순서에 맞게 나열하여 올바른 문장을 만드시오.

> 现象   最近出现   是   新   一种   网络的普及   的

ㄱ. 주술목을 찾는다.
　술어 : 동사 '是'가 술어로 쓰였다.
　주어/목적어 : 명사 '现象'과 '网络的普及'를 주어와 목적어 자리에 넣어 보면 각각 '①인터넷 보급은 ~현상이다, ②~현상은 인터넷 보급이다'라는 두 문장을 만들 수 있는데, 두 문장 중 ①번 문장이 문맥상 더 자연스러우므로 의미 관계상 주어는 '网络的普及', 목적어는 '现象'이다.

ㄴ. 나머지 단어의 위치를 찾는다.
　관형어 : '最近出现, 新, 一种'은 모두 목적어를 수식하는 관형어로 쓰였다. 관형어의 어순은 '동사구+수량사+1음절 형용사'이므로 '最近出现一种新' 순으로 명사 '现象' 앞에 위치한다. 이때 수량사 '一种'은 동사구 '最近出现' 앞에도 위치할 수 있다. → 最近出现一种新现象 / 一种最近出现新现象
　的 : 1음절 형용사 '新'과 수량사 '一种'은 '的' 없이 명사를 수식할 수 있지만, 동사구 '最近出现'이 명사를 수식할 때는 '的'를 꼭 써야 한다. → 最近出现的

ㄷ. 어순에 맞춰 나열한다.

주어	술어	관형어	목적어
网络的普及	是	最近出现 的 一种 新	现象。
		동사구 + 的 + 수량사 + 1음절 형용사	

주어	술어	관형어	목적어
网络的普及	是	一种 最近出现 的 新	现象。
		수량사 + 동사구 + 的 + 1음절 형용사	

ㄹ. 정답 및 해석
　现象   最近出现   是   新   一种   网络的普及   的
　→ 网络的普及是最近出现的一种新现象。 / 网络的普及是一种最近出现的新现象。

　현상   최근 나타난   ~이다   새로운   일종의   인터넷 보급   ~의
　→ 인터넷 보급은 최근에 나타난 새로운 현상이다.

现象 xiànxiàng 명 현상 | **网络** wǎngluò 명 네트워크, 인터넷 | **普及** pǔjí 동 보급되다, 확산되다

쓰기 내공 TIP — 관형어

명사나 명사구를 수식하는 성분인 관형어는 문장을 보다 풍부하게 만들어주는 수식 성분으로, 여러 개가 같이 나왔을 때 어순에 특히 주의해야 한다.

(1) 관형어의 종류

❶ 명사, 대사가 관형어로 쓰이는 경우

昨天的报纸 어제 신문 (명사)
他们的情况 그들의 상황 (대사)

❷ 동사, 형용사(구)가 관형어로 쓰이는 경우

休息的时候 휴식할 때 (동사)
可爱的小狗 귀여운 강아지 (형용사)
非常难的问题 매우 어려운 문제 (형용사구)

❸ 주술구가 관형어로 쓰이는 경우

这里没有我认识的人。 이곳에는 내가 아는 사람이 없다.

❹ 술목구가 관형어로 쓰이는 경우

今年参加HSK考试的人特别多。 올해 HSK 시험에 참가하는 사람이 매우 많다.

❺ 개사구가 관형어로 쓰이는 경우

我写了一篇关于老舍的文章。 나는 라오셔에 관한 문장을 한 편 썼다.

(2) 구조조사 '的'의 용법

관형어와 중심어 사이에는 일반적으로 구조조사 '的'를 쓰지만 생략하는 경우도 있다.

❶ '的'를 생략해도 되는 경우

- 인칭대사가 친족 관계를 나타내는 명사를 수식할 때
    我妈妈 우리 엄마   她弟弟 그녀의 남동생

    cf> 小王的哥哥 샤오왕의 형

- 인칭대사가 소속 단위를 나타내는 명사를 수식할 때
    我家 우리 집   他们公司 그들 회사   你们学校 너희 학교

    cf> 小王的家 샤오왕네 집
        王先生的公司 왕 선생네 회사

- 명사(중심어)가 방위사일 때
    我旁边 내 옆   学校东边 학교 동쪽

- 1음절 지시대사가 관형어로 쓰일 때
    这人 이 사람   那地方 그곳

- 의문대사 '什么, 几, 多少'가 관형어로 쓰일 때

    什么道理 무슨 이유   几人 몇 명   多少个 몇 개

- 수량사, '지시대사+수량사'가 관형어로 쓰일 때

    一个学生 학생 한 명   这种事情 이런 일

- 1음절 형용사가 관형어로 쓰일 때

    新房子 새로운 집   红衣服 빨간 옷

- '很多, 好多, 许多, 不少'가 관형어로 쓰일 때

    很多问题 매우 많은 문제   不少学生 적지 않은 학생   许多人 많은 사람

- 직업/재질/성질/종류를 설명하는 명사가 관형어로 쓰일 때

    中文老师 중국어 선생님   木头椅子 나무 의자   中国地图 중국 지도

    汉语书 중국어 책   社会背景 사회 배경   神话色彩 신화 색채

❷ '的'가 필요한 경우

- 명사가 소유를 나타낼 때

    父母的房间 부모님 방   我的书 내 책

- 방위사/처소사/시간사/수사/일부 부사가 관형어로 쓰일 때

    前面的大楼 앞 빌딩   家里的东西 집안 물건   昨天的报纸 어제 신문

    四的五倍 4의 5배   暂时的困难 잠시의 어려움

- 의문대사 '谁, 哪儿, 怎样, 怎么样'이 관형어로 쓰일 때

    谁的东西 누구의 물건   哪儿的产品 어디 상품   怎样的世界 어떤 세계

- 2음절 동사가 관형어로 쓰일 때

    参观的人 참여한 사람   休息的时候 휴식할 때

    服务态度 서비스 태도   学习方法 공부 방법

    调查工作 조사 업무   理解能力 이해 능력

    > 2음절 동사와 중심어가 강하게 결합되어 하나의 단어처럼 사용되는 경우에는 '的'를 쓰지 않음.

- 2음절 형용사가 관형어로 쓰일 때

    聪明的小孩 똑똑한 아이   美丽的生活 아름다운 생활

    重大事件 중대한 사건   先进单位 선진 기업

    老实人 성실한 사람   年轻人 젊은이

    > 2음절 형용사와 중심어가 강하게 결합되어 하나의 단어처럼 사용되는 경우에는 '的'를 쓰지 않음.

- 각종 구가 관형어로 쓰일 때

    很新的房子 새 집 (형용사구)

    我做的菜 내가 만든 요리 (주술구)

    教汉语的老师 중국어를 가르치는 선생님 (술목구)

    对这个问题的调查 이 문제에 대한 조사 (개사구)

    看不懂的地方 이해가 되지 않는 곳 (술보구)

　　　　我和他的意见　나와 그의 의견 (병렬구)

　　　　高高的个子、大大的眼睛　큰 키, 큰 눈 (중첩구)

(3) 관형어의 배열 순서

여러 개의 관형어가 하나의 중심어를 수식할 때 관형어의 배열 순서는 일반적으로 다음과 같다.

> ① 소유/종속/예속 관계를 나타내는 명사/대사 + (的) + ② 시간사/처소사(장소) + ③ 지시대사+수량사 +
> ④ 주술구/동사구 + 的 + (③ 지시대사+수량사) + ⑤ 형용사(구) + 的 + ⑥ 직업/재질/성질/종류를 설명하는
> 명사/1음절 형용사 + ⑦ 중심어

❶ 소유, 종속, 예속을 나타내는 명사나 대사는 관형어의 맨 앞에 위치한다.

　　小王　　　的　　那本　　　中文　　书　　샤오왕의 저 중국어 책
　　①소유　　　　　③지시대사+수량사　⑥성질　중심어

　　辽宁省　　著名　　的　　旅游　　城市　　요녕성의 유명한 여행 도시
　　①예속　　⑤형용사　　　　⑥성질　　중심어

❷ '지시대사+수량사'는 의미 관계에 따라 동사구 앞뒤에 모두 위치할 수 있다.

　　那两个　　(在公园里　跟我　相识)　的　　很漂亮　　的　　女　　孩子
　　③지시대사+수량사　②장소　대상　동사　　　⑤형용사구　　　⑥1음절 형용사　중심어
　　　　　　　　　　　　④ 동사구

저 두 명의 공원에서 나와 알게 된 매우 예쁜 여자

　　(在公园里　跟我　相识)　的　　那两个　　很漂亮　　的　　女　　孩子
　　②장소　대상　동사　　　③지시대사+수량사　⑤형용사구　　⑥1음절 형용사　중심어
　　　　④ 동사구

공원에서 나와 알게 된 저 두 명의 매우 예쁜 여자

❸ 시간이나 장소를 나타내는 말이 동사구 내에 있을 때 '지시대사+수량사'는 일반적으로 동사구 뒤에 위치한다.

　　这就是　(我　中学时　在北京　买)　的　　那件　　裙子。
　　　　　①대사　②시간　②장소　동사　　　③지시대사+수량사　중심어
　　　　　　　　　④ 동사구

이것이 바로 내가 중고등학교 때 베이징에서 산 치마이다.

❹ 동사구는 형용사구 앞에 위치한다.

　　一种　　说不出来　　的　　非常奇怪　　的　　陌生　　感
　　수량구　　④동사구　　　　⑤형용사구　　　　⑤형용사　중심어

말로 형용하기 어려운 매우 이상한 낯선 느낌

❺ 2음절 형용사는 '지시대사+수량사' 뒤에 위치하고, 1음절 형용사 앞에 위치한다.

　　那件　　　漂亮　　的　　新　　衣服　　저 예쁜 새옷
　　③지시대사+수량사　⑤2음절 형용사　　⑥1음절 형용사　중심어

실력 다지기

1~5 제시된 단어를 어순에 맞게 조합하여 문장을 완성하시오.

1 的　　苹果　　大大　　拿着　　红　　小女孩手里　　一个

2 过　　的　　也曾经　　公园长椅上　　年轻　　那些　　坐在　　老人们

3 开车了　　627次列车　　马上　　北京的　　开往　　就要

4 书　　历史方面　　王教授　　的　　关于　　写了　　一部

5 生日贺卡　　很多朋友　　他　　受到了　　精美的　　生日那天　　从国外寄来的

7 수식성분_부사어

Guide
술어(동사나 형용사)를 수식하는 성분을 부사어라고 한다. 부사어는 술어 앞에서 시간, 장소, 방식, 정도, 범위, 부정 등을 나타내며, 부사어와 술어 사이에는 일반적으로 구조조사 '地'를 쓴다. 시험에는 부사, 조동사, 개사구가 부사어로 쓰이는 경우가 자주 출제되고 있다.

 시험에 자주 출제되는 **부사어의 일반적인 순서를 반드시 숙지**해야 하고, 동사, 형용사가 부사어로 쓰일 때 술어로 쓰이는 동사, 형용사와 혼동하지 않도록 주의한다.

쓰기 급소공략

- **구조조사 '地'와 부사어의 어순에 주목하라.**

  제시어에 '地'로 끝나는 제시어가 있다면 이는 술어 앞에 위치해야 한다. 부사어는 일반적으로 **'부사+조동사+개사구'의 순으로 술어 앞에 위치**하므로 부사어의 어순에 주의해야 한다. 또한 일반부사와 부정부사의 어순은 '일반부사+부정부사'이지만 일부 일반부사는 부정부사 뒤에 위치하기도 하므로 주의해야 한다. 예 不马上, 不一起, 不只是

- **부사어로 많이 쓰이는 품사와 구에 주의하라.**

  주로 부사, 조동사, 개사구가 부사어로 가장 많이 쓰이며 일부 동사와 형용사도 부사어로 많이 쓰이고 있다. 특히 '继续, 坚持'와 같은 **일부 동사는 마치 부사처럼 술어 바로 앞에 위치한다.** 이러한 동사가 부사어로 쓰일 경우 어순은 일반적인 어순과 달라지므로 주의해야 한다. 가령 '①我想在北京继续学习, ②你应该坚持工作'라는 두 예문에서 ①번 예문의 어순은 '주어+조동사+개사구+부사+술어'이며, ②번 예문의 어순은 '주어+조동사+부사+술어'이다.

- **명사를 수식하는 부사의 종류와 위치에 주의하라.**

  부사는 일반적으로 주어 뒤, 술어 앞에 위치하지만 '原来, 到底, 难道, 其实' 등의 **일부 어기부사는 주어 앞뒤에 모두 위치**할 수 있고, 또, '就, 只, 仅仅, 光' 등의 **범위부사는 반드시 주어(명사) 앞에 위치**해야 하는 경우도 있다. 그리고 '一连, 连续' 등과 같은 **일부 부사는 수량사 앞에 위치**할 수도 있다.

예제로 감 익히기

Mission
다음 단어들을 순서에 맞게 나열하여 올바른 문장을 만드시오.

> 我的手   他   紧紧地   握住了   激动地

ㄱ. 함께 쓸 수 있는 어휘들을 먼저 한 묶음으로 묶는다.
   握手 : '악수를 하다'라는 뜻의 술목구이다.

ㄴ. 주술목을 찾는다.
   주어 : 인물을 지칭하는 대사 '他'가 주어로 쓰였다.
   술어 : 술보구 '握住了'가 술어로 쓰였다.
   목적어 : 술어 '握住了'의 목적어는 명사구 '我的手'이다.

ㄷ. 나머지 단어의 위치를 찾는다.
   부사어 : '紧紧地'와 '激动地'는 모두 부사어로 쓰였다. 부사어 '激动地'는 주어를 묘사하고 있고, '紧紧地'는 동작을 묘사하고 있다. 부사어의 어순은 '주어를 묘사하는 부사어+동작을 묘사는 부사어'이므로 '激动地紧紧地'의 순으로 술어 '握住了' 앞에 위치한다. → 激动地紧紧地握住了

ㄹ. 어순에 맞춰 나열한다.

주어	부사어		술어	목적어
他	激动地	紧紧地	握住了	我的手。
	주어 묘사 + 동작 묘사		술보구	명사구

ㅁ. 정답 및 해석
   我的手   他   紧紧地   握住了   激动地   나의 손 그 꼭 잡다 감격하다
   → **他激动地紧紧地握住了我的手。**   → 그는 감격해하며 나의 손을 꼭 잡았다.

紧紧 jǐnjǐn 휑 단단하다, 빡빡하다, 꼭 끼다 | **握手** wòshǒu 동 악수하다, 손을 잡다 | **激动** jīdòng 동 감격하다, 흥분하다, 감동하다

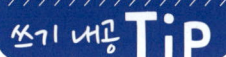

부사어

술어를 수식하고 제한하는 문장성분인 부사어는 관형어와 마찬가지로 문장을 풍부하게 만들어 주는데, 부사어가 여러 개 같이 나왔을 때 어순에 주의해야 한다.

(1) 부사어의 종류

❶ 부사가 부사어로 쓰이는 경우

- 부사는 술어 앞에서 부사어로 쓰인다.

  他的考试成绩**很**优秀。 그의 시험 성적은 매우 우수하다.
  他**常常**去中国。 그는 자주 중국에 간다.

- 부사는 일반적으로 주어 뒤, 술어 앞에 위치한다. 그러나 어기부사와 범위부사는 주어 앞에도 올 수 있다.

  难道你不知道吗？ 설마 너 모른단 말야? (어기부사)
  就你一个人没来。 너만 안 왔어. (범위부사)

  > **주어 앞에 올 수 있는 일부 어기부사와 범위부사**
  > 어기부사: 原来, 到底, 幸亏, 难道, 其实, 反正, 果然, 恐怕, 干脆……
  > 범위부사: 就, 只, 仅(仅), 光

- 일반부사는 대체로 부정부사 앞에 위치한다.

  我**一直不**知道这件事。 나는 줄곧 이 일을 모르고 있었다.
  我**从来没**听说过。 나는 지금까지 들어 본 적이 없다.

- 일부 일반부사는 부정부사 뒤에 위치한다.

  > 一起, 曾, 马上, 光, 仅, 只, 立刻

  这**不只**是他的问题。 이는 그만의 문제가 아니다.
  我们**没一起**去看电影。 우리는 함께 영화를 보러 가지 않았다.

- 부사의 종류

어기부사	可 정말　却 도리어　倒 도리어　反而 오히려　终于 결국　甚至 심지어 原来 원래, 알고 보니　何必 하필　至少 적어도　直接 직접　万一 만일 幸亏 다행히　难道 설마 ~하겠는가　居然 뜻밖에, 의외로　究竟 도대체 到底 도대체　偏偏 기어코　干脆 아예　简直 정말, 전혀　反正 어쨌든 果然 과연　差点儿 하마터면　明明 분명히　好不容易 간신히, 가까스로 其实 사실, 실은　不免 아무래도(면하기 어렵다)　决 결코, 절대로　千万 제발 尽管 얼마든지　尽量 가능한껏　万万 절대로　竟 결국, 뜻밖에　毕竟 필경
범위부사	都 모두　一共 모두　光 다만, 단지　只 단지, 오직　就 단지, 오직 净 단지, 모두　一起 함께　一律 전부, 일률적으로　一齐 일제히 全 전부　仅 겨우, 단지　一同 함께　一块儿 함께

시간부사	刚(刚) 막, 간신히　　从来 여태껏, 지금까지　　一直 곧바로, 줄곧　　始终 한결같이 总是 항시　　就(要) 바로, 곧　　才 비로소　　已(经) 이미　　曾(经) 이전에　　将 곧 将(要) 곧(~하려 하다)　　一向 줄곧, 내내　　向来 줄곧, 내내　　马上 곧, 금방 立刻(立即) 즉시　　偶尔 이따금　　随时 아무때나　　一时 문득, 언뜻　　顿时 갑자기, 바로 暂时 잠시, 잠깐　　先后 잇따라, 연이어　　正(在) 마침　　临 막 ~하려고 하다 回头 이따가　　早晚 조만간
정도부사	很 매우　　太 아주, 너무　　挺 대단히　　最 가장　　更 더　　真 정말　　非常 매우 十分 매우　　相当 상당히　　稍稍 약간, 좀　　比较 비교적　　有点儿 조금 多么 얼마나　　几乎 거의　　稍微 약간, 좀　　尤其 특히, 더욱
빈도부사	还 아직, 또, 더　　再 다시　　又 또, 다시　　也 도　　常常 항상　　经常 항상 老 늘, 언제나　　连续 연속해서　　陆续 잇따라　　往往 종종 不断 부단히　　反复 반복해서　　一连 계속해서, 잇따라　　一再 거듭, 수차 再三 재삼, 여러 번
상태부사	忽然 갑자기　　突然 갑자기　　逐渐 점차, 점점　　渐渐 점차, 점점 逐步 점진적으로, 점차　　仍然 여전히　　依然 여전히　　亲自 직접, 친히　　互相 서로 特地 특별히, 각별히　　还是 여전히, 아직도　　分别 각각, 따로따로　　一下子 갑자기, 단번에 动不动 걸핏하면　　不禁 저절로　　不由得 저절로　　一口气 단숨에
부정부사	不 ~이 아니다　　没有 ~않다　　未必 반드시 ~한 것은 아니다 不用 ~할 필요가 없다　　别 ~하지 마라

❷ 형용사(구)가 부사어로 쓰이는 경우

多吃点儿。 많이 드세요. (1음절 형용사)

他认真学习汉语。 그는 중국어를 열심히 공부한다. (2음절 형용사)

好好儿看！ 잘 보세요. (형용사 중첩 형식)

❸ 조동사, 동사(구)가 부사어로 쓰이는 경우

你会说汉语吗？ 너 중국어 할 줄 아니? (조동사)

他不停地说话。 그는 쉬지 않고 말을 한다. (동사)

❹ 개사구가 부사어로 쓰이는 경우

- 개사구(개사+명사)는 술어 앞에 놓여 시간, 장소, 방향, 대상, 원인, 목적, 도구, 방식, 비교 등을 나타낸다.

　　我给你打电话。 내가 너에게 전화할게. (대상)

　　他在家休息呢。 그는 집에서 쉬고 있다. (장소)

• 개사의 종류

시간/장소/기점	在 ~에서 于 ~에서 从 ~로부터 到 ~로, ~까지 离 ~에서, ~로부터(공간, 시간의 거리) 自 ~에서(장소, 시간, 출처) 打(=从) ~부터 由 ~이(가), ~에서(부터) 当(=在) ~에서
대상	为 ~에게, ~을 위하여 给 ~에게 替 ~을 위하여, ~대신에 将 ~을, ~를 把 ~을, ~를 比 ~보다 对 ~에 대해, ~에게 对于 ~에 대해 于 ~에서, ~에게 关于 ~에 관하여 至于 ~으로 말하면, ~에 관해서는
근거	按(照) ~대로, ~에 따라서 (根)据 ~에 따르면, ~에 의거하여 依(照) ~에 의해서, ~에 따라 照 ~대로, ~에 따라 凭 ~에 의해, ~에 근거하여
방향	朝 ~을 향하여 向 ~을 향하여, ~에게 往 ~쪽으로, ~을 향해
행위의 주체	被 ~에게 ~당하다, ~의해서 ~하게 되다 给 ~에게 ~당하다 让 ~에게 ~당하다 为 ~의해서 ~하게 되다
기타 중점 개사	连 ~조차도, ~마저도 趁 ~을 틈타서, 以 ~로써, ~에 의해, ~때문에 沿着 ~을 따라서, ~을 끼고 随着 ~에 따라 顺着 ~를 따라(자연적인 상황, 조건과 같은 방향으로 향함)

> **보어의 역할을 하는 개사구**
>
> ① 일부 개사구는 술어 뒤에 놓여 보어의 역할을 하기도 한다.
>
> 주요 개사: 给, 在, 向, 往, 到, 自, 于
>
> 他生于1990年。 그는 1990년에 태어났다.
> 他来自中国。 그는 중국에서 왔다.
> 火车开往上海。 기차는 상하이 행이다.
> 走向成功。 성공을 향해 나아가다.
>
> ② 개사구를 보어로 갖는 주요 동사는 다음과 같다.
>
> 장소를 목적어로 갖는 동사: 放(在), 装(在), 住(在), 贴(在), 挂(在), 掉(在), 坐(在), 站(在), 睡(在), 搬(到), 派(到)
>
> 放在地上吧。 땅에 놓으세요.
> 派到中国去了。 중국에 파견되었다.
>
> 대상을 목적어로 갖는 동사: 送(给), 交(给), 发(给), 还(给), 递(给), 借(给), 寄(给)
>
> 把作业交给老师了。 숙제를 선생님에게 제출했다.
> 我把汉语书借给朋友了。 나는 중국어 책을 친구에게 빌려줬다.

❺ 주술구, 술목구가 부사어로 쓰이는 경우

他态度十分傲慢地冷笑了一声。 그는 매우 거만한 태도로 비웃었다. (주술구)
他感兴趣地观看孩子们的表演。 그는 매우 흥미롭게 아이들의 공연을 관람했다. (술목구)

❻ 수량사가 부사어로 쓰이는 경우

　　他一口就喝完了。그는 한입에 다 마셨다.
　　他一张一张地看得很仔细。그는 한 장씩 자세히 보았다.

(2) 구조조사 '地'의 용법

부사어와 술어 사이에는 구조조사 '地'를 쓰는 경우와 쓰지 않는 경우가 있다.

❶ '地'를 쓰는 경우

- 일부 명사가 부사어로 쓰일 때
  我们要逻辑地解释这个问题。우리는 논리적으로 이 문제를 설명해야 한다.
  我们要科学地安排生产计划。우리는 과학적으로 생산 계획을 짜야 한다.

- 2음절 형용사가 부사어로 쓰일 때
  他没有认真地想过这个问题。그는 이 문제를 진지하게 생각해 보지 않았다.

- 동사가 부사어로 쓰일 때
  激动地望着大夫。감격하여 의사를 바라보다.
  批判地吸收。비판적으로 흡수하다.

- 각종 구가 부사어로 쓰일 때
  他很抱歉地一笑。그는 매우 미안해하며 웃었다. (형용사구)
  他态度十分傲慢地冷笑了一声。그는 매우 거만한 태도로 비웃었다. (주술구)
  一口一口地吃。한 입씩 먹다. (수량사 중첩)
  高高兴兴地回家。매우 기뻐하며 집으로 돌아가다. (형용사 중첩)

❷ '地'를 쓰지 않는 경우

- 개사구, 수량사구가 부사어로 쓰일 때
  他给我打电话。그는 나에게 전화를 걸었다. (개사구)
  他一口喝完了。그는 한입에 다 마셨다. (수량사구)

- 시간명사, 장소명사가 부사어로 쓰일 때
  我们上午有课。우리는 오전에 수업이 있다. (시간명사)
  请屋里坐。안으로 들어와 앉으세요. (장소명사)

- 대사가 부사어로 쓰일 때
  哪儿来的？어디서 온 거지?
  你不该这样说。너는 그렇게 말하면 안 된다.

- '多, 少, 快, 慢, 早, 晚' 등의 1음절 형용사가 부사어로 쓰일 때
  学习外语要多听多说。외국어를 배울 때는 많이 듣고 많이 말해야 한다.
  快去快回来！빨리 갔다가 빨리 돌아와!

[3] 부사어의 배열 순서
여러 개의 부사어가 술어를 수식할 때 부사어의 배열 순서는 일반적으로 다음과 같다.

> ① 시간 + ② 어기/상태/관련/빈도/범위 + ③ 행위의 주체(주어)를 묘사하는 부사어 + ④ 목적/근거/관계/협동 + ⑤ 장소/공간/방향/노선 + ⑥ 대상 + ⑦ 동작을 묘사하는 부사어 + ⑧ 중심어

❶ 여러 개의 부사가 동시에 술어를 수식할 때 일반적으로 어기/상태부사는 다른 부사 앞에 위치한다. 이때 시간사의 위치는 비교적 자유로워서 어기/상태부사 앞뒤에 모두 위치할 수 있다.

> 시간 + 어기/상태 + 장소 + 대상 + 술어 or 어기/상태 + 시간 + 장소 + 대상 + 술어

课间时　　依然　　　在教室里　　对着同学们　　唱歌。
①시간　　②상태　　⑤장소　　　⑥대상　　　　중심어

依然　　　课间时　　在教室里　　对着同学们　　唱歌。
②상태　　①시간　　⑤장소　　　⑥대상　　　　중심어

쉬는 시간에도 여전히 교실에서 학우들 앞에서 노래를 하다.

❷ 주어를 묘사하는 부사어는 동작을 묘사하는 부사어 앞에 위치한다.

> 주어를 묘사하는 부사어 + 동작을 묘사하는 부사어 + 술어

他　　非常愤怒地　　一拳　　　打破了　　窗玻璃。
주어　③주어 묘사　　⑦동작 묘사　중심어　　목적어

그는 매우 분노하여 주먹으로 유리창을 깨뜨렸다.

他　　正　　　小心地　　　从书包里往外　　一件一件　　地　　掏着。
주어　①시간　③주어 묘사　⑤방향　　　　　⑦동작 묘사　　　　중심어

그는 지금 조심스럽게 책가방에서 한 개씩 꺼내고 있다.

❸ 시간을 나타내는 시간명사, 시간개사, 시간부사가 동시에 올 때는 다음과 같이 배열한다.

> 시간명사(구) + 시간개사구 + 시간부사 + 주어를 묘사하는 부사어 + 장소 + 대상 + 중심어

他　　多年来　　　　一直　　　　默默地　　在这里　　为祖国　　培养着　　人才。
주어　①시간명사(구)　①시간부사　③주어 묘사　⑤장소　　⑥대상　　중심어　　목적어

그는 여러 해 동안 줄곧 묵묵히 이곳에서 조국을 위해 인재를 양성하고 있다.

실력 다지기

1~5 제시된 단어를 어순에 맞게 조합하여 문장을 완성하시오.

1 从头到尾　　一遍　　检查了　　又把试卷　　答完题后　　他

2 工作着　　许许多多的　　出色地　　都在　　女性　　自己的岗位上

3 谈一谈　　跟他　　你　　好好　　认认真真地　　得

4 学习　　在一起　　我们　　常常　　以前

5 做完了　　在学校　　我　　把作业　　已经

8 특수구문_연동문

Guide 연동은 동사가 연이어 나온다는 뜻으로, 하나의 주어에 두 개 이상의 동사나 동사구로 구성된 문장을 연동문이라고 한다. 시험에 자주 출제되고 있으니 연동문의 종류와 특징에 대하여 잘 파악하고 있어야 한다.

 제시어에 동사가 2개 이상일 경우 구성할 수 있는 문장의 종류는 매우 많으므로 **두 동사간의 특징과 의미 관계를 잘 파악해야 한다.**

쓰기 급소공략

- **연동문의 어순과 부사어(부사, 조동사)의 위치에 주의하라.**

  연동문의 기본 어순은 '**주어+동사1+목적어1+동사2+목적어2**'이며, 부사, 조동사는 일반적으로 첫 번째 술어 앞에 위치해야 한다.

- **동태조사 '了, 着, 过'의 위치와 부사 '就, 才, 再'의 위치에 주의하라.**

  연동문에서 **동태조사 '着'는 첫 번째 동사 뒤에, '了'와 '过'는 두 번째 동사 뒤에 위치**해야 한다. 그러나 제시어에 동태조사 '了'와 부사 '就, 才, 再' 등이 있으면 동태조사 '了'는 반드시 첫 번째 동사 뒤에, 부사 '就, 才, 再'는 두 번째 동사 앞에 위치해야 한다.

- **동사의 특징을 잘 파악하라.**

  연동문에는 **동작의 발생 순서를 나타내는 연동문**, 두 번째 동사가 첫 번째 동사의 **목적을 나타내는 연동문**, 첫 번째 동사가 두 번째 동사의 **도구/방법/방식을 나타내는 연동문** 등이 있으므로 동사간의 의미 관계를 잘 파악하고 각각의 어순에 맞게 배열해야 한다.

예제로 감 익히기

Mission 1

다음 단어들을 순서에 맞게 나열하여 올바른 문장을 만드시오.

> 会　酒　去　他　喝　偶尔　酒吧

ㄱ. 주술목을 찾는다.

　주어 : 사람을 뜻하는 대사 '他'가 주어로 쓰였다.
　술어 : 이 문장은 '去'와 '喝' 두 개의 동사로 구성된 연동문이다. 이 두 동사를 의미 관계에 따라 배열하면 '마시러 가다'라는 문장을 만들 수 있다. 여기서 '喝'는 '去'의 목적을 나타낸다. 이럴 경우 '去'가 첫 번째 동사 위치에 놓인다.
　목적어 : '去'의 목적어는 장소명사 '酒吧'이고, '喝'의 목적어는 '酒'가 된다.

ㄴ. 나머지 단어의 위치를 찾는다.

　偶尔/会 : 연동문에서 부사 '偶尔'과 조동사 '会'는 '부사+조동사'의 순으로 첫 번째 술어 앞에 위치한다. → 偶尔会去

ㄷ. 어순에 맞춰 나열한다.

주어		술어1	목적어1	술어2	목적어2
他	偶尔　会	去	酒吧	喝	酒。
			장소명사	목적	

ㄹ. 정답 및 해석

　会　酒　去　他　喝　偶尔　酒吧　　　~할 것이다　술　가다　그　마시다　가끔　술집
　→ 他偶尔会去酒吧喝酒。　　　　　　　→ 그는 가끔 술집에 가서 술을 마신다.

偶尔 ǒuěr 퇴 때때로, 이따금 ｜ **酒吧** jiǔbā 몡 술집

Mission 2

다음 단어들을 순서에 맞게 나열하여 올바른 문장을 만드시오.

> 每天   着   自行车   上班   他   骑

ㄱ. 주술목을 찾는다.

주어 : 사람을 뜻하는 대사 '他'가 주어로 쓰였다.

술어 : 이 문장은 '骑'와 '上班' 두 개의 동사로 구성된 연동문이다. 이 두 동사를 의미 관계에 따라 배열하면 '~를 타고 출근하다' 라는 문장을 만들 수 있다. 여기서 '骑'는 '上班'의 교통수단을 나타내므로 첫 번째 동사로 쓰여야 한다.

목적어 : '骑'의 목적어는 '自行车'이고, '上班'은 술목구조로 구성된 이합동사이다.

ㄴ. 나머지 단어의 위치를 찾는다.

着 : 동태조사로서 첫 번째 동사 '骑' 뒤에 위치해야 한다. → 骑着

每天 : 시간명사로서 주어 앞뒤에 모두 위치할 수 있다. → 他每天 / 每天他

ㄷ. 어순에 맞춰 나열한다.

주어		술어1	목적어1	술어2+목적어2
他	每天	骑着	自行车	上班。
	시간명사	교통수단		

	주어	술어1	목적어	술어2+목적어2
每天	他	骑着	自行车	上班。
시간명사		교통수단		

ㄹ. 정답 및 해석

每天   着   自行车   上班   他   骑   매일 着 자전거 출근하다 그 타다

→ 他每天骑着自行车上班。/ 每天他骑着自行车上班。   → 그는 매일(매일 그는) 자전거를 타고 출근을 한다.

上班 shàngbān 图 출근하다 | **骑** qí 图 (가축이나 자전거 등을) 타다, 앉다

쓰기 내공 TIP — 연동문

연동문은 두 개 이상의 동사가 나오는 문장으로, 우리말 순서 그대로 제시된 단어를 배열하면 되지만 부사, 조동사, 조사 등이 포함될 때는 어순을 혼동하기 쉬우므로 잘 체크해두어야 한다.

(1) 연동문의 기능

❶ 동작의 발생 순서를 나타낸다.

他 **开门**(동사1) **出去**(동사2) 了。 그는 문을 열고 나갔다.

❷ 두 번째 동사가 첫 번째 동사의 목적을 나타낸다.

他 **去**(동사1) 北京 **学习**(동사2) 汉语。 그는 베이징에 중국어를 공부하러 간다.

你 **去**(동사1) 那儿 **看看**(동사2)。 저기 가서 봐봐.

❸ 첫 번째 동사가 두 번째 동사의 도구/방법/방식을 나타낸다.

我们 明天 **坐**(동사1) 火车 **去**(동사2) 北京。 우리는 내일 기차를 타고 베이징에 간다.

我 每天 **骑着**(동사1) 自行车 **去**(동사2) 学校。 나는 매일 자전거를 타고 학교에 간다.

(2) 연동문의 특징

❶ 조동사, 부사는 첫 번째 동사 앞에 위치한다.

> 주어 + 조동사/부사 + 동사1 + 목적어1 + 동사2 + 목적어2

我 **想**(조동사) **去**(동사1) 中国 **学习**(동사2) 汉语。 나는 중국에 가서 중국어를 배우고 싶다. (조동사)

他 **马上**(부사) **跑过去**(동사1) **开门**(동사2)。 나는 얼른 뛰어가서 문을 열었다. (부사)

昨天 他 **没**(부정부사) **去**(동사1) 图书馆 **借书**(동사2)。 어제 그는 도서관에 책을 빌리러 가지 않았다. (부정부사)

❷ 연동문에서 동태조사 '了, 着, 过'의 위치

- '了, 过'는 두 번째 동사 뒤에 위치한다.

  昨天 他 **去**(동사1) 图书馆 **借**(동사2) **了** 一本书。 어제 그는 도서관에 가서 책을 한 권 빌렸다.

  我 **去**(동사1) 中国 **旅行**(동사2) **过**。 나는 중국을 여행한 적 있다.

- '着'는 첫 번째 동사 뒤에 위치한다.

  他 常常 **躺**(동사1) **着** **看**(동사2) 书。 그는 항상 누워서 책을 본다.

- 첫 번째 동작이 끝나고 두 번째 동작이 시작됨을 나타낼 때 '了'는 첫 번째 동사 뒤에 위치한다.

  他 **下**(동사1) **了** 课 就 **回家**(동사2)。 그는 수업이 끝나자 마자 바로 집으로 돌아간다.

실력 다지기

1~5 제시된 단어를 어순에 맞게 조합하여 문장을 완성하시오.

1 记者　　马上　　就　　来　　采访　　您

2 老朋友　　了　　赶去　　他　　公园　　见

3 飞机　　大家的祝福　　了　　他　　着　　登上　　带　　前往美国的

4 穿上　　了　　出去　　起床　　他　　一　　衣服　　就开门

5 吃惊　　大家　　听到　　非常　　消息　　这个

9 특수구문_겸어문

Guide

첫 번째 동사의 목적이면서 두 번째 동사의 주어를 동시에 겸하는 말을 겸어라고 하며, 겸어가 나오는 문장을 겸어문이라고 한다. 시험에 자주 출제되고 있으므로 겸어동사의 종류와 기능을 잘 숙지하고 있어야 한다.

주의 겸어문에서 특히 주의할 것은 **주객이 전도되거나 어순을 틀리게 쓰지 않아야 한다**는 것이다.

쓰기 급소공략

- **대표적인 겸어동사를 암기하라.**
  대표적인 겸어동사인 **사역동사와 그 외 사용 빈도가 높은 겸어동사를 암기**하고 겸어문의 특징을 숙지해야 한다.

- **겸어문의 어순에 주의하라.**
  겸어문의 기본 어순은 '**주어1+술어1+목적어1/주어2+술어2+(목적어2)**'이고 일반부사, 조동사는 술어1 앞에 놓인다. 또, 겸어동사 뒤에는 사람을 뜻하는 단어가 와야 한다.

- **겸어동사와 일반동사의 어순에 주의하라.**
  비슷한 의미를 가진 동사일지라도 **겸어동사와 일반동사의 어순이 다르므로 주의해야 한다**. 예를 들어 '학생들에게 이 연극을 보라고 제안하다'라는 문장을 쓸 때 '제안하다'라는 뜻의 동사를 겸어동사 '建议'로 쓰면 '建议同学们去看看这个话剧'라고 해야 하지만, 일반동사 '提议'로 쓰면 '向同学们提议去看看这个话剧'라고 해야 한다.

예제로 감 익히기

Mission

다음 단어들을 순서에 맞게 나열하여 올바른 문장을 만드시오.

> 不舒服　让人　他的　话　真

ㄱ. 함께 쓸 수 있는 어휘들을 먼저 한 묶음으로 묶는다.
　　他的话 : '他的' 뒤에는 명사가 와야 하므로 '他的话'는 한 묶음이 된다.

ㄴ. 주술목을 찾는다.
　　술어 : 제시어에 겸어동사 '让'이 있으므로 이 문장은 겸어동사 '让'이 첫 번째 술어로 쓰인 겸어문임을 알 수 있다. 형용사 '舒服'는 두 번째 술어가 된다.
　　주어 : 형용사는 목적어를 가질 수 없으므로 명사구 '他的话'가 주어가 되어야 한다.

ㄷ. 나머지 단어의 위치를 찾는다.
　　真 : 겸어동사 '让'의 목적어가 '人'일 때 부사 '真'은 '让人' 앞에 위치한다. → 真让人

ㄹ. 어순에 맞춰 나열한다.

　　주어1　　　　술어1　　목적어/주어2　　술어2
　　他的话　　**真**　　让　　　人　　　　不舒服。
　　　　　　　부사

ㅁ. 정답 및 해석
　　不舒服　让人　他的　话　真　　　불쾌하다　사람에게　그의　말　정말
　　→ **他的话真让人不舒服。**　　　→ 그의 말은 사람의 기분을 정말 상하게 한다.

舒服 shūfu 〔형〕 (몸이나 마음이) 편안하다, 쾌적하다

쓰기 내공 TIP — 겸어문

겸어문의 종류와 겸어문의 특징, 핵심 겸어동사에 대해 살펴보자.

(1) 겸어문의 종류

❶ 사역, 명령, 요구를 나타내는 겸어문

> 겸어동사 : 让, 叫, 使, 令, 请, 劝, 派, 要求

经理 **让**(술어1) 我 **通知**(술어2) 你。 사장님이 나더러 너에게 알려주라고 했어.

妈妈 **叫**(술어1) 我 **做**(술어2) 饭。 엄마가 나더러 밥을 하라고 하셨다.

❷ '有'가 사용된 겸어문

有(술어1) 一个人 **等**(술어2) 你。 어떤 사람이 너를 기다리고 있어.

没有(술어1) 人 **喜欢**(술어2) 他。 그를 좋아하는 사람이 없다.

❸ '是'가 사용된 겸어문

到底 **是**(술어1) 什么 **影响了**(술어2) 他们两个人的关系? 도대체 무엇이 저 두 사람의 관계에 영향을 주었을까?

朋友们都 **说是**(술어1) 我 **错了**(술어2)。 친구들은 다 내가 잘못했다고 말한다.

❹ 기타 겸어문

> 겸어동사 : 答应, 盼咐, 鼓励, 骂, 称赞, 批评, 怪, 喜欢, 恨, 嫌, 选, 推荐, 称

父母 不 **答应**(술어1) 我 跟他 **结婚**(술어2)。
부모님은 내가 그와 결혼하는 것을 허락하지 않으신다.

家里人 **鼓励**(술어1) 我毕业后继续 **读**(술어2) 研究生。
가족들은 나에게 대학 졸업 후에 계속 대학원 공부를 하라고 격려한다.

大家 都 **夸**(술어1) 他 **聪明能干**(술어2)。
모두들 그가 똑똑하고 유능하다고 칭찬한다.

(2) 겸어문의 특징

❶ 부사는 위치에 따라 뜻이 달라진다.

你**一定**让他明天再来一趟。 그에게 내일 다시 한번 오라고 꼭 해야 돼. (네가 꼭 그렇게 해야 함을 강조)

你让他明天**一定**再来一趟。 그에게 내일 꼭 다시 한번 오라고 해. (그가 꼭 올 것을 강조)

❷ 부정부사, 조동사는 일반적으로 술어1 앞에 위치한다. 그러나 술어2가 형용사일 때 부정부사는 술어2 앞에 위치한다.

他**不让**我参加比赛。 그는 내가 시합에 참가하지 못하게 했다.

他**想让**我参加比赛。 그는 내가 시합에 참가하길 바란다.

听了你的话，真**让**人**不**愉快。 너의 말을 듣고 기분이 정말 불쾌해졌어.

❸ 일반적으로 금지나 만류를 나타내는 '不要, 别' 등은 술어2 앞에 위치한다. 그러나, '让'이 사용된 겸어문에서 '不, 不要, 别' 등은 술어1인 '让' 앞에 위치한다.

你**劝**他**别**喝酒了。 네가 그한테 술 마시지 말라고 해라.

他**要求**我们**不要**懒惰。 그는 우리에게 게으름 피우지 말라고 했다.

妈妈晚上十点以后**不让**我看电视。 엄마는 저녁 10시 이후에는 내가 텔레비전을 못 보게 하신다.

❹ '叫'가 사용된 겸어문에서 술어2는 대개 동작동사이고, '使'가 사용된 겸어문에서 술어2는 대개 형용사이거나 비동작동사이다.

他**叫**小王立刻**去**接电话。 그는 샤오왕에게 얼른 가서 전화를 받으라고 했다. (동작동사)

这个消息**使**我们很**高兴**。 이 소식은 우리를 기쁘게 해주었다. (형용사)

这次旅行**使**我**学到**了很多知识。 이번 여행을 통해 나는 많은 것을 배웠다. (비동작동사)

실력 다지기

1~5 제시된 단어를 어순에 맞게 조합하여 문장을 완성하시오.

1 鼓励   不能   我   放弃努力   老师   总是

2 每个学生   这次活动   要求   都   参加   学校   必须

3 食物   吃   我   千万不要   提醒   生冷的   医生

4 风俗习惯   了   了解   使   很多中国人的   我   这次农村考察

5 我单调的   了   改变   是   他   生活

10 특수구문_존현문

> **Guide**
> 존현문은 존재하는 장소, 사람, 사물을 주제로 삼는 문장이다. 존현문에는 '有'를 사용하는 존현문, '在'를 사용하는 존현문, '是'를 사용하는 존현문, 존재의 상태를 나타내는 상태 존현문, 출현/소실 등을 나타내는 존현문이 있다. 시험에 자주 출제되므로 존현문의 특징을 잘 파악하고 있어야 한다.
>
> **주의** 존현문의 종류에 따른 특징과 각 존현문 간의 차이점에 주의해서 공부하도록 한다.

쓰기 급소공략

- **존현문의 여부를 파악하라.**

  제시어에 장소를 나타내는 개사가 없는데 **지명, 장소를 뜻하는 단어나, 방위사가 있으면 이 문장은 존현문**임을 알아채야 한다. 방위사는 일반적으로 명사 뒤에 위치하여 장소를 나타낸다.

- **'在'가 동사로 쓰였는지 개사로 쓰였는지 확인하라.**

  제시어에 기타 동사가 없고 '在'만 있을 경우 '在'가 동사로 쓰인 존현문이므로 **'사람/사물+동사+장소(在)'**의 순으로 단어를 배열해야 한다. 그러나 제시어에 '在' 이외에 기타 동사가 있다면 '在'는 '在+명사'의 개사 구조를 이루어 일반적으로 술어 앞에 위치한다. 그러나 개사구 '在+명사'는 술어 뒤에 위치하는 경우도 있으므로 주의해야 한다. (부사어 파트 개사 부분 참고)

- **상태 존현문의 어순에 주의하라.**

  상태 존현문의 어순은 '장소+동사+사람/사물'이다. 상태 존현문은 행위의 주체인 사람이나 설명의 대상인 사물이 목적어 자리에 위치하므로 행위의 주체인 사람이나 설명의 대상인 사물을 우리나라말의 어순대로 주어 자리에 놓지 않도록 주의해야 한다.

예제로 감 익히기

Mission

다음 단어들을 순서에 맞게 나열하여 올바른 문장을 만드시오.

> 中国山水画　墙上　挂　一幅　着

ㄱ. 함께 쓸 수 있는 어휘들을 먼저 한 묶음으로 묶는다.

一幅中国山水画 : '一幅'는 그림을 세는 양사로, 명사 앞에 위치해야 하므로 '一幅中国山水画'는 한 묶음이 되어야 한다.

ㄴ. 주술목을 찾는다.

주어/술어/목적어 : 제시어 중에 장소를 나타내는 개사 '在'가 없는데 장소를 의미하는 단어와 동태조사 '着'가 있다면 이 문장은 상태 존현문임을 유추할 수 있다. 상태 존현문의 순서는 '장소+동사+着+사물/사람'이 되어야 한다. 따라서 주어는 장소를 뜻하는 단어 '墙上'이 되어야 하고, 술어는 동사 '挂'가 되어야 하며, 목적어는 명사구 '一幅中国山水画'가 되어야 한다.

ㄷ. 나머지 단어의 위치를 찾는다.

着 : 동태조사로서 술어 '挂' 뒤에 위치한다. → 挂着

ㄹ. 어순에 맞춰 나열한다.

<u>墙上</u>　<u>挂</u>　<u>着</u>　　<u>一幅　中国山水画</u>。
주어　　술어　동태조사　　　목적어
장소　　동사　동태조사　　사물(양사 + 명사)

ㅁ. 정답 및 해석

中国山水画　墙上　挂　一幅　着　　중국산수화　벽에　걸다　한 폭　着
→ **墙上挂着一幅中国山水画。**　　　→ 벽에 한 폭의 중국산수화가 걸려 있다.

墙 qiáng 몡 담장, 벽 | 挂 guà 동 걸다 | 幅 fú 양 폭[옷감·종이·그림 등을 세는 단위]

쓰기 내공 TiP — 존현문

'有'를 사용하는 존현문, '在'를 사용하는 존현문, '是'를 사용하는 존현문, 상태 존현문, 출현/소실 존현문 등 각 존현문의 특징을 살펴보도록 하자.

(1) 존현문의 종류와 특징

❶ '有'를 사용하는 존현문

'有'를 사용하는 존현문은 장소를 주제로 삼는다. 그러므로 여기에서는 장소를 나타내는 장소명사가 문장의 맨 앞에 온다. 이때 '有'의 목적어는 언제나 비한정적 명사이다.

> 주어(장소) + 有 + 목적어(비한정적 명사)

办公室里(주어) 有 两个人(목적어)。 사무실에 두 사람이 있다.

桌子上(주어) 有 汉语书(목적어)。 테이블 위에 중국어 책이 있다.

> **비한정적 명사**
> '两个人'은 듣는 상대방이 모르는 사람이고, '汉语书'도 상대방이 알 수 없는 중국어 책이다. 이러한 명사를 비한정적 명사라고 한다. '有'의 목적어는 언제나 비한정적 명사여야 하므로 다음 예문은 모두 잘못된 문장이다.
> ('张老板, 那本书'는 모두 일정한 사람이나 사물을 지정하는 한정적 명사)
>
> 办公室里有张老板。(×)   桌子上有那本书。(×)

❷ '在'를 사용하는 존현문

'在'를 사용하는 존현문은 한정적 사람이나 사물을 주제로 삼는 문장이다. 그러므로 '在' 존현문에서는 한정적 사람, 사물이 문장의 맨 앞에 온다.

> 주어(한정적 사람/사물) + 在 + 목적어(장소)

我(주어) 在 家里(목적어)。 나는 집에 있다.

你的手机(주어) 在 桌子上(목적어)。 너의 핸드폰은 테이블 위에 있다.

❸ '是'를 사용하는 존현문

'是'를 사용하는 존현문은 '有' 존현문과 마찬가지로 장소를 주제로 삼는 문장이다. 그러므로 '是' 존현문에서는 장소명사가 문장의 맨 앞에 온다. 목적어는 비한정적 명사일 수도 있고, 한정적 명사일 수도 있다.

> 주어(장소) + 是 + 목적어(존재하는 사람/사물)

我家后边(주어) 是 公园(목적어)。 우리집 뒤는 공원이다. (비한정 목적어)

我旁边(주어) 是 我弟弟(목적어)。 내 옆은 내 남동생이다. (한정 목적어)

'是' 존현문	'有' 존현문
'A是B'	'A有B'
A라는 공간에 B만 존재함을 나타낸다. '是' 존현문은 A와 B의 공간의 크기가 같거나 A공간보다 B공간이 큰 경우에 사용된다.	A라는 공간의 일부에 B가 존재함을 나타낸다. 그러므로 A에는 B 이외의 다른 사물이 존재할 수도 있다. 따라서 A는 B보다 큰 공간이 된다.
对面是学校。 맞은편은 학교이다. (=맞은편 공간에는 학교만 있고, 다른 건물은 없음)	对面有电影院。 앞에는 영화관이 있다. (=맞은편 공간에는 영화관이 있고, 영화관 이외의 다른 건물이 있을 수도 있음)

❹ 상태를 나타내는 존현문

상태 존현문이란 사람이나 사물이 어떠한 상태로 존재하는가를 나타내는 문형을 말한다.

> 주어(장소) + 동사 + 着 + 목적어(비한정적 사람/사물)

外边(주어) 停着 一辆自行车(목적어)。 밖에 자전거 한 대가 세워져 있다.

墙上(주어) 挂着 一个空调(목적어)。 벽에 에어컨이 한 대 걸려 있다.

> **상태 존현문의 목적어**
> 상태 존현문에 나오는 목적어는 비한정적이므로 한정적 명사가 쓰인 다음 예문은 모두 잘못된 문장이다.
> ('我的自行车, 那个空调'는 모두 일정한 사람이나 사물을 지정하는 한정적 명사)
>
> 外边停着我的自行车。(×)   墙上挂着那个空调。(×)

❺ 출현/소실을 나타내는 존현문

어떤 사람이나 사물이 사라지거나 출현하는 장소, 그러한 시간을 주제로 삼는 문형이다. 출현/소실을 나타내는 존현문의 문장 구조는 다음과 같으며 목적어는 비한정적이다.

> 장소/시간사 + 동사 + 목적어(출현하거나 사라지는 사람/사물)

家里(장소) 来了 一位客人(목적어)。 집에 손님이 한 분 오셨다. (출현)

昨天(시간) 来了 一位客人(목적어)。 어제 손님이 한 분 오셨다. (출현)

村里(장소) 死了 一位老人(목적어)。 마을 노인이 한 분 돌아가셨다. (소실)

실력 다지기

1~5 제시된 단어를 어순에 맞게 조합하여 문장을 완성하시오.

1 放着   吃的东西   冰箱里   各种各样

2 着   几张   50年前拍的   夹   照片   书中

3 剩下   村里   了   现在   只   老人和孩子

4 年轻人   面试的   屋子里   挤满   小小的   了

5 房间   放下   两张床   这个   只能

11 특수구문_把자문

Guide

把자문은 목적어를 술어 앞으로 도치시켜 목적어를 어떻게 처리했는가와 그 처리 결과를 강조하여 설명할 경우에 주로 사용되는 문형이다. 시험에 매우 자주 출제되고 있으니 把자문의 특징을 반드시 숙지해야 한다.

 개사 '把' 뒤에는 동사의 목적어에 해당하는 명사가 와야 하고 **'把+목적어'는 술어 앞에 위치**한다는 사실에 주의해야 한다. 또한 주어로 쓰이는 명사와 '把' 뒤에 위치하는 명사의 의미 관계를 잘 살펴보고 어순에 맞게 배열해야 한다.

쓰기 급소공략

- **把자문의 어순과 특징에 주의하라.**

  把자문의 기본 어순은 '**주어+부사/조동사+把+명사+(给)동사+기타성분**'이다. 부사와 조동사는 일반적으로 '把' 앞에 위치하고, 동사 뒤에는 반드시 기타성분이 와야 한다.

- **주어로 쓰인 명사와 '把' 뒤에 오는 명사에 주의하라.**

  제시어에 명사가 두 개일 경우 하나는 주어로 쓰인 것이고, 나머지 하나는 '把' 뒤에 위치하는 명사가 된다. 이때 '把' 뒤에 위치하는 명사는 사실상 동사의 목적어에 해당하므로 동사와 목적어와의 의미 관계를 잘 따져보아야 한다.

- **반드시 把자문으로 써야 하는 문형의 어순에 주의하라.**

  '~를 ~로 ~(이동)하다'라는 표현은 '把+명사+동사+到'로, '~를 ~에(다) ~하다'라는 표현은 '把+명사+동사+在'로, '~를 ~에게 ~하다'라는 표현은 '把+명사+동사+给'로, '~를 ~로 ~여기다'라는 표현은 '把+명사+동사+成'으로 써야 하므로 **반드시 把자문으로 써야 하는 문형의 어순**에 주의해야 한다.

예제로 감 익히기

Mission
다음 단어들을 순서에 맞게 나열하여 올바른 문장을 만드시오.

> 毕业论文　把　写完了　我　终于

ㄱ. 함께 쓸 수 있는 어휘들을 먼저 한 묶음으로 묶는다.
　把毕业论文 : 개사 '把' 뒤에는 명사가 와야 하므로 '把毕业论文'은 함께 묶을 수 있다.

ㄴ. 주술목을 찾는다.
　주어 : 사람을 뜻하는 대사 '我'는 대개 주어로 쓰인다.
　술어 : 동사 '写完了'가 술어로 쓰였다.

ㄷ. 나머지 단어의 위치를 찾는다.
　终于 : 부사로서 개사구 '把毕业论文' 앞에 위치한다. → 终于把毕业论文
　把毕业论文 : 개사구로서 술어 '写完了' 앞에 위치해야 한다. → 把毕业论文写完了

ㄹ. 어순에 맞춰 나열한다.

　　주어　　　　　의미상 목적어　　　술어
　　我　　终于　　把毕业论文　　写完了。
　　　　　부사　　　개사구

ㅁ. 정답 및 해석
　毕业论文　把　写完了　我　终于　　　졸업논문　~을　다 쓰다　나　마침내
　→ **我终于把毕业论文写完了。**　　　　→ 나는 마침내 졸업논문을 다 썼다.

论文 lùnwén 몡 논문 ｜ 终于 zhōngyú 틘 마침내, 결국

 把자문

把자문은 어떤 사람이나 사물이 명확한 행위의 대상에 동작을 가함으로써 일어나는 결과와 영향을 강조한다.

(1) 把자문의 특징

❶ 조동사, 부사, 부정부사 '不, 没'는 일반적으로 '把' 앞에 위치한다.

我要把这本书看完。 나는 이 책을 다 읽어야 한다. (조동사)
我一定把这本书看完。 나는 이 책을 꼭 다 읽어야 한다. (부사)
我还没把这本书看完。 나는 이 책을 아직 다 안 읽었다. (부정부사)

❷ 목적어는 한정적이어야 한다.

小王把一辆自行车骑走了。(×) → 小王把我的自行车骑走了。 샤오왕이 내 자전거를 타고 갔다.
我把一个消息告诉老李了。(×) → 我把这个消息告诉老李了。 나는 이 소식을 라오리에게 알렸다.

❸ 把자문의 동사 뒤에는 반드시 기타성분이 와야 한다. 기타성분에는 동태조사, 중첩형식, 보어 등이 올 수 있다.

我把钱包丢了。 나는 지갑을 잃어버렸다. (동태조사)
你把刘教授的介绍信带着。 리우 교수님의 추천장을 가져가. (동태조사)
你把这儿的情况介绍介绍吧。 당신이 이곳의 상황을 좀 소개해 주세요. (중첩)
他们把教室打扫得很干净。 그들은 교실을 깨끗이 청소했다. (정도보어)
他们把教室打扫了一遍。 그들은 교실을 청소했다. (동량보어)
请把书打开。 책을 펴세요. (결과보어)

❹ 把자문의 동사 앞에 '给'를 써서 어기를 강조할 수 있다.

为了供儿子留学, 他把房子给卖了。 아들을 유학 보내기 위해 그는 집을 팔았다.
邻居家的猫把我家的花盆给碰到了。 이웃집 고양이가 우리집 화분을 깨뜨렸다.

(2) 반드시 把자문을 써야 하는 문형

❶ 동사가 결과보어 '到'를 동반하고, '到' 다음에 장소가 나오는 문형

把 + 목적어 + 동사 + 到 + 장소

我把那些东西送到老王家去了。 나는 그 물건들을 라오왕 집에 가져다 주었다.

❷ 동사가 결과보어 '在'를 동반하고, '在' 다음에 장소가 나오는 문형

把 + 목적어 + 동사 + 在 + 장소

你把那本书放在哪儿了? 너 그 책 어디에 두었어?

❸ 동사가 결과보어 '给'를 동반하고, '给' 다음에 동작을 받는 대상이 나오는 문형

把 + 명사(목적어) + 동사 + 给 + 대상

请把那本辞典递给我。 그 사전 좀 나에게 건네주세요.

❹ 동사가 결과보어 '成, 做'를 동반하고, '成, 做' 다음에 '成, 做'의 대상이 나오는 문형

把 + 명사(목적어) + 동사 + 成/做 + 대상

他把这些动人的故事写成了一本小说。 그는 이 감동적인 이야기를 소설로 펴냈다.
别把我说的话当作耳边风。 내가 한 말을 흘려 듣지 마라.

(3) 把자문에 사용될 수 없는 술어

❶ 판단이나 상태를 나타내는 동사

是, 有, 在, 像

她把妈妈像了。(×) → 她像妈妈。 그녀는 엄마를 닮았다.

❷ 감각, 심리, 인지를 나타내는 동사

喜欢, 知道, 同意, 赞成, 觉得, 怕, 很, 希望, 要求, 信任, 想象, 看见, 听见

我把他离开故乡的事知道了。(×) → 我知道了他离开故乡的事。 나는 그가 고향을 떠났다는 것을 알게 되었다.

❸ 방향을 나타내는 동사

上, 下, 进, 出, 回, 到, 过去, 起来

我把家回了。(×) → 我回家了。 나는 집으로 돌아갔다.

❹ 존재하지 않던 것이 출현, 발생함을 나타내는 동사

产生, 出现, 生

昨天妈妈把小弟弟生了。(×) → 昨天妈妈生了小弟弟。 어제 엄마가 남동생을 낳으셨다.

실력 다지기

1~5 제시된 단어를 어순에 맞게 조합하여 문장을 완성하시오.

1 汉语高级课程　　学完　　一定　　我　　要　　把

2 我爸妈　　成长过程　　下来　　照相机　　用　　把　　都记录了　　我的

3 弄坏了　　不小心　　电脑　　妈妈　　把　　我的

4 那件事　　给任何人　　不　　我　　把　　告诉　　想

5 把　　端到了　　亲自　　一杯热茶　　我的面前　　他

12 특수구문_被자문

> 被자문은 개사 '被'를 사용하여 피동을 나타내는 문장을 말한다. 일반적으로 여의치 않거나 좋지 않은 상황 즉, '~에 의해 ~을 당하다'라는 의미로 쓰인다. 被자문 또한 시험에 매우 자주 출제되고 있으므로 그 특징을 반드시 숙지하고 있어야 한다.

주의 '被' 뒤에는 명사가 오는 경우와 생략되는 경우가 있으므로 주의해야 한다. '被' 뒤에 명사가 오는 경우 주어로 쓰이는 명사와 '被' 뒤에 위치하는 명사의 의미 관계를 잘 파악해야 한다.

쓰기 급소공략

- **被자문의 어순과 특징에 주의하라.**
  被자문의 기본 어순은 '**주어+부사/조동사+被+(명사)+(给)동사+기타성분**'이다. 부사와 조동사는 일반적으로 '被' 앞에 위치하고, 동사 뒤에는 반드시 기타성분이 와야 한다.

- **주어로 쓰인 명사와 '被' 뒤에 오는 명사에 주의하라.**
  제시어에 명사가 두 개일 경우 하나는 주어로 쓰인 것이고, 나머지 하나는 '被' 뒤에 위치하는 명사가 된다. 이때 '被' 뒤에 위치하는 명사는 사실상 행위의 주체에 해당하므로 동사와 이 동사의 주체와의 의미상의 관계를 잘 따져 보고 어순에 맞게 배열해야 한다. 그러나 제시어에 명사가 한 개일 경우 '被' 뒤의 명사는 생략이 가능하므로, 이 명사는 주어로 쓰였을 가능성이 매우 높다.

- **'被 피동문'과 '让/叫 피동문'과의 차이점에 주의하라.**
  '被 피동문'과 '让/叫 피동문'의 피동 기능은 일반적으로 동일하다. 그러나 '**被' 뒤의 명사는 생략이 가능하지만, '让/叫' 뒤의 명사는 생략할 수 없으므로** 주의해야 한다.

- **피동문에는 일반적으로 목적어가 없음에 주의하라.**
  능동태 문장의 목적어가 피동문에서는 주어로 쓰이므로 사실상 피동문에는 목적어가 없다고 볼 수 있다. 가령 '小李带走了我的自行车'라는 능동태의 문장에서 주어는 '小李', 술어는 '带走了', 목적어는 '我的自行车'가 된다. 그러나 이 문장을 '我的自行车被小李带走了'라는 피동문으로 바꾸게 되면 의미상의 목적어 '我的自行车'가 주어가 되므로 술어 '带走了' 뒤에는 목적어가 올 수 없다. 따라서 피동문에서 제시어에 한 개의 명사구가 있다면 이 명사구는 주어로 쓰였을 가능성이 매우 높다.

예제로 감 익히기

Mission
다음 단어들을 순서에 맞게 나열하여 올바른 문장을 만드시오.

```
雨   淋湿   被   他的   衣服   了
```

ㄱ. 함께 쓸 수 있는 어휘들을 먼저 한 묶음으로 묶는다.
　　他的衣服: '他的' 뒤에는 명사가 와야 하므로 '他的衣服'는 한 묶음이 된다.

ㄴ. 주술목을 찾는다.
　　술어: 동사 '淋湿'가 술어로 쓰였다.
　　주어: 제시어에 '被'가 있으므로 이 문장은 '被'자문이라는 것을 알 수 있다. '被'자문은 '주어(명사)+被+(명사)+술어'로 써야 하며 주어로 쓰이는 명사와 '被' 뒤에 나오는 명사의 의미 관계를 잘 따져봐야 한다. 명사 '雨'와 '他的衣服'의 의미 관계를 따져보면 '그의 옷이 비에 의해 젖었다'이므로 주어는 '他的衣服'가 되어야 하고, '雨'는 '被' 뒤에 위치해야 한다.

ㄷ. 나머지 단어의 위치를 찾는다.
　　了: 문장 끝에 위치해야 한다.

ㄹ. 어순에 맞춰 나열한다.
　　　　주어　　　　　　　술어
　　他的衣服　　被雨　　淋湿了。
　　　　　　　　개사구

ㅁ. 정답 및 해석
　　雨　淋湿　被　他的　衣服　了　　　　비　젖다　~에 의해　그의　옷　了
　　→ 他的衣服　被　雨　淋湿了。　　　　→ 그의 옷이 비에 다 젖었다.

淋湿 línshī 동 흠뻑 젖다

쓰기 내공 TIP — 被字文

被字文은 把字文과 함께 출제 빈도가 상당히 높은 주요 어법이므로 어순이나 특징, 把字文과의 차이점, 공통점 등을 비교해서 알아두는 것이 좋다.

(1) 被字文의 특징

❶ 조동사, 부사, 부정부사 '不, 没'는 일반적으로 '被' 앞에 위치한다.

他**不会被**人忘掉。 그는 사람들에게 잊혀지지 않을 것이다. (조동사)
这件事**已经被**他发现了。 이 일은 이미 그가 발견했다. (부사)
他并**没有被**眼前的困难吓倒。 그는 결코 눈앞의 어려움 때문에 좌절하지 않았다. (부정부사)

❷ 주어는 대개 한정적 명사이다.

有一个人被公司炒鱿鱼了。(×) → **他被**公司炒鱿鱼了。 그는 회사에서 해고당했다.

❸ 被字文의 동사는 일반적으로 단독으로 쓰이지 않으며, 동사 뒤에 '了, 过', 보어 등의 기타성분이 온다.

小李**被**老王叫走**了**。 샤오리는 라오왕이 불러서 갔다. (동태조사)
我**被**老师批评了**一顿**。 나는 선생님한테 야단을 맞았다. (동량보어)

❹ 被字文의 동사 앞에 '给, 所'를 써서 어기를 강조할 수 있다.

钱包**被**小偷**给**偷走了。 지갑을 소매치기한테 도둑 맞았다.
演唱会那天, 没有人不**被**她的歌声**所**吸引。 콘서트 때 그녀의 노래에 매료되지 않은 사람이 없었다.

❺ 심리활동, 인지상태를 나타내는 동사도 쓸 수 있다.

这件事**被**妈妈**知道**了。 이 일을 엄마가 아셨다.
你的话**被**她**听见**了。 너의 말을 그녀가 들었다.

> **'让, 叫'의 피동 기능**
> '被' 이외에 '让, 叫'를 사용하여 피동문을 만들 수도 있다. '让, 叫'의 피동 기능은 일반적으로 '被'와 동일하다. 그러나 '被' 뒤의 명사는 생략 가능하지만 '让, 叫' 뒤의 명사는 생략할 수 없다.

(2) 의미상 피동문의 특징

일반적으로 동작이나 행위를 실행하는 사람이나 사물이 주어로서 문장의 앞에 위치한다. 그러나 주어를 생략하고, 동작이나 행위의 대상을 강조하기 위해 문장의 앞에 놓기도 한다. 이렇게 동작이나 행위의 대상이 주어 자리에 위치한 문장을 의미상 피동문이라고 한다.

❶ 주어는 대개 한정적 성격의 무생물로서 사람이 아니다.

那个问题已经解决了。 그 문제는 이미 해결되었다.

❷ 동사는 일반적으로 단독으로 쓰이지 않으며 대개 조동사, 부사어, 보어, 동태조사 '了, 过' 등을 동반한다.

那个问题**一定要**解决。 그 문제는 반드시 해결되어야 한다. (조동사)
那封信**已经**写**好**了。 그 편지는 이미 다 쓰였다. (부사어, 결과보어)
黑板擦**得很干净**。 칠판이 깨끗하게 닦였다. (정도보어)
包裹寄去**了**。 소포는 이미 발송되었다. (동태조사)
这个问题已经谈**过**。 이 문제는 이미 논의된 적이 있다. (동태조사)

실력 다지기

1~5 제시된 단어를 어순에 맞게 조합하여 문장을 완성하시오.

1 猜着了   已经   谜语   他   被   这

2 发现   被   我们   没   老师   幸亏

3 没有   别人   批评   他   从来   被   过

4 删除   我   文件   了   很重要的   被   不小心

5 建议   能   大家   接受   你的   一定   被

13 특수구문_비교문

Guide

비교를 나타내는 문형을 비교문이라고 한다. 비교문의 종류에는 '比'를 이용한 비교문, '有'를 이용한 비교문, '和/跟……一样'을 이용한 비교문, '不如'를 이용한 비교문, '像……这么'를 이용한 비교문 등이 있는데, '比'를 이용한 비교문이 시험에 가장 많이 출제되고 있으며 다른 비교문도 시험에 종종 출제되고 있다.

> **주의** 각 비교문의 특징 및 구조를 잘 파악하고 있어야 하며, **주어로 쓰이는 명사와 비교 대상으로 쓰이는 명사** 즉, '比, 有, 和/跟, 像' 뒤에 오는 명사를 구분하여 의미 관계에 따라 잘 배열해야 한다.

쓰기 급소공략

- **비교문에 쓰이는 단어에 주의하라.**

  제시어에 '比, 有, 和/跟……一样, 像……这么'와 같은 단어가 있으면 비교문이므로 비교문의 어순에 따라 단어를 배열하도록 한다. 또한 비교 내용은 형용사 이외에, 술목구, 정도보어, 결과보어 등의 다양한 형식으로 표현될 수 있으므로 **각 비교문의 어순과 특징에 대해 잘 숙지하고 있어야 한다.**

- **각 비교문의 부정형식에 주의하라.**

  각 비교문의 **부정형식**은 '不比, 没有, 和/跟……不一样, 不像……这么'이다.

- **정도부사 '更, 还', 대사 '这么, 那么'의 위치에 주의하라.**

  정도부사 '更, 还'는 개사구 '比+명사' 뒤, 비교 내용을 나타내는 형용사 바로 앞에 위치한다. 대사 '这么, 那么'는 '有/像+명사' 뒤, 비교 내용을 나타내는 술어(형용사/동사구) 바로 앞에 위치한다.

- **동사 '有'에 주의하라.**

  동사 '有'는 '소유/존재/비교' 등의 뜻을 가지고 있으므로 **제시어에 '有'가 있을 때 어떤 용법으로 쓰였는지 잘 파악해야 한다.** 만약 제시어에 '有' 외에 기타 동사나, 형용사가 없을 경우 소유나 존재의 의미로 쓰였을 가능성이 높다. 만약 제시어에 '有' 외에 기타 형용사나 심리동사가 있을 경우 비교의 의미로 쓰였을 가능성이 높다.

예제로 감 익히기

Mission

다음 단어들을 순서에 맞게 나열하여 올바른 문장을 만드시오.

> 比　价格　去年　一点儿　今年水果的　便宜

ㄱ. 함께 쓸 수 있는 어휘들을 먼저 한 묶음으로 묶는다.

　今年水果的价格 : '今年水果的' 뒤에는 명사가 와야 하므로 '今年水果的价格'는 한 묶음이 된다.

ㄴ. 주술목을 찾는다.

　주어/술어 : 제시어에 '比'가 있으므로 이 문장은 비교문이라는 것을 알 수 있다. 비교문의 어순은 'A(주어)+比+B(비교 기준)+(부사)+형용사술어(비교 내용)+(구체적 수치)'이다. 비교문에서는 주어와 '比' 뒤에 위치하는 비교 기준의 의미 관계를 잘 따져봐야 한다. 형용사 '便宜'가 술어로 쓰였고, 술어 '便宜'의 주어는 '今年水果的价格'이며 비교 기준은 '去年'이 된다.

ㄷ. 나머지 단어의 위치를 찾는다.

　一点儿 : 술어 '便宜' 뒤에 위치해야 한다. → 便宜一点儿

ㄹ. 어순에 맞춰 나열한다.

　　　주어　　　　　부사어　　　　술어
　今年水果的价格　　比　去年　　便宜一点儿。
　　　　　　　　　　比 + 비교 기준

ㅁ. 정답 및 해석

　比　价格　去年　一点儿　今年水果的　便宜　　　~보다　가격　작년　조금　올해 과일의　싸다
　→ 今年水果的价格比去年便宜一点儿。　　　　　　→ 올해 과일 가격이 작년보다 조금 싸다.

价格 jiàgé 명 가격, 값 ｜ **便宜** piányi 형 값이 싸다

 비교문

여러 종류의 비교문의 문형과 부정 형식에 대해 잘 알아두어야 한다.

(1) '比'를 이용한 비교문

❶ 형식

- A(주어)+比+B(비교 기준)+(부사)+형용사술어(비교 내용)+(구체적 수치)
  今天**比**昨天冷(一点儿)。 오늘은 어제보다 (좀 더) 춥다.
  我**比**男朋友大(三岁)。 나는 남자친구보다 나이가 (세 살) 많다.

- A+比+B+동사술어+得+정도보어 / A+동사술어+得+比+B+정도보어
  他汉字**比**我写**得**好。 그는 한자를 나보다 잘 쓴다.
  他来**得比**我早。 그는 나보다 일찍 왔다.

❷ 특징

- 비교문에서 정도를 나타내는 부사 '很, 非常, 太, 十分, 比较' 등은 쓸 수 없고, 비교를 나타내는 부사 '更, 还'를 써야 한다.
  她**比**我**非常**漂亮。(×) → 她**比**我**更**漂亮。 그녀는 나보다 더 예쁘다.
  朋友**比**情侣**十分**好。(×) → 朋友**比**情侣**还**好。 친구가 연인보다 더 좋다.

- 부정부사 '不'는 '比' 앞에 위치한다.
  这本书**不比**那本书厚。 이 책은 저 책보다 두껍지 않다.
  我的工资**不比**我爱人的高。 나의 월급이 내 아내 월급보다 많지 않다.

- 동사 뒤에 수량보어가 오는 경우 '多, 少, 早, 晚' 등의 1음절 형용사는 부사의 의미로 쓰여 술어동사 앞에 위치한다.

  > A + 比 + B + 1음절 형용사 + 술어동사 + 수량보어(구체적 수치)

  我**比**你们**晚**来了一步。 나는 너희보다 한발 늦게 도착했다.
  我要**比**原来**早**两天走。 나는 원래 계획보다 이틀 먼저 떠나려고 한다.

(2) '有'를 이용한 비교문

❶ 형식

- A(주어)+(没)有+B(비교 기준)+(这么/那么)+술어(비교 내용)
  你**有**他**那么**喜欢看电影吗？ 너는 그만큼 영화 보는 것을 좋아해?
  那儿的东西**没有那么**便宜。 그곳의 물건은 그렇게 싸지 않다. (비교 기준 생략 가능)

- A(주어)+술어+得+(没)有+B(비교 기준)+(这么/那么)+비교 내용
  我汉语说**得没有**你**那么**好。 나는 중국어를 너만큼 그렇게 잘하지 못해.

❷ 특징

- '有'비교문은 주로 의문문이나 부정문으로 사용된다.
  她**有**你大吗？ 그녀는 너만큼 나이를 먹었어?
  他**没有**你这么高。 그는 너만큼 키가 크지는 않아.

(3) '和/跟……一样'을 이용한 비교문

❶ 형식

- A+和/跟+B+(不)一样+(형용사/동사구)
  他**跟**我**一样**高。 그는 키가 나만하다.
  他**跟**我**一样**喜欢打球。 그는 나처럼 스포츠를 좋아한다.

- 주어+술어+得+和/跟+B+(不)一样+(형용사/동사구)
  他汉语说**得跟**中国人**一样**流利。 그는 중국말을 중국사람처럼 유창하게 한다.

❷ 특징

- 정도부사가 단독으로 '一样'을 수식할 수는 없으나 다른 부사와 결합하면 수식이 가능하다.
  他的发型**跟**你的**很一样**。(✕) → 他的发型**跟**你的**很不一样**。 그의 헤어스타일은 너와 매우 다르다.

(4) '不如'를 이용한 비교문

❶ 형식

- A+不如+B+(那么)+(비교 내용)
  他**不如**你。 그는 너만 못하다.
  你**不如**他**那么**努力。 너는 그만큼 그렇게 노력하지 않는다.

- A+술어+得+不如+B+(那么)+(비교 내용)
  这张照片照**得不如**那张好。 이 사진은 저 사진만큼 잘 나오지 않았다.

(5) '像……这么(那么)/这样(那样)'을 이용한 비교문

❶ 형식

- A+(不)像+B+一样+这么/那么+비교 내용
  他**像**你**这么**胖。 그는 너처럼 이렇게 뚱뚱해.
  他**不像**小王**那么**爱开玩笑。 그는 샤오왕처럼 그렇게 농담하는 것을 좋아하지 않는다.

실력 다지기

1~5 제시된 단어를 어순에 맞게 조합하여 문장을 완성하시오.

1 以前   多了   经济负担   减轻   比

2 你想象的   坏   他   不   那么   像

3 有   已经   高了   3层楼   这么   那棵树

4 和   一样   他的意见   我的意见   不

5 两个小时   你们   睡了   比我   多

14 특수구문_是……的 구문

Guide

'주어+是+강조내용+술어+的'의 형식으로 구성되는 문장을 '是……的' 구문이라고 하며, '是……的' 구문은 '是'와 '的' 사이의 내용을 강조한다. '是……的' 구문은 이미 발생한 일의 '발생 시간/장소/방식/목적' 혹은 '과거 동작의 행위자', '과거 행위의 원인', '말하는 사람의 생각이나 태도' 등을 강조한다. '是……的' 구문은 아직까지는 시험 출제 빈도가 높은 편은 아니지만 이미 발생한 일의 '발생시간/장소/방식/목적' 등을 강조하는 '是……的' 구문과 '과거 동작의 행위자'를 강조하는 '是……的' 구문은 가끔 출제되고 있으며 향후 출제될 가능성도 높으므로 잘 숙지하도록 해야 한다.

주의 '是……的'구문의 '是'를 동사 '是'로 여기지 않도록 주의해야 한다.

쓰기 급소공략

- **제시어에 있는 '是'와 '的'에 주의하라.**
  제시어에 술어 성분(동사/형용사) 외에 '是'와 '的'가 함께 있고, '是'와 '的'를 빼고도 주술목의 문장을 만들 수 있다면 그 문장은 '是……的' 강조구문일 가능성이 매우 높으므로 '是……的' 강조구문의 특징과 어순에 맞게 배열해야 한다. 만약 제시어에 다른 술어 성분이 없다면 '是'는 술어로 쓰였을 가능성이 더 높다.

- **'是……的' 강조구문에서 강조되는 내용이 무엇인지 파악하라.**
  '是……的' 강조구문에서 '是'는 강조되는 내용 앞에 위치하므로 강조되는 내용이 무엇인지 찾아내는 것이 관건이다.

- **'是……的' 강조구문에 쓰이는 어휘들을 암기하라.**
  '偶然, 难免, 故意, 必然, 真, 假' 등의 어휘가 단독의 술어로 사용되면 '是……的' 강조구문의 형식으로 말해야 한다.

예제로 감 익히기

Mission
다음 단어들을 순서에 맞게 나열하여 올바른 문장을 만드시오.

> 汉语   是   学习   我   的   在中国

ㄱ. 주술목을 찾는다.

주어/술어/목적어 : 이 문장은 이미 발생한 일의 '발생시간/장소/방식/목적' 등을 강조하는 '是……的' 강조구문이므로 '주어+是+강조 내용+술어+的'의 순으로 써야 한다. 따라서 동사 '学习'가 술어가 되어야 하고, 주어는 '我'이고, 목적어는 '汉语'가 된다.

ㄴ. 나머지 단어의 위치를 찾는다.

是/的 : '是'는 강조하고자 하는 내용인 '在中国' 앞에 위치하고, '的'는 문장 끝에 위치한다. → 是在中国……的

在中国 : 개사구 '在中国'는 술어 '学习' 앞에 위치한다. → 在中国学习

ㄷ. 어순에 맞춰 나열한다.

   주어   술어   목적어
   我   是   <u>在中国</u>   学习   汉语   的。
                      강조 내용

ㄹ. 정답 및 해석

   汉语   是   学习   我   的   在中国   중국어 是 배우다 나 的 중국에서
→ **我是在中国学习汉语的。**   → 나는 중국에서 중국어를 배웠다.

쓰기 내공 TIP — 是……的구문

'是……的'구문은 말하고자 하는 것을 강조하는 용법으로, '是……的' 사이에 강조하려는 내용이 나온다.

(1) 是……的구문의 특징

❶ 이미 발생한 일의 발생 시간, 장소, 방식, 목적 등을 강조한다.

주어 + (不)是 + 강조할 내용 + 的

我是去年6月来中国的。 나는 작년 6월에 중국에 왔다. (시간)
我是从韩国来的。 나는 한국에서 왔다. (장소)
我不是坐船来的，是坐飞机来的。 나는 배를 타고 온 것이 아니라, 비행기를 타고 왔다. (방식)
我不是为学汉语来中国的。 나는 중국어를 배우기 위해 중국에 온 것이 아니다. (목적)

❷ 과거 동작의 행위자를 강조한다.

목적어 + (不)是 + 주어 + 술어 + 的

那些书是小李拿走的。 저 책들은 샤오리가 가져갔다.

❸ 과거 행위의 원인을 강조한다.

주어 + 술어 + (不)是 + 동사 + 的

她头疼是哭的。 그녀가 머리가 아픈 것은 울었기 때문이다.

❹ 말하는 사람의 생각, 태도를 강조한다.

주어 + 是 + 동사 + 목적어 + 的

他是会同意的。 그는 동의할 것이다. (사실의 전달과 함께 화자가 그러한 사실을 확신하고 있다는 감정을 나타냄)

❺ 감정 표현의 '是……的'구문을 부정할 때는 '是……的' 사이의 술어를 부정해야 한다.

我是不愿意去的。 나는 가기 싫다고요.

❻ 범위부사, 어기부사는 '是' 앞에 위치한다.

大家都是知道这个消息的。 모두가 다 이 소식을 알고 있다. (범위부사)
她一定是知道的。 그녀는 분명 알고 있다. (어기부사)

(2) 是……的구문에 자주 쓰이는 어휘

'偶然，难免，故意，必然，真，假' 등이 단독 술어로 사용되면 '是……的'문으로 말해야 한다.

这不是偶然的。 이는 우연한 일이 아니다.
他缺少经验，做错事是难免的。 그는 경험이 부족해서 일을 잘 못하는 것을 피할 수 없다.

실력 다지기

1~5 제시된 단어를 어순에 맞게 조합하여 문장을 완성하시오.

1 的   旅行   一起去   跟朋友   是   我

2 不是   我   花瓶   打破   的

3 的   接受   是   你的意见   不能

4 的   是   他   气   生病

5 去   你   是   颐和园的   怎么

15 특수구문_접속사

Guide

단어와 단어, 구와 구, 문장과 문장을 연결해 주는 말을 접속사라고 한다. 접속사에는 병렬, 연속, 점층, 선택, 인과, 조건, 전환, 양보, 목적을 나타내는 접속사가 있다. 접속사는 아직까지는 시험에 자주 출제되고 있지 않지만 접속사의 중요성을 고려할 때 향후 출제 가능성이 높아질 것으로 보인다.

주의 앞 절에 위치하는 접속사는 주어 앞뒤에 위치해도 그 뜻이 변하지 않으나 **일부 접속사는 의미 관계에 따라 반드시 주어 앞에 위치해야 하는 경우가 있고, 반드시 주어 뒤에 위치해야 하는 경우가 있으므로 주의해야 한다.**

쓰기 급소공략

- **각 접속사의 의미 관계와 특징을 파악하고 호응사를 암기하라.**

    특히 인과관계를 나타내는 접속사 '因为……所以……', 가정관계를 나타내는 접속사 '如果……就……', 조건관계를 나타내는 접속사 '只要……就……', '只有……才……', '不管……都……', 선택관계를 나타내는 접속사 '与其……不如……', 전환관계를 나타내는 접속사 '虽然……但是……', 양보관계를 나타내는 접속사 '即使……也……', 점층관계를 나타내는 접속사 '不但……而且……' 등 사용빈도가 높고 중요한 접속사는 **어법 뿐만 아니라 듣기, 독해, 작문 등 모든 영역에 도움이 되므로 반드시 숙지해야 한다.**

- **접속사의 위치와 논리 관계에 주의하라.**

    제시어에 접속사가 있을 경우 복문이므로 앞절에 위치하는 내용과 뒷절에 위치하는 내용을 의미 관계에 따라 논리적으로 배열해야 한다. 또한 앞절에 위치하는 접속사는 일반적으로 주어 앞뒤에 모두 위치할 수 있으나 뒷절에 위치하는 접속사는 반드시 뒷절 맨 앞에 위치해야 하고, 앞절의 접속사와 호응하는 부사는 반드시 뒷절의 주어 뒤, 동사 앞에 위치해야 한다는 점을 기억하자.

- **의미 관계에 따라 위치가 달라지는 일부 접속사에 주의하라.**

    앞절에 위치하는 접속사는 일반적으로 주어 앞뒤에 모두 위치해도 그 뜻이 변하지 않으나, **일부 접속사는 의미 관계에 따라 반드시 주어 앞에 위치해야 하는 경우와 반드시 뒤에 위치해야 하는 경우가 있다.** 가령 '除了我知道, 他也知道。' 이 문장에서 '除了'는 반드시 주어 '他' 앞에 위치해야 하고, '他除了喜欢体育以外, 也喜欢音乐。' 이 문장에서 '除了'는 반드시 주어 '他' 뒤에 위치해야 한다.

예제로 감 익히기

Mission
다음 단어들을 순서에 맞게 나열하여 올바른 문장을 만드시오.

> 就要　不满意　如果　我们　顾客　改进

ㄱ. 함께 쓸 수 있는 어휘들을 먼저 한 묶음으로 묶는다.
　如果……就…… : '만약 ~라면, 그렇다면 ~하다'라는 뜻의 가정관계를 나타내는 접속사이다.

ㄴ. 주술목을 찾는다.
　술어 : 술어로 쓰일 수 있는 단어는 '改进'과 '不满意'가 있는데 하나는 가정 절에, 하나는 결과 절에 위치해야 한다. 의미 관계를 따져보면 '만족하지 않으면 개선하겠다'라는 뜻이 되어야 하므로 '不满意'는 '如果' 뒤에, '改进'은 '就要' 뒤에 위치해야 한다.
　주어 : '不满意'의 주어는 '顾客', '改进'의 주어는 '我们'이다.

ㄷ. 어순에 맞춰 나열한다.

　　　　　　주어　　　술어　　　　주어　　　　술어
　如果　　顾客　　不满意，　我们　　就要　　改进。
　　　　　　　　가정　　　　　　　　　　결과

ㄹ. 정답 및 해석
　就要　不满意　如果　我们　顾客　改进　　　곧　만족하지 않다　만약　우리　고객　개선하다
　→ 如果顾客不满意，我们就要改进。　　　　　→ 만약 고객이 만족하지 못한다면 우리는 곧 개선할 것이다.

满意 mǎnyì 동 만족하다, 흡족해하다 | 顾客 gùkè 명 고객, 손님 | 改进 gǎijìn 동 개선하다

쓰기 내공 TiP — 접속사

접속사는 단어나 구를 연결하여 병렬, 연속, 점층, 선택, 인과, 조건, 전환, 양보, 목적, 긴축 등을 나타낸다. 접속사는 주로 주어 앞에 위치하며, 앞 절에 쓰인 접속사는 주어 뒤에 위치할 수도 있다.

(1) 접속사의 종류

❶ 병렬

和　　　跟　　　与　　　以及　　　而
既……，又……　　　　　又……，又……
一边……，一边……　　　一方面……，另一方面……
一来……，二来……　　　一时……，一时……

❷ 연속

……，于是……　　　首先……，然后……　　　起初(先)……，后来……

❸ 점층

不但(不仅)……，而且……　　　不仅……，还(更)……
不但……，反而(反倒)……　　　不仅……，反而
连……，都(也)……　　　尚且……，何况……

❹ 선택

不是……，就是……　　　不是……，而是……　　　是……，还是……
要么……，要么……　　　宁可(宁愿)……，也不……　　　与其……，不如……
或者……，或者……　　　……或(或者)……

❺ 인과

因为……，所以……　　　之所以……，是因为……
由于……，因此(因而)……　　　既然……，就……
以至(于)……　　　……，可见……

❻ 조건

只要……，就……　　　只有……，才……
不管(无论)(不论)……，都(总)(也)(还)……
除非……，才……　　　除非……，否则……
(要)不然……　　　要不……
任(任凭)……，都(也)……　　　凡是……，都……

❼ 전환

但是……　　　但……
然而……　　　却……
不过……　　　只是……
而……　　　　虽然(虽说)……，但是……
尽管……，可是……
固然……，可是……

❽ 양보

哪怕……，也……　　　就是……，也……
即使……，也……　　　即便……，也……
就算……，也(还)……

❾ 목적

……以……　　　　　　为了(为)……，就(才)……
……，为的是(是为了)　　……，好……　　　　……，以便……
……，省得(免得)……　　……，以免……

❿ 긴축

越……越……　　　愈……愈……
再……也……　　　一……就……

⓫ 기타 접속사

除了……以外，也/都/还……

실력 다지기

1~5 제시된 단어를 어순에 맞게 조합하여 문장을 완성하시오.

1 原谅他   他亲自   除非   向我道歉   我才会

2 才能   圆满解决   只有   这个问题   通过协商

3 要完成   来帮助   有没有人   我们都   这项任务   不管

4 不可   否则   老人家   幸亏   你的话   非骂你一顿   没听清

5 别人的意见   虚心听取   不完全对   哪怕   我们也要

제2부분

쓰기 제2부분은 총 2문항으로 각각 주어진 제시어와 그림을 보고 글을 쓰는 유형이다.
제시된 단어의 뜻과 용법을 알고 어법에 맞게 쓰되, 이야기 속에 제시어를 자연스럽게 녹여 완성도 있는 글을 써야 한다.

제시어와 그림 보고 글쓰기

- 문장의 유형
- 제시어 사용하여 글쓰기
- 그림 보고 글쓰기

1 문장의 유형

> **Guide**
> 쓰기 제2부분은 크게 '제시어 사용하여 글쓰기'와 '그림 보고 글쓰기' 두 가지 유형으로 나눌 수 있다. 글을 쓸 때는 서술문과 논설문으로 쓸 수 있는데, 제시어나 그림의 성격에 맞게 글의 유형을 정하는 것이 좋다.

1. 문제 유형

1 제시어 사용하여 글쓰기
쓰기 제2부분의 첫 번째 유형은 제시어를 사용해 문장을 만드는 것으로, 문장 안에 주어진 제시어가 모두 들어가도록 써야 한다. 대부분의 경우 연관성 있는 단어들이 제시어로 나오므로, 주제를 신중하게 정하고 80자 내외의 자연스러운 문장이 되도록 연결하면 된다.

2 그림 보고 글쓰기
쓰기 제2부분의 두 번째 유형은 그림을 보고 문장을 만드는 것이다. 그림 이외에 아무런 단어나 힌트도 제시되지 않으므로 그림을 보고 떠오르는 주제를 정하고 80자 내외로 자유롭게 글을 쓰면 된다.

2. 문장의 유형

1 서술문
〈1〉 서술문이란?

서술문은 어떤 사실이나 사건의 과정을 주요 내용으로 한 문체로, 주로 1인칭이나 3인칭으로 쓴다. 1인칭은 '我' 혹은 '我们'이 주인공이 되거나 주요 관찰자가 되어 본인이 직접 경험했던 사실을 적거나 직접 보고 들은 내용을 적는 것이다. 이러한 서술은 작문 내용의 진실성과 친근감을 더해줄 뿐만 아니라 자신의 생각이나 감정을 직접 표현하는 데 아주 편하다. 3인칭은 '他' 혹은 '他们'이 주인공이 되고, 저자는 방관자의 입장에서 서술하는 것이다. 이러한 서술은 내용을 좀 더 객관적이고 융통성 있게 서술할 수 있고, 사건 전체를 보다 명확하게 서술할 수 있다는 장점이 있다.

서술문은 주로 구체적인 사건이나 사실이 있을 경우에 쓰되, 단순하게 사건의 발생, 진행 과정, 결과만 적을 것이 아니라 상황이나 상태, 심리에 대한 묘사도 적당히 넣어 문장의 생동감을 더해줘야 한다.

〈2〉 제시어 사용하여 서술문 쓰기

(1) 이야기 구성 요령

> **예** 服装、打折、合适、格外、付款

ㄱ. 주어진 단어의 의미와 품사를 파악한다.
  服装 fúzhuāng 몡 복장, 옷차림
  打折 dǎzhé 동 (상품을 판매할 때) 할인하다 ['打8折'는 20% 할인을 의미함]
  合适 héshì 형 (객관적 요구나 실제 상황에) 적합하다
  格外 géwài 閉 특히, 유달리
  付款 fùkuǎn 동 돈을 지불하다

ㄴ. 조합할 수 있는 단어끼리 조합시키고, 나머지는 자주 같이 쓰이는 짝을 찾아 준다.
  服装打折 의류를 할인판매하다
  女式服装 여성 의류
  格外便宜 특히 싸다, 유달리 저렴하다
  格外引人注目 특히 사람의 주목을 끌다
  合适的衣服 적합한 옷
  大小合适 크기가 적합하다
  付款方式 지불 방식
  分期付款 분할 지불

ㄷ. 단어나 어휘 조합을 통해 스토리를 구상한다.
  주요 인물 : 我和朋友
  시간 : 上星期六
  장소 : 商店
  사건 발생 : 상점에서 옷을 세일했는데 가격이 매우 쌌다.
  경과 : 우리는 옷을 입어 봤다.
  결과 : 돈을 지불하고 옷을 샀다.

ㄹ. 위의 내용을 중국어로 적어 보자.

		上	个	星	期	六	我	和	朋	友	一	起	去	逛	商
店	了	。	商	店	里	的	人	特	别	多	。	三	楼	是	卖
女	式	服	装	的	,	正	好	打	折	。	我	和	朋	友	都
试	穿	了	几	件	衣	服	,	有	件	衣	服	我	朋	友	穿
非	常	合	适	,	而	且	价	格	格	外	便	宜	,	所	以
她	毫	不	犹	豫	地	付	款	买	了	。					

지난주 토요일에 나는 친구와 함께 쇼핑하러 상점에 갔다. 상점 안에는 사람이 매우 많았다. 3층은 여성 의류 매장이었는데 마침 할인을 하고 있었다. 나와 친구는 옷 몇 벌을 입어 봤다. 그 중 한 벌이 친구에게 아주 잘 맞고 가격도 유달리 저렴해서 친구는 조금도 망설이지 않고 돈을 지불하고 샀다.

逛 guàng 동 거닐다, 산보하다 | **特别** tèbié 형 특별하다, 특이하다 | **女式** nǚshì 형 여성 스타일의, 여성용의 | **正好** zhènghǎo 형 (시간, 위치, 체적, 수량, 정도 등이) 딱 좋다, 꼭 알맞다, 마침 | **试穿** shìchuān 동 (옷을) 입어 보다, (신발을) 신어 보다 | **价格** jiàgé 명 가격 | **毫不犹豫** háo bù yóuyù 성 조금도 망설이지[주저하지] 않다

(2) 쓰기 훈련

① 诊断、挂号、幸好、好转、只好

ㄱ. 주어진 단어의 병음과 품사, 의미를 써 보세요.

诊断 _____ [　　　] _____
挂号 _____ [　　　] _____
幸好 _____ [　　　] _____
好转 _____ [　　　] _____
只好 _____ [　　　] _____

ㄴ. 조합할 수 있는 단어끼리 조합시키고, 나머지는 자주 같이 쓰이는 짝을 찾아 보세요.

_____诊断　　의사가 진단하다
诊断_____　　진단 결과
挂号_____　　접수하고 진찰받다
_____好转　　병세가 호전되다
_____好转　　호전되다
只好_____　　어쩔 수 없이 병원에 가다
幸好_____　　다행히도 큰 병이 아니다

ㄷ. 단어나 어휘 조합을 통해 스토리를 구상해 보세요.

주요 인물 : _____
시간 : _____
장소 : _____
사건 발생 : _____
경과 : _____
결과 : _____

ㄹ. 위의 내용을 중국어로 적어 보세요.

② 搬家、公寓、环境、羡慕、装修

ㄱ. 주어진 단어의 병음과 품사, 의미를 써 보세요.

搬家_____ [　　　　] _____
公寓_____ [　　　　] _____
环境_____ [　　　　] _____
羡慕_____ [　　　　] _____
装修_____ [　　　　] _____

ㄴ. 조합할 수 있는 단어끼리 조합시키고, 나머지는 자주 같이 쓰이는 짝을 찾아 보세요.

搬家_____　이삿짐센터
_____公寓　집 한 채
环境_____　환경이 아름답다
_____环境　생활 환경
_____羡慕　매우 부럽다
羡慕_____　다른 사람을 부러워하다
装修_____　집 내부 공사를 하다
装修_____　내장 공사 회사

ㄷ. 단어나 어휘 조합을 통해 스토리를 구상해 보세요.

주요 인물 : _____
시간 : _____
장소 : _____
사건 발생 : _____
경과 : _____
결과 : _____

ㄹ. 위의 내용을 중국어로 적어 보세요.

정답 및 해설은 해설서 p.68

〈3〉 그림 보고 서술문 쓰기

(1) 이야기 구성 요령

ㄱ. 그림을 자세히 관찰하고 정확히 이해한다.
주요 인물 : 老爷爷, 小女孩儿
시간 : 坐车的时候
장소 : 公共汽车上
사건 : 小女孩儿给老爷爷让座

ㄴ. 관찰한 그림을 통해 사건의 발생 원인, 경과, 결과를 연상한다.
사건 발생 : 차에 사람이 많아 할아버지가 앉으실 자리가 없다.
경과 : 여자아이가 자기의 자리를 할아버지께 양보한다.
결과 : 할아버지는 고마워하시고 여자아이는 칭찬을 받는다.

ㄷ. 위의 내용을 중국어로 적어 보자.

		早	晨	,	玲	玲	和	奶	奶	乘	公	交	车	去	商
店	。	车	靠	站	后	,	上	来	了	一	位	老	爷	爷	,
老	爷	爷	拄	着	拐	杖	。	玲	玲	见	了	,	忙	站	起
来	,	将	座	位	让	给	爷	爷	坐	,	爷	爷	连	声	说 :
"	谢	谢	!	谢	谢	! "	车	上	的	乘	客	们	都	夸	玲
玲	是	个	好	孩	子	。									

아침에 링링은 할머니와 함께 상점에 가려고 버스를 탔다. 버스가 한 정류장에 도착했을 때, 지팡이를 짚은 할아버지 한 분이 올라오셨다. 링링이 보고 급히 일어나서 자리를 할아버지께 양보했다. 할아버지는 연거푸 "고마워요! 고마워요!"라고 말씀하셨다. 차 안의 승객들은 모두 링링을 착한 아이라고 칭찬했다.

乘 chéng 동 (버스, 비행기 등을) 타다 | 靠站 kàozhàn 동 정류장에 도착하다 | 拄 zhǔ 동 짚다 | 拐杖 guǎizhàng 명 지팡이 | 将 jiāng 개 ~을, ~를 | 座位 zuòwèi 명 좌석, 자리 | 让 ràng 동 양보하다 | 连声 liánshēng 부 연거푸, 연달아 | 乘客 chéngkè 명 승객 | 夸 kuā 동 칭찬하다

> **Point** 할아버지가 지팡이를 짚고 차를 타셨다는 세부적인 내용(老爷爷拄着拐杖)까지 정확하게 표현함으로서 문장의 생동감을 더할 수 있고, 또한 그것을 본 링링이 급히 일어나(忙站起来) 자리를 양보하게 된 충분한 이유가 되기도 한다. 마지막에 할아버지가 여러 번(连声说) 고맙다는 표현을 함으로서 링링에 대한 고마움을 한층 더 강조할 수도 있다.

(2) 쓰기 훈련

①

ㄱ. 그림을 자세히 관찰하고 아래 주요 사항을 적어 보세요.

주요 인물 : _____

시간 : _____

장소 : _____

사건 : _____

ㄴ. 관찰한 그림을 통해 사건의 발생 원인, 경과, 결과를 연상해서 적어 보세요.

사건 발생 : _____

경과 : _____

결과 : _____

ㄷ. 위의 내용을 중국어로 적어 보세요.

②

ㄱ. 그림을 자세히 관찰하고 아래 주요 사항을 적어 보세요.

주요 인물 : _____

시간 : _____

장소 : _____

사건 : _____

ㄴ. 관찰한 그림을 통해 사건의 발생 원인, 경과, 결과를 연상해서 적어 보세요.

사건 발생 : _____

경과 : _____

결과 : _____

ㄷ. 위의 내용을 중국어로 적어 보세요.

정답 및 해설은 해설서 P.70

2 논설문

⟨1⟩ 논설문이란?

논설문이란 논술과 설명을 주요 표현 방식으로 하고 어떤 문제나 사건에 대해 분석하며, 자신의 관점, 입장, 태도, 견해와 주장 등을 밝히는 문체이다. 논설문은 이치 설명을 위주로 하기 때문에 문제나 사건에 대해서는 객관적으로 분석해야 하고 자신의 관점은 명확히 해야 하며, 그 이유는 설득력이 있어야 한다. 그러기 위해서 논설문을 쓸 때는 통상적으로 문제 제기, 분석, 해결의 형식으로 간략하고 조리 있게 문어체 특징에 맞는 단어를 골라 작문하는 것이 좋다.

논설문은 주로 어떤 문제나 사건에 대해 자신의 생각을 얘기하고자 하는 경우에 쓰되, 문제나 사건은 간단히 서술하고 자신의 견해는 명확하게 하며, 이유는 충분해야 하고 해결 방법은 실제에 맞아야 한다.

⟨2⟩ 제시어 사용하여 논설문 쓰기

(1) 이야기 구성 요령

> 예 节奏、营养、符合、欢迎、快餐

ㄱ. 주어진 단어의 의미와 품사를 파악한다.

节奏 jiézòu 명 리듬, 박자
营养 yíngyǎng 명 영양, 양분
符合 fúhé 동 부합하다, 일치하다
欢迎 huānyíng 동 환영하다
快餐 kuàicān 명 즉석식, 패스트푸드

ㄴ. 조합할 수 있는 단어끼리 조합시키고, 나머지는 자주 같이 쓰이는 짝을 찾아 준다.

生活节奏 생활리듬
节奏加快 리듬이 빨라지다
营养丰富 영양이 풍부하다
缺少营养 영양이 부족하다
营养价值 영양가
符合要求 요구에 부합하다
符合大众 대중들에게 부합하다
符合标准 기준에 맞다
很受欢迎 환영을 받다, 인기가 있다
欢迎光临 어서 오세요, 오신 것을 환영합니다
快餐店   패스트푸드점
快餐食品 패스트푸드

ㄷ. 주어진 단어와 어휘 조합을 통해 논하고자 하는 문제점을 찾아낸다.

주어진 단어 중 '快餐, 营养' 이 두 명사만 봐도 패스트푸드에 대한 내용을 써야 한다는 것을 알 수 있다. 그렇다면 패스트푸드는 우리에게 어떤 음식인지 생각해 본다.

ㄹ. 정해진 주제에 따라 문제 제기, 문제 분석, 해결 방법을 요약해 본다.

문제 제기 : 요즘 패스트푸드가 많은 인기를 누리고 있다.

문제 분석 : 패스트푸드는 일단 빠르고 싸고 맛있어서 많은 사람들이 좋아하는 음식이다. 하지만 영양가도 별로 없고 건강에 해롭다.

해결 방법 : 따라서 너무 자주, 많이 먹지 말고 가끔씩 적당히 먹는 것이 좋다.

ㅁ. 위의 내용을 중국어로 적어 보자.

		随	着	生	活	节	奏	的	加	快	，	快	餐	越	来
越	受	欢	迎	。	快	餐	既	能	填	饱	肚	子	，	又	不
浪	费	时	间	，	一	举	两	得	。	再	加	上	快	餐	的
味	道	比	较	符	合	大	众	，	容	易	被	接	受	。	然
而	它	的	营	养	价	值	却	很	差	，	对	身	体	也	不
好	，	所	以	尽	量	少	吃	为	好	。					

생활 리듬이 빨라짐에 따라 패스트푸드가 점점 인기를 얻고 있다. 패스트푸드는 배를 채울 수 있을 뿐만 아니라 시간 낭비도 되지 않아 일거양득이라고 할 수 있다. 게다가 패스트푸드의 맛은 대중들에게 잘 맞아 쉽게 받아들여지고 있다. 하지만 영양가가 부족하고 건강에도 좋지 않으므로 가능한 적게 먹는 것이 좋다.

随着 suízhe 개 ~에 따라서, ~에 따라 | **加快** jiākuài 동 (속도를) 빠르게 하다, 가속하다 | **既……又……** jì……yòu…… ~도 하고 ~도 하다 | **浪费** làngfèi 동 (인력, 재물, 시간 등을) 낭비하다, 허비하다 | **一举两得** yī jǔ liǎng dé 성 일거양득 | **再加上** zàijiāshàng 접 게다가, ~한데다 | **接受** jiēshòu 동 (물건 등을) 받다, 수령하다 | **然而** ránér 접 하지만, 그러나 | **价值** jiàzhí 명 가치 | **尽量** jǐnliàng 부 되도록, 가능한 한

(2) 쓰기 훈련

> ① 退休、寂寞、陪伴、公寓、日益

ㄱ. 주어진 단어의 병음과 품사, 의미를 써 보세요.

退休_____ [   ] _____

寂寞_____ [   ] _____

陪伴_____ [   ] _____

公寓_____ [   ] _____

日益_____ [   ] _____

ㄴ. 조합할 수 있는 단어끼리 조합시키고, 나머지는 자주 같이 쓰이는 짝을 찾아 보세요.

退休_____ 퇴직한 노인

_____寂寞 매우 쓸쓸하다

_____寂寞 더욱 외롭다

陪伴_____ 노인과 함께 있어 주다

陪伴_____ 남자친구와 함께하다

日益_____ 나날이 두드러지게 보이다

日益_____ 나날이 증가하다

ㄷ. 주어진 단어나 어휘 조합을 통해 논하고자 하는 문제점을 찾아 보세요.
_____
_____
_____

ㄹ. 정해진 주제에 따라 문제 제기, 문제 분석, 해결 방법을 요약해 보세요.

문제 제기 : _____
문제 분석 : _____
해결 방법 : _____

ㅁ. 위의 내용을 중국어로 적어 보세요.

② 交通、严重、利用、为了、生活

ㄱ. 주어진 단어의 병음과 품사, 의미를 써 보세요.

交通_____ [   ] _____
严重_____ [   ] _____
利用_____ [   ] _____
为了_____ [   ] _____
生活_____ [   ] _____

ㄴ. 조합할 수 있는 단어끼리 조합시키고, 나머지는 자주 같이 쓰이는 짝을 찾아 보세요.

交通_____ 교통수단

_____交通 교통에 영향을 주다

_____严重 문제가 심각하다

利用_____ 교통수단을 이용하다

为了_____ 문제를 해결하기 위해

为了_____ 안전을 위해

生活_____ 생활 수준

ㄷ. 주어진 단어나 어휘 조합을 통해 논하고자 하는 문제점을 찾아 보세요.

_____
_____
_____

ㄹ. 정해진 주제에 따라 문제 제기, 문제 분석, 해결 방법을 요약해 보세요.
  문제 제기 : _____
  문제 분석 : _____
  해결 방법 : _____

ㅁ. 위의 내용을 중국어로 적어 보세요.

정답 및 해설은 해설서 P.72

〈3〉 그림 보고 논설문 쓰기

(1) 이야기 구성 요령

ㄱ. 그림을 자세히 관찰한다.
  도로에 차가 매우 많으며 정체되어 있다.

ㄴ. 관찰한 그림을 통해 논하고자 하는 문제점을 찾아낸다.
  차가 심하게 막혀있는 것으로 보아 도로 교통 문제를 지적할 수 있다.

ㄷ. 정해진 주제에 따라 문제 제기, 문제 분석, 해결 방법을 요약해 본다.

문제 제기: 요즘 자가용이 너무 많아 도로 교통 체증이 매우 심각하다.

문제 분석: 자가용을 이용하면 편리하지만 출퇴근 시간에는 오히려 차가 많이 막혀 불편을 초래한다.

해결 방법: 대중교통을 많이 이용하는 것이 좋다.

ㄹ. 위의 내용을 중국어로 적어 보자.

	随	着	人	们	生	活	水	平	的	提	高	,	有	私
家	车	的	人	越	来	越	多	,	汽	车	给	我	们	带来
了	方	便	,	也	带	来	了	交	通	问	题	。	尤	其是
上	下	班	的	时	侯	,	堵	车	非	常	严	重	。	如何
解	决	这	一	问	题	呢	?	如	果	多	利	用	大	众交
通	工	具	,	那	么	交	通	问	题	就	会	得	到	缓解。

사람들의 생활 수준이 향상됨에 따라 자가용을 가진 사람들이 점점 많아지고 있다. 자동차는 우리에게 편리함을 가져다 주었을 뿐만 아니라 교통 문제도 초래했다. 특히 출퇴근 시간이면 차가 심하게 막힌다. 그럼 어떻게 이 문제를 해결할 것인가? 만약 대중교통을 많이 이용하면 교통 문제는 완화될 것이다.

随着 suízhe 〔개〕 ~에 따라서, ~에 따라 | **提高** tígāo 〔동〕 제고하다, 향상시키다, 높이다 | **私家车** sījiāchē 〔명〕 자가용 | **尤其** yóuqí 〔부〕 특히, 더욱, 더군다나 | **严重** yánzhòng 〔형〕 심각하다, 엄중하다 | **如何** rúhé 〔대〕 어떻게, 어떠한가 | **解决** jiějué 〔동〕 해결하다 | **大众交通工具** dàzhòngjiāotōng gōngjù 〔명〕 대중교통 수단 | **缓解** huǎnjiě 〔동〕 완화시키다, 느슨해지다

(2) 쓰기 훈련

①

ㄱ. 그림을 자세히 관찰하고 무엇이 그려져 있는지 적어 보세요.

_____
_____
_____

ㄴ. 위의 그림이 우리에게 어떤 메시지를 전달하고 있는지 적어 보세요.

_____
_____
_____

ㄷ. 정해진 주제에 따라 문제 제기, 문제 분석, 해결 방법을 요약해 보세요.

문제 제기 : _____

문제 분석 : _____

해결 방법 : _____

ㄹ. 위의 내용을 중국어로 적어 보세요.

②

ㄱ. 그림을 자세히 관찰하고 무엇이 그려져 있는지 적어 보세요.

_____
_____
_____

ㄴ. 위의 그림이 우리에게 어떤 메시지를 전달하고 있는지 적어 보세요.

_____
_____
_____

ㄷ. 정해진 주제에 따라 문제 제기, 문제 분석, 해결 방법을 요약해 보세요.

문제 제기 : _____

문제 분석 : _____

해결 방법 : _____

ㄹ. 위의 내용을 중국어로 적어 보세요.

> 정답 및 해설은 해설서 P.74

3. 작문 격식 및 문장 부호 활용법

1 작문격식

① 작문 제목은 쓰지 않는다.

② 시작할 때 두 칸을 비우고 쓴다.

③ 단락을 나눌 필요는 없다.

④ 중국어는 띄어 쓰기를 하지 않고, 각 절 사이에 문장부호를 써야 한다.

⑤ 문장부호는 한 칸을 차지한다. 단, 破折号(——)와 省略号(……)는 두 칸을 차지한다.

⑥ 첫 칸에는 문장부호를 쓰지 않는다. 단, 왼쪽 引号("), 왼쪽 括号(()와 왼쪽 书名号(〈)는 줄 첫 칸에 써도 된다.

⑦ 원고지는 96자 분량이며, 시험에서 요구하는 양은 80자 정도이기 때문에 80자~90자 정도를 쓰는 것이 적당하다.

⑧ 연필로 작성하고 틀리면 깨끗하게 지우고 다시 쓴다.

		②⑤⑥"	谢	谢	你	!"	④《	考	前	强	化	》	是	为	准
备	汉	语	水	平	考	试	⑤—	—	H	S	K	的	学	生	而
写	的	部	分	⑤…	…										

2 문장부호 활용법

부호	설명	예문
, 쉼표 逗号	문장 내에서 잠시 멈춤을 표시	对于这次考试，我很有信心。 이번 시험에 나는 자신 있다.
。 마침표 句号	문장이 끝났음을 표시	失败是成功之母。 실패는 성공의 어머니이다.
? 물음표 问号	의문문과 반문문의 끝에 쓰임	你是什么时候来的? 너 언제 온 거니?
! 느낌표 感叹号	감탄문 끝에 쓰임	多么美丽的风景啊! 정말 아름다운 풍경이다!
、 모점 顿号	문장 내에서 병렬관계를 나타내는 단어 사이에 쓰임	请把您的姓名、性别、出生年月日写上。 당신의 이름, 성별, 출생연월일을 적어 주세요.
; 쌍반점 分号	문장 내에서 절과 절의 병렬관계를 나타낼 때 쓰임	燕子去了，有再来的时候;桃花谢了，有再开的时候。 제비가 날아가면 다시 올 때가 있고, 복숭아꽃이 시들면 다시 필 때가 있다.
: 쌍점 冒号	다음 문장의 내용을 언급할 때 쓰임	妈妈问："怎么了？" 엄마가 물으셨다. "왜 그러니?"
" " 따옴표 引号	인용이나 중점 지적 혹은 풍자할 때 쓰임	这样的"聪明人"还是少一点好。 이렇게 '영리한 사람'은 적은 것이 좋다.
( ) 묶음표 括号	문장에서 주석을 나타낼 때 쓰임	汉语水平考试(HSK)是为测试母语非汉语者的汉语水平而设立的国家级标准化考试。 한어수평고시(HSK)는 모국어가 중국어가 아닌 사람들의 중국어 실력을 시험하기 위해 만들어진 국가 표준 시험이다.

—— 줄표 破折号	—	소리의 연장 혹은 다음 문장이 앞 문장의 설명임을 표시
		终于到达中国的首都——北京。 드디어 중국의 수도인 베이징에 도착했다.
…… 말줄임표 省略号		생략 혹은 말을 더듬는 것을 표시
		他买了很多海鲜，如大虾、螃蟹、鱼……。 그는 새우, 게, 생선 등 많은 해산물을 샀다.
《 》 책 이름표 书名号		책, 신문 등의 간행물이나 잡지, 영화 등의 명칭을 표시
		你看没看过《不能说的秘密》这部电影？ 너 '말할 수 없는 비밀'이라는 영화 봤니?

2 제시어 사용하여 글쓰기

Guide

5급 쓰기 제2부분의 첫 번째 유형은 제시어를 사용해서 한 편의 글을 쓰는 것이다. 시험에서는 보통 5개의 단어가 제시되며, 명사, 동사, 형용사, 부사가 주로 나온다.

앞에서 우리는 서술문과 논설문을 쓰는 방법에 대해 알아보았고 연습도 해 보았다. 그럼 어떤 경우에 서술문을 쓰고 어떤 경우에 논설문을 써야 높은 점수를 얻을 수 있을까? 이 부분은 문제에 대한 이해와 분석에 따라 다르므로 동일하게 제시된 단어로 각기 다른 문체로 작문하는 법을 알아보도록 하자.

 주어진 제시어에 따라 문체를 정하는 것이 중요하다. 따라서 **제시어의 성격을 파악하는 것이 우선이다**. 그 후에 제시어의 성격에 맞춰 문체의 종류도 결정되는 것이다.

쓰기 급소공략

• 먼저 어떤 이야기를 쓸지 주제를 결정하라.

제시된 단어를 보면 우선 어떤 주제를 가지고 어떤 순서로 쓸지 생각해 두는 것이 가장 중요하다. 급한 김에 눈에 보이는 단어 순서대로 섣불리 작문을 시작하면 나중에 한두 개 단어를 미처 사용하지 못하여 억지로 뒷말을 붙여 전체 문장의 주제를 흐트러뜨리거나 어색하게 만드는 실수를 하게 된다. 마음이 급할수록 더 침착하게 단어 하나하나의 의미와 사용법을 잘 생각해 보고 연결 고리를 찾아 주제를 정한다.

• 주제에 따라 문장의 성격을 결정하라.

만약 생각해 놓은 내용이 **구체적인 사건이나 사실 또는 이야기**일 경우는 생동감 있고 묘사성이 강한 **서술문**으로 쓰고, 어떤 **현상이나 문제에 대해 분석하고 자신의 견해**를 밝혀야 한다면 설명이 명확하고 논리성이 강한 **논설문**으로 쓰는 것이 바람직하다.

• 주어진 단어의 순서를 미리 결정하라.

반드시 주의해야 할 부분은 글을 쓰기 전에 **주어진 5개 단어를 내용 어느 부분에서 사용할지 미리 생각해 놓아야 한다는 점이다**. 그래야만 작문할 때 제시된 단어를 빠짐없이 다 사용하여 중심 내용이 뚜렷한 훌륭한 작문을 완성할 수 있다.

예제로 감 익히기

Mission 1

제시된 단어를 사용하여 80자 내외의 문장을 완성하시오.

> 游乐园、精彩、放松、热情、时间

ㄱ. 주어진 단어의 의미와 품사를 파악한다.

游乐园 yóulèyuán 명 놀이공원
精彩 jīngcǎi 형 훌륭하다, 뛰어나다[주로 공연, 시합, 문장, 전시회 등에 많이 쓰임]
放松 fàngsōng 동 (긴장했던 마음, 어떤 것에 대한 규제 등을) 느슨하게 하다, 완화하다
热情 rèqíng 명 열렬한 감정, 열정 형 열정적이다
时间 shíjiān 명 시간

ㄴ. 조합할 수 있는 단어끼리 조합시키고, 나머지는 자주 같이 쓰이는 짝을 찾아준다.

表演很精彩 공연이 매우 훌륭하다
精彩的文章 멋있는 문장
放松心情 (긴장했던) 마음을 느슨하게 하다
放松限制 규제를 완화하다
工作热情 업무에 대한 열정
热情招待 열정적으로 접대하다

ㄷ. 단어나 어휘 조합을 통해 주제를 정한다.

위에 제시된 단어의 의미와 어휘 조합을 보면 놀이공원과 관련된 내용을 주제로 해야 함을 알 수 있다.

ㄹ. 서술문으로 쓸지 논설문으로 쓸지 문체를 정한다.

▶ **서술문**: 놀이공원에 갔었던 일을 추억하여 쓰자면 서술문으로 쓰는 것이 좋다. 긴장된 마음을 풀기(放松)위해 시간(时间)을 내서 놀이공원(游乐园)에 가서 놀이기구도 타고 재미있고 훌륭한(精彩) 공연을 보았다는 내용으로 가면 어렵지 않게 이야기가 구성된다. '热情'이란 단어는 연기자들의 열정에 대해 살짝 언급해도 좋고 직원들의 열정적인 업무 태도에 대해 언급해도 좋다.

> 주요 인물 : 我和朋友
> 시간 : 上周六
> 장소 : 游乐园
> 사건 발생 : 놀이공원에 가서 놀았다.
> 경과 : 놀이기구도 타고 공연도 보았다.
> 결과 : 매우 즐겁게 놀았다.

▶ **논설문**: 사람들이 놀이공원에 가는 이 현상에 대해 분석하고자 한다면 논설문으로 쓰는 것이 좋다. 즉, 사람들은 언제 놀이공원에 가는 것을 좋아하는지, 왜 놀이공원에 가기 좋아하는지, 거기에 가면 무엇을 할 수 있는지, 장점이나 단점은 무엇인지 분석하여 자신의 주장을 뚜렷하게 밝힌다.

> 문제 제기 : 사람들은 주말에 놀이공원에 가는 것을 좋아한다.
> 문제 분석 : 놀이공원에서 놀이기구도 탈 수 있고, 훌륭한 공연도 볼 수 있어 유쾌하게 놀 수 있다.
> 해결 방법 : 직원들의 친절한 서비스를 받으며 좋은 시간을 보내고 긴장한 마음도 풀 수 있다.

ㅁ. 주제에서 벗어나지 않게 주어진 단어를 자연스럽게 연결시켜 작문한다.

서술문 :

		为	了	放	松	心	情	,	上	周	六	我	和	朋	友
去	游	乐	园	玩	了	。	我	们	玩	了	海	盗	船	、	过
山	车	等	,	并	看	了	精	彩	的	表	演	。	游	乐	园
的	工	作	人	员	都	很	热	情	。	我	们	玩	得	很	高
兴	。	时	间	过	得	很	快	,	不	知	不	觉	天	已	经
黑	了	,	我	们	才	恋	恋	不	舍	地	离	开	了	。	

긴장을 풀기 위해 지난주 토요일에 나는 친구와 함께 놀이공원에 갔다. 우리는 바이킹, 롤러코스터를 타고 멋있는 공연도 봤다. 놀이공원의 직원들은 매우 친절했고, 우리는 아주 즐겁게 놀았다. 시간은 참 빨리 흘러 어느덧 날이 어두워졌다. 우리는 그제서야 아쉬워하며 놀이공원에서 나왔다.

海盗船 hǎidàochuán 명 바이킹 | 过山车 guòshānchē 명 롤러코스터 | 为了 wèile 개 ~하기 위하여 | 并 bìng 접 그리고 | 不知不觉 bùzhī bùjué 성 자기도 모르는 사이에 | 恋恋不舍 liàn liàn bù shě 형 헤어지기 아쉬워하다

> **Point** 위의 예문은 서술문으로, 사용된 단어들을 보면 대부분이 묘사 위주의 생동감 있는 어휘들이다. 이런 단어들은 놀이공원의 분위기와 사람들의 마음을 한결 더 진실하게 보여 준다.

논설문 :

	周	末	很	多	人	喜	欢	去	游	乐	园	玩	。	韩
国	的	游	乐	园	里	除	了	有	完	备	、	先	进	的	设
施	外	,	还	有	很	多	精	彩	的	表	演	。	并	且	游
乐	园	的	工	作	人	员	都	很	热	情	。	在	这	里	人
们	可	以	痛	痛	快	快	地	玩	,	可	以	放	松	心	情,
还	可	以	度	过	愉	快	的	时	间	。					

주말에 많은 사람들은 놀이공원에 놀러 가는 것을 좋아한다. 한국의 놀이공원에는 완벽하고 선진적인 시설 외에도 아주 많은 흥미로운 공연들이 있고, 놀이공원의 직원들은 매우 친절하다. 여기에서 사람들은 통쾌하게 놀 수 있고 긴장된 마음을 풀 수 있으며, 유쾌한 시간을 보낼 수 있다.

除了……外,……还…… chúle……wài, ……hái ~이외에도 | 完备 wánbèi 형 완전하다, 완비되다 | 设施 shèshī 명 시설, 설비 | 痛痛快快 tòng tòng kuài kuài 형 통쾌한 모양, 시원스러운 모양 | 度过 dùguò 동 (시간을) 보내다, 지내다

> **Point** 위의 예문은 논설문으로, 사용된 단어들을 살펴보면 주로 서면어가 많고 2음절 동사, 형용사가 많다. 이런 단어들은 문장을 보다 더 간결하고 명확하게 표현해 주는 장점이 있다.

Mission 2

제시된 단어를 사용하여 80자 내외의 문장을 완성하시오.

尤其、孤单、唯一、上网、乐趣

ㄱ. 주어진 단어의 의미와 품사를 파악한다.

尤其 yóuqí 🔲 특히, 더욱
孤单 gūdān 🔲 쓸쓸하다, 외롭다, 고독하다
唯一 wéiyī 🔲 유일한, 오직 하나밖에 없는
上网 shàngwǎng 🔲 인터넷에 접속하다
乐趣 lèqù 🔲 즐거움, 재미

ㄴ. 조합할 수 있는 단어끼리 조합시키고, 나머지는 자주 같이 쓰이는 짝을 찾아준다.

尤其孤单　더욱 외롭다
尤其重要　특히 중요하다
孤单地生活　외롭게 생활하다
唯一的乐趣　유일한 즐거움
唯一的爱好　유일한 취미
一种乐趣　일종의 재미
获得乐趣　즐거움을 얻다

ㄷ. 단어나 어휘 조합을 통해 주제를 정한다.

　　위에 제시된 단어의 의미와 어휘 조합을 보면 외로운 사람들이 인터넷을 하는 즐거움을 주제로 해야 함을 알 수 있다.

ㄹ. 서술문으로 쓸지 논설문으로 쓸지 문체를 정한다.

▶ **서술문**: '孤单, 上网, 乐趣'를 보면 혼자 외로울 때 인터넷을 통해 즐거움을 찾았다는 내용의 서술문으로 쓸 수 있다. 즉, 어떤 때 가장 외로웠는지, 왜 외로웠는지, 어떻게 인터넷을 통해 즐거움을 찾게 되었는지 적으면 된다.

> 주요 인물 : 我
> 시간 : **去年留学时**
> 장소 : **在北京**
> 사건 발생 : 막 베이징에 왔을 때 굉장히 외로웠다.
> 경과 : 인터넷을 하는 것이 유일한 즐거움이었다.
> 결과 : 많은 친구들을 사귀었고, 생활도 다양해졌다.

▶ **논설문**: 만약 사람들이 인터넷을 접속하는 현상에 대해 분석하고자 한다면 논설문으로 쓰는 편이 좋다. 이때 사람들은 언제 인터넷하기를 좋아하는지, 인터넷을 하면 어떤 장점과 단점이 있는지, 인터넷에 대한 본인의 생각은 무엇인지를 명확하게 밝힌다.

> 문제 제기 : 요즘 많은 사람들이 인터넷에 지나치게 빠져 있다.
> 문제 분석 : 인터넷은 외로움과 고독함을 달래줄 수 있지만 거기에 지나치게 빠지면 정상적인 생활에 영향을 미칠 수 있다.
> 해결 방법 : 인터넷에 지나치게 의존하지 말고 적당히 조절해서 해야 한다.

ㅁ. 주제에서 벗어나지 않게 주어진 단어를 자연스럽게 연결시켜 작문한다.

서술문:

　　去年我刚到北京留学时，一句汉语也不会说，吃的也不习惯，尤其感到孤单。那时除了上课，上网成了我唯一的乐趣，每天和朋友上网聊天。不知不觉一年过去了，我交了很多朋友，我的留学生活越来越丰富多彩了。

작년에 베이징에 막 유학왔을 때 나는 중국어를 한 마디도 하지 못했다. 먹는 것도 적응이 되지 않았고 특히 외로움을 많이 느꼈다. 그때 수업 이외에 인터넷을 하는 것이 나의 유일한 즐거움이었다. 그래서 매일 친구와 채팅을 하곤 했다. 어느덧 일년이 지났다. 나는 많은 친구를 사귀었고 유학 생활도 점점 풍부하고 다채로워졌다.

交 jiāo 동 내다, 제출하다, 사귀다 | 丰富多彩 fēngfù duōcǎi 형 (내용이) 풍부하고 다채롭다, 풍부하고 종류가 많다

논설문:

　　现在很多人喜欢上网，上网成了他们唯一的乐趣。一方面可以消除孤单寂寞，另一方面可以消磨时间。但由于他们太沉迷于网络，远离现实生活，尤其是年轻人，耽误学习工作，影响正常生活。因此上网要适可而止。

요즘 인터넷은 많은 사람들의 사랑을 받고 있고, 그들의 유일한 즐거움이 되고 있다. 인터넷을 하면 외로움과 고독함을 덜어줄 수 있고 시간을 보내기 쉽기 때문이다. 하지만 너무 인터넷에 빠지면 현실 생활을 멀리하게 된다. 특히 젊은이들은 학습과 일을 그르치게 되고 정상적인 생활에도 영향을 미치게 된다. 그러므로 인터넷은 적당히 해야 한다.

消除 xiāochú 동 없애다, 제거하다 | 寂寞 jìmò 형 외롭다, 쓸쓸하다 | 一方面……另一方面…… yìfāngmiàn……lìngyì fāngmiàn…… 접 한편으로는 ~하고 다른 한편으로는 ~하다 | 消磨 xiāomó 동 소모하다, (의지, 정력 등을) 점점 없어지게 하다 | 沉迷 chénmí 동 (어떤 것에 깊이) 반하다, 빠지다, 심취하다 | 于 yú 개 ~에, ~에서 | 网络 wǎngluò 명 네트워크 | 远离 yuǎnlí 동 멀리 떨어지다 | 耽误 dānwù 동 지체하다, 그르치다 | 因此 yīncǐ 접 그래서, 그러므로 | 适可而止 shì kě ér zhǐ 성 적당한 선에서 그치다

Mission 3

제시된 단어를 사용하여 80자 내외의 문장을 완성하시오.

> 旅游、路线、旅行社、照片、纪念品

ㄱ. 주어진 단어의 의미와 품사를 파악한다.
  旅游 lǚyóu 동 여행하다
  路线 lùxiàn 명 노선
  旅行社 lǚxíngshè 명 여행사
  照片 zhàopiàn 명 사진
  纪念品 jìniànpǐn 명 기념품

ㄴ. 조합할 수 있는 단어끼리 조합시키고, 나머지는 자주 같이 쓰이는 짝을 찾아준다.
  去中国旅游 중국에 여행가다
  旅游旺季 여행 성수기
  旅游路线 여행 노선
  安排路线 노선을 안배하다
  拍照片 사진을 찍다
  洗照片 사진을 현상하다
  买纪念品 기념품을 사다
  挑选纪念品 기념품을 고르다

ㄷ. 단어나 어휘 조합을 통해 주제를 정한다.
  주어진 단어를 보아 여행사를 통해 여행을 가는 이야기를 쓰면 된다.

ㄹ. 서술문으로 쓸지 논설문으로 쓸지 문체를 정한다.
  ▶ **서술문**: 여행을 가서 보고 듣고 겪은 일을 쓰고 싶다면 서술문으로 쓰는 편이 좋다. 즉, 여행사를 통해 여행을 가서 사진도 찍고 기념품도 산 이야기를 적으면 된다.

  > 주요 인물 : 我和朋友
  > 시간 : 暑假
  > 장소 : 济州岛
  > 사건 발생 : 여행을 가기 위해 여행사의 설명서를 보았다.
  > 경과 : 여행사 한 곳을 선택해서 제주도에 갔다.
  > 결과 : 사진도 찍고 기념품도 사고 매우 즐거웠다.

  ▶ **논설문**: 주어진 단어 중에 '旅游, 旅行社'가 있기 때문에 여행사를 통해 여행을 가는 장점이나 단점에 대해 쓸 수 있다.

  > 문제 제기 : 갈수록 많은 사람들이 휴일을 이용해 여행을 간다.
  > 문제 분석 : 특히 여행사를 통해 많이 가는데, 여행사가 정한 노선을 따라 가며 사진을 찍고 기념품을 살 수 있다.
  > 해결 방법 : 여행사는 또 숙식과 교통 문제 등 모든 것을 책임져 준다.

ㅁ. 주제에서 벗어나지 않게 주어진 단어를 자연스럽게 연결시켜 작문한다.

서술문:

	暑	假	的	时	候	,	我	和	朋	友	想	去	济	州
岛	旅	游	。	我	们	看	了	几	家	旅	行	社	的	说	明
书	,	其	中	有	一	家	旅	行	社	的	路	线	我	们	很
满	意	,	于	是	就	随	这	家	旅	行	社	去	济	州	岛
旅	行	了	。	我	们	在	济	州	岛	照	了	很	多	照	片,
回	来	时	又	给	朋	友	们	买	了	一	些	纪	念	品	。

여름휴가 때 나는 친구와 제주도 여행을 가고 싶었다. 그래서 우리는 몇 군데 여행사의 설명서를 보았고, 그중 한 여행사의 노선이 매우 마음에 들어서 이 여행사를 따라 제주도 여행을 갔다. 우리는 제주도에서 사진도 많이 찍고 돌아올 때에는 친구들에게 줄 기념품도 샀다.

暑假 shǔjià 명 여름휴가 | 济州岛 Jìzhōudǎo 고유 제주도 | 说明书 shuōmíngshū 명 설명서 | 满意 mǎnyì 형 만족하다, 마음에 들다 | 随 suí 동 따르다, 좇다 | 照 zhào 동 (사진, 영화 등을) 찍다

논설문:

	随	着	生	活	水	平	的	提	高	,	现	在	利	用
节	假	日	旅	行	的	人	越	来	越	多	了	。	很	多	人
喜	欢	跟	旅	行	社	去	旅	游	。	因	为	旅	行	社	安
排	好	了	路	线	,	大	家	可	以	在	景	点	拍	照	片,
买	一	些	纪	念	品	等	。	另	外	旅	行	社	还	负	责
安	排	吃	、	住	、	行	等	所	有	事	宜	。			

생활 수준이 높아짐에 따라 요즘 휴가를 이용해 여행을 가는 사람들이 점점 많아지고 있다. 많은 사람들이 여행사를 통해 여행 가는 것을 좋아하는데, 그 이유는 여행사에서 노선을 잘 짜놓아서 우리는 명승지에서 사진을 찍고 기념품 등을 살 수 있기 때문이다. 또한 여행사에서 먹을 것, 잘 곳, 이동 등과 관련된 모든 사항을 책임진다.

利用 lìyòng 동 이용하다, 활용하다 | 节假日 jiéjiàrì 명 명절과 휴일 | 安排 ānpái 동 안배하다, 준비하다 | 景点 jǐngdiǎn 명 명승지, 명소 | 负责 fùzé 동 책임지다 | 所有 suǒyǒu 형 모든, 전부의 | 事宜 shìyí 명 일, 사항, 사무

쓰기 내공 TIP — 자주 쓰이는 **어휘 조합**

쓰기 제2부분에서 자주 제시되는 단어와 그 단어와 자주 함께 쓰이는 어휘 조합을 모아 정리해 두었다. 자주 보고 익혀 두면 짧은 시간 안에 글을 완성시켜야 하는 실전에서 큰 도움이 될 것이다.

- **爱护** àihù 동 소중히 하다, 잘 보살피다

爱护财产	我们要**爱护**公共**财产**。 우리는 공공재산을 아끼고 보호해야 한다.
爱护眼睛	很多青少年由于不**爱护眼睛**，患近视的人越来越多了。 많은 청소년들이 눈을 보호하지 않아 근시 환자가 점점 많아지고 있다.
爱护自然	**爱护自然**就是爱护我们自己。 자연을 아끼고 보호하는 것은 바로 우리 자신을 아끼고 보호하는 것이다.

- **把握** bǎwò 동 움켜쥐다, 잡다 명 (성공에 대한) 가망, 자신, 가능성

把握时机	机会难得，我们要**把握**好**时机**。 쉽지 않은 기회이므로 우리는 시기를 잘 잡아야 한다.
没有把握	对这次考试我**没有把握**。 나는 이번 시험에 자신이 없다.
把握机会	你一定要**把握机会**，千万别放过。 너는 기회를 절대 놓치지 말고 꼭 잡아야 한다.

- **办理** bànlǐ 동 처리하다, 취급하다

办理业务	我们公司能**办理**进出口**业务**。 우리 회사는 수출입 업무를 처리할 수 있다.
办理证件	旅行的时候我把证件弄丢了，需要重新**办理证件**。 여행할 때 증명서를 잃어버려서 새로 다시 만들어야 한다.
办理手续	我的朋友正在**办理**留学**手续**。 내 친구는 유학 수속을 밟고 있다.

- **保持** bǎochí 동 유지하다, 지키다

保持冷静	不要激动，**保持冷静**。 흥분하지 말고 냉정함을 유지해라.
保持联系	我们虽然已经毕业三年多了，但仍**保持**着**联系**。 우리는 이미 졸업한지 3년이 넘었지만 여전히 연락을 유지하고 있다.
保持习惯	他到现在为止，仍然**保持**着早上运动的**习惯**。 그는 현재까지도 여전히 아침에 운동하는 습관을 유지하고 있다.

- **避免** bìmiǎn 동 피하다, 모면하다

避免冲突	我们要尽量**避免**和他人发生**冲突**。 우리는 가능한 다른 사람과의 충돌을 피해야 한다.	
避免事故	由于他及时采取了措施，**避免**了一场**事故**的发生。 그가 제때에 조치를 취했기에 사고를 피할 수 있었다.	
难以避免	谁都**难以避免**犯错。 누구나 실수를 하는 것은 불가피하다.	

- **采取** cǎiqǔ 동 채택하다, 취하다

采取措施	为了防止这样的事情再发生，我们应该**采取**一定的**措施**。 이런 일이 다시 발생하는 것을 방지하기 위하여 우리는 일정한 조치를 취해야 한다.	
采取方法	对犯错误的孩子要**采取**说服教育的**方法**。 잘못을 범한 아이에게 설득 교육의 방법을 택해야 한다.	
采取态度	遇到问题，我们要**采取**积极的**态度**。 문제에 부딪치면 우리는 적극적인 태도를 취해야 한다.	

- **产生** chǎnshēng 동 생기다, 발생하다, 나타나다

产生误会	双方只是**产生**了一点**误会**，不至于动手打架吧。 양쪽에 단지 오해가 좀 생겼을 뿐이니 싸울 필요까지는 없다.	
产生信心	妈妈的鼓励使他**产生**了**信心**。 엄마의 격려는 그에게 자신감이 생기게 했다.	
产生矛盾	我今天和朋友**产生**了**矛盾**，所以心情非常不好。 오늘 친구와 갈등이 생겨 기분이 아주 나쁘다.	

- **充满** chōngmǎn 동 가득 차다, 충만하다, 넘치다

充满阳光	我们的生活**充满**了**阳光**。 우리의 생활은 햇볕으로 충만했다.	
充满希望	我们对前途**充满希望**。 우리는 앞날에 대한 희망으로 가득하다.	
充满信心	在大家的鼓励下，我**充满**了胜利的**信心**。 모두의 격려하에 나는 승리에 대한 자신감으로 충만해졌다.	

- **处理** chǔlǐ 동 처리하다

负责处理	这些日常事务由小李**负责处理**。 이런 일상적인 사무는 샤오리가 책임지고 처리한다.	
酌情处理	应该依法办案，不能**酌情处理**。 법에 따라 사건을 처리해야지 짐작해서 처리하면 안 된다.	
处理问题	**处理问题**要认真思考。 문제를 처리할 때는 진지하게 생각해 봐야 한다.	

- **创造** chuàngzào 동 창조하다, 만들다

创造条件	这种政策为经济的发展**创造**了有利**条件**。 이런 정책은 경제의 발전을 위해 유리한 조건을 창조했다.	
创造机会	**机会**是由人**创造**的。 기회는 사람이 만드는 것이다.	
创造纪录	昨天，韩国游泳选手姜浩顺在世界游泳锦标赛中，以28秒25的成绩**创造**了女子50米仰泳世界**纪录**。 어제 한국 수영선수 강호순이 세계 수영 선수권 대회에서 28초 25의 성적으로 여자 50미터 배영 세계 신기록을 세웠다.	

- **促进** cùjìn 동 촉진시키다, 촉진하다

促进了解	这次活动**促进**了我们之间的相互**了解**。 이번 활동은 우리 상호간의 이해를 촉진시켰다.	
促进消化	西红柿的酸味能**促进**食物**消化**。 토마토의 신맛은 음식의 소화를 촉진시킬 수 있다.	
促进健康	运动能**促进**身体**健康**，有利于延年益寿。 운동은 신체건강을 촉진시키므로 장수에 도움이 된다.	

- **达到** dádào 동 도달하다, 이르다

达到水平	他的汉语已经**达到**了中级**水平**。 그의 중국어는 이미 중급 수준에 도달했다.	
达到目的	通过不断地努力，他终于**达到**了自己的**目的**。 끊임없는 노력을 통해 그는 드디어 자신의 목적에 도달했다.	
达到境界	他的作品**达到**了较高的艺术**境界**。 그의 작품은 비교적 높은 예술의 경지에 이르렀다.	

- **打听** dǎting 동 알아보다, 물어보다, 탐문하다

打听消息	昨天他向我**打听**小李的**消息**。 어제 그가 나에게 샤오리의 소식을 물어봤다.	
打听情况	先**打听**一下儿**情况**好不好。 먼저 상황이 어떤지 알아 보아라.	
打听清楚	我已经**打听清楚**了他住在哪儿。 나는 이미 그가 어디에 살고 있는지 잘 알아 봤다.	

- **担任** dānrèn 동 담당하다, 맡다

担任裁判	这场比赛由他**担任裁判**。 이번 경기는 그가 심판을 맡았다.	
担任职务	他完全有能力**担任**这个**职务**。 그는 이 직무를 담당할 능력이 충분히 있다.	
担任班长	他曾**担任**过**班长**。 그는 전에 반장을 맡은 적이 있다.	

- **放松** fàngsōng 동 긴장을 풀다, 늦추다, 느슨하게 하다

放松要求	他一直没有**放松**对自己的**要求**。 그는 줄곧 자신에 대해 요구를 늦추지 않았다.	
放松警惕	我们时刻不能**放松警惕**。 우리는 시시각각 경계심을 늦추어서는 안 된다.	
放松心情	很多人通过游山玩水来**放松心情**。 많은 사람들이 산수풍경을 유람하면서 기분을 푼다.	

- **奋斗** fèndòu 동 분투하다

奋斗目标	他的**奋斗目标**就是考上清华大学。 그의 분투 목표는 칭화대학에 합격하는 것이다.	
奋斗到底	为了实现自己的梦想，我们要**奋斗到底**。 자신의 꿈을 실현하기 위해 우리는 끝까지 노력해야 한다.	
努力奋斗	你是我们全家的指望，因此更应该**努力奋斗**。 너는 온가족의 희망이니 더욱 열심히 노력해야 한다.	

- **改进** gǎijìn 동 개선하다, 개량하다

改进方法	今天的会议内容是讨论怎样**改进**教学**方法**。 오늘 회의의 토론 내용은 어떻게 교학 방법을 개선하는가이다.	
改进技术	**改进技术**才能提高生产效率。 기술을 개선해야 생산 효율을 향상시킬 수 있다.	
改进态度	中国的服务行业需要**改进**服务**态度**。 중국의 서비스 업체는 서비스 태도를 개선해야 한다.	

- **改善** gǎishàn 동 개선하다, 개량하다

改善环境	我们要采取各种措施以保护和**改善**我们的**环境**。 우리는 여러 가지 조치를 취하여 우리의 환경을 보호하고 개선해야 한다.	
改善待遇	政府应该逐步**改善**和提高环卫工人的**待遇**。 정부는 환경미화원의 대우를 점차 개선하고 향상시켜야 한다.	
改善关系	为了进一步发展，两国首先要**改善关系**。 진일보 발전하기 위해 양국은 우선 관계를 개선해야 한다.	

- **建立** jiànlì 동 건립하다, 세우다

建立友谊	我们在一个宿舍生活了两年，彼此间**建立**了深厚的**友谊**。 우리는 한 기숙사에서 2년간 생활하면서 서로 깊은 우정을 맺었다.	
建立关系	中国和法国是在1964年**建立**外交**关系**的。 중국과 프랑스는 1964년에 외교 관계를 맺었다.	
建立组织	大学生自发**建立**了服务**组织**。 대학생들이 자발적으로 봉사동아리를 만들었다.	

- **利用** lìyòng 동 이용하다, 활용하다

利用时间	他**利用**自己的休息**时间**帮我复习功课。 그는 자신의 휴식 시간을 이용하여 나의 복습을 도와주었다.	
利用条件	我们要**利用**好的学习**条件**来帮助自己。 우리는 좋은 학습 조건을 이용하여 자신을 도와야 한다.	
利用废物	为了节约资源，我们要有效**利用废物**。 자원을 절약하기 위해 우리는 폐기물을 효과적으로 이용해야 한다.	

- **满足** mǎnzú 동 만족하다, 만족시키다

满足要求	我相信这种产品能**满足**您的**要求**。 저는 이 제품이 당신의 요구를 만족시켜 드릴 수 있을 것이라 믿습니다.
满足现状	人们总是不**满足**于**现状**。 사람들은 늘 현재 상황에 만족할 줄 모른다.
满足需要	父母应该注意**满足**孩子的精神**需要**。 부모님은 아이들의 정신 수요를 만족시켜 주는 데 주의해야 한다.

- **面对** miànduì 동 마주 보다, 대면하다

面对未来	为了成功，要勇敢地**面对未来**。 성공을 위해 용감하게 미래에 대면해야 한다.
面对现实	努力**面对现实**吧，也许你的明天会更好。 열심히 현실과 부딪쳐라. 아마 너의 미래는 더 아름다워질 것이다.
面对困难	**面对困难**，不能放弃希望，要勇于突破。 어려움 앞에서 희망을 포기해서는 안 된다. 용감하게 타파해야 한다.

- **面临** miànlín 동 직면하다, 당면하다

面临选择	他毕业后**面临**着两种**选择**：参加工作或者继续学习。 그는 졸업 후에 2가지 선택에 직면했다. 일을 하거나 계속 공부하는 것.
面临考验	由于资金问题，公司将**面临**严峻的**考验**。 자금 문제로 회사는 준엄한 시험에 직면하게 될 것이다.
面临困难	在我**面临困难**时，周围的朋友伸出了援助之手。 내가 어려움에 처했을 때 주변 친구들이 도움의 손길을 뻗었다.

- **培养** péiyǎng 동 배양하다, 양성하다, 기르다

培养兴趣	爸爸常带我去看画展，**培养**我对绘画的**兴趣**。 아빠는 자주 나를 데리고 그림 전시회를 보러 가는 것으로 그림에 대한 나의 취미를 키워 주셨다.
培养意志	父母应该从小就**培养**孩子坚强的**意志**。 부모는 아이들의 굳센 의지를 어려서부터 키워 주어야 한다.
培养习惯	我们要**培养**好**习惯**，纠正坏习惯。 우리는 좋은 습관은 키우고 나쁜 습관은 고쳐야 한다.

- **期待** qīdài 동 기대하다, 바라다, 기다리다

一心期待	他**一心期待**着暑假的到来。 그는 온 마음으로 여름 방학이 오기만을 고대했다.
期待求婚	两年以来，她一直**期待**着男友的**求婚**。 2년 동안 그녀는 줄곧 남자친구의 청혼을 기다리고 있다.
期待回复	我**期待**贵公司的**回复**，祝您工作顺利。 귀사의 답장을 고대하며, 사업이 순조롭기를 바랍니다.

- **推广** tuīguǎng 동 널리 보급하다, 일반화하다

推广普通话	我们要把**普通话推广**到全世界。 우리는 보통화를 전 세계로 널리 보급해야 한다.
推广方法	公司决定**推广**这种工作**方法**。 회사에서는 이런 업무 방법을 보급하기로 결정했다.
大力推广	这种新技术我们应该在全世界**大力推广**。 우리는 이런 신기술을 전 세계로 힘껏 보급해야 한다.

- **吸收** xīshōu 동 섭취하다, 흡수하다, 받아들이다

吸收营养	胃能**吸收**各种**营养**物质。 위는 여러 가지 영양 물질을 흡수할 수 있다.
吸收意见	学校将充分**吸收**同学们的**意见**和建议。 학교에서는 학생들의 의견과 건의를 충분히 받아들일 것이다.
吸收经验	希望他们能够**吸收**各国的有益**经验**。 그들이 각국의 유익한 경험을 받아들이기를 희망한다.

- **掌握** zhǎngwò 동 장악하다, 파악하다, 통제하다

掌握知识	经营者应该**掌握**必要的业务**知识**。 경영자는 필요한 업무 지식을 반드시 장악해야 한다.
掌握情绪	我们应该**掌握**好自己的**情绪**。 우리는 마땅히 자신의 정서를 제어해야 한다.
掌握技术	为了尽快**掌握技术**，他买了一台电脑。 최대한 빨리 기술을 장악하기 위해 그는 컴퓨터를 한 대 샀다.

- **珍惜** zhēnxī 동 진귀하게 여기다, 소중히 여기다

珍惜时间	**珍惜时间**是一种美德。 시간을 아끼는 것은 일종의 미덕이다.
珍惜感情	我们都很**珍惜**这份友好的**感情**。 우리는 모두 이 우호적인 감정을 소중히 여긴다.
懂得珍惜	对于友情，我们应该**懂得珍惜**。 우정에 대하여 우리는 소중함을 알아야 한다.

- **争取** zhēngqǔ 동 쟁취하다, 얻어내다

争取胜利	不要放弃，要**争取**最后的**胜利**。 포기하지 말고 최후의 승리를 쟁취해야 한다.
争取幸福	**幸福**是要**争取**的，不是天上掉下来的。 행복은 쟁취해야 하는 것이지 하늘에서 떨어지는 것이 아니다.
争取机会	好不容易**争取**到出国留学的**机会**。 간신히 해외 유학의 기회를 얻어냈다.

실력 다지기

1~10 제시된 단어를 사용하여 80자 내외의 문장을 완성하시오.

1 毕业典礼、激动、照相、热闹、舍不得

2 着急、堵车、幸好、放心、提前

3 留学、手续、适应、难忘、打交道

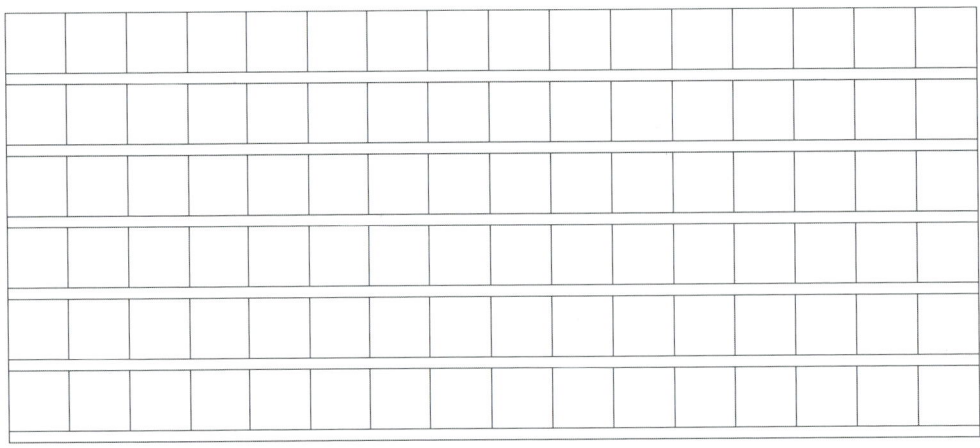

4 宠物、卫生、爱心、消除、照顾

5 广告、精心、信息、受骗、提供

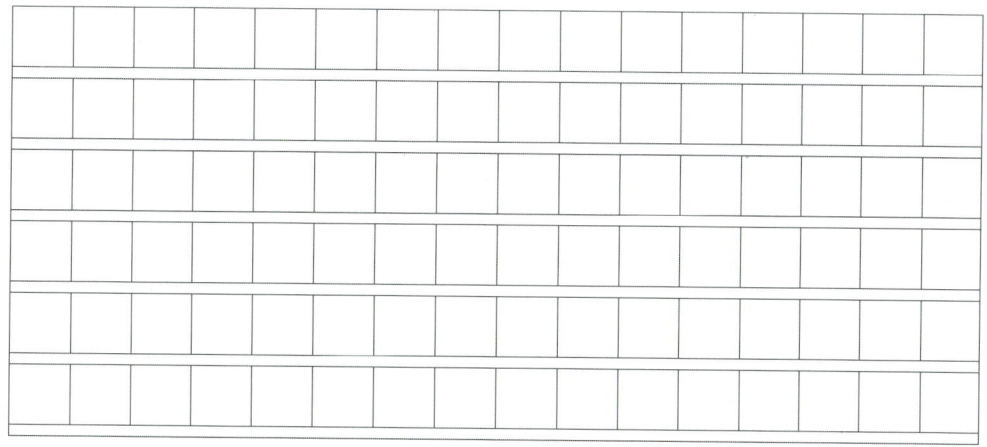

6 春节、不可缺少、团圆、传统、意味着

7 寒假、旅行、赚钱、知识、吸引

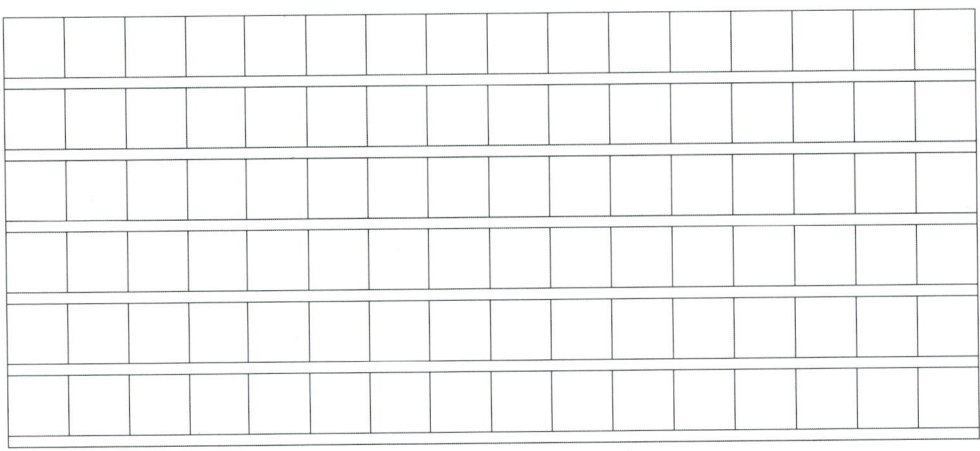

8 打工、独立、梦想、奋斗、灰心

9 收入、兴趣、发挥、发展、专长

10 交流、和睦、关键、观念、理解

3 그림 보고 글쓰기

Guide

5급 쓰기 제2부분의 두 번째 유형은 그림을 보고 한 편의 글을 쓰는 것이다. 지난 한 해 동안의 시험을 보면 인물 그림이 대부분이었고 사물 그림은 한 번 출제되었다. 그림을 보고 글을 쓸 때는 그림을 자세히 관찰하는 것이 최우선이다. 특히 인물 그림인 경우 누가, 언제, 어디서, 무엇을 하고 있는지 외에도 그 인물의 표정, 옷차림, 자세까지 하나도 놓치지 말고 관찰해야 한다. 그래야 그들이 무엇을, 어떻게, 왜 하는지 연상할 수 있기 때문이다.

 제시어 없이 그림만 보고 작문을 해야 하므로 그림을 보고 떠오르는 내용을 생각하고, **핵심 어휘와 개요를 정리한 후 작문을 해야** 완성도 높은 글을 쓸 수 있다.

쓰기 급소공략

• 인물 그림일 경우

인물 그림이 나올 경우 이야기성이 강하므로 서술문으로 쓰는 것이 훨씬 빠르고 쉽다. 하지만 **인물들의 모습이 사회나 가정의 어떤 문제점을 전달하고 있다면 그 문제점을 지적하여 논설문으로 써도 좋다.** 예를 들면 그림에 한 어머니가 매를 들고 아이 앞에 서있다. 이럴 경우 가장 쉬운 작문 방법은 바로 육하원칙에 따라 간단한 스토리를 엮는 것이다.

'나는 오늘 학원에 가기 싫어서 선생님께 아프다고 거짓말을 하고 친구랑 놀러 갔다. 그런데 엄마가 그 일을 아시고 회초리를 드셨다. 내가 놀러 가서가 아니라 거짓말을 했기 때문이다. 앞으로 다시는 거짓말을 하지 말아야겠다고 생각했다.'

하지만 이 그림을 잘 분석해 보면 또 부모님들이 매로 자녀를 교육하려고 하는 가정교육의 문제점을 발견할 수 있다. 이런 경우에는 앞에서 배운 대로 문제 제기, 문제 분석, 해결 방법의 순서대로 쓰면서 자신의 관점을 명확히 밝히면 된다.

'요즘에도 어떤 부모들은 아이가 잘못하면 매를 든다. 부모가 이렇게 하는 이유는 간단하다. 자신의 자식들이 올바르게 자라기를 바라기 때문이다. 하지만 때리는 것만이 가장 좋은 교육 방법은 아니다. 오히려 아이에게 상처가 될 수 있다. 그러므로 좋은 말로 이치를 설명해서 가르치는 편이 더 좋을것 같다.'

• 사물 그림일 경우

사물 그림인 경우 우리가 얻게 되는 정보가 인물 그림보다 적다. 하지만 당황할 필요는 없다. **사물 그림이 나오면 우선 어떤 사물인지 확실하게 알고, 그 사물과 관련된 이야기를 육하원칙에 따라 서술문으로 쓰면 된다. 또, 그 사물이 현재 사회의 어떤 문제점을 보여준다면 논설문으로 써도 무방하다.** 예를 들면 작년 시험에 선물 박스 그림이 나왔다. 이 경우 가장 쉬운 방법은 내가 받았거나 남에게 준 선물에 대한 이야기를 쓰는 것이다. 하지만 과감하게 선물의 장점, 단점이나 선물을 하는 이유, 선물할 때 주의해야 할 사항들에 대해 자신의 의견을 피력하는 논설문으로 써도 좋다.

예제로 감 익히기

Mission 1

제시된 그림을 보고 80자 내외의 문장을 완성하시오.

ㄱ. 그림을 자세히 관찰한다.

　　컴퓨터 한 대가 놓여져 있다. 컴퓨터는 나에게 어떤 존재일까를 생각해 본다.

ㄴ. 서술문으로 쓸지 논설문으로 쓸지 결정한다.

　▶ **서술문**: 자신이 평소에 컴퓨터하는 것을 좋아하는 이유나 컴퓨터와 관련된 에피소드를 쓰려면 서술문으로 쓰는 것이 좋다.

> 주요 인물 : 我
> 시간 : 平时
> 장소 : 在家
> 사건 발생 : 나는 평소에 컴퓨터하는 것을 아주 좋아한다.
> 경과 : 인터넷을 사용해서 자료도 찾고, 채팅도 하고, 뉴스나 영화도 본다. 그래서 나의 여가 생활이 풍부해졌고 많은 도움이 되었다.
> 결과 : 컴퓨터는 나에게 없어서는 안 되는 친구가 되었다.

　▶ **논설문**: 컴퓨터와 인터넷의 장점과 단점에 대해 이야기하려면 논설문으로 쓰는 것이 좋다.

> 문제 제기 : 컴퓨터가 보급되면서 많은 사람들이 인터넷을 사용한다.
> 문제 분석 : 인터넷을 통해 자료 찾기, 이메일 주고받기, 뉴스 보기 등 여러 가지 일을 할 수 있어서 우리에게 많은 편리함을 가져다 준다. 하지만 청소년들이 쉽게 빠져 버린다.
> 해결 방법 : 청소년들이 인터넷을 적절하게 활용할 수 있도록 이끌어 줘야 한다.

ㄷ. 주제에서 벗어나지 않게 주어진 단어를 자연스럽게 연결시켜 작문한다.

서술문:

> 　我是一名大学生，平时没有什么特别的爱好，就是喜欢上网。没课的时候我就上网。网络不但丰富了我的业余生活，而且给了我很大帮助。比如查资料、聊天、看新闻、看电影等。可以说电脑成了我不可缺少的朋友。

나는 대학생이다. 평소에 별로 특별한 취미는 없고 단지 인터넷을 하는 것만 좋아한다. 나는 수업이 없을 때면 꼭 인터넷을 한다. 네트워크는 나의 여가생활을 풍부하게 만들어 주었고, 또 많은 도움도 주었다. 예를 들면 자료도 찾고, 채팅도 하고, 뉴스도 보고, 영화도 보는 등이다. 컴퓨터는 나에게 없어서는 안 되는 친구가 되었다.

平时 píngshí 평상시, 평소 | **就是** jiùshì 단지, 다만 | **网络** wǎngluò 네트워크 | **业余** yèyú 여가의 | **比如** bǐrú 동 예를 들다, 예컨대 | **查** chá 동 (자료 등을) 찾다, 조사하다 | **新闻** xīnwén 명 새 소식, 뉴스 | **不可缺少** bùkě quēshǎo 불가결하다, 없어서는 안 된다

> **Point** 위의 그림처럼 단순한 사물일 경우, 자신에게 그 사물이 어떤 존재인가를 잘 생각해보고 자신의 생활과 결부시켜 작문하면 글을 한결 수월하게 쓸 수 있다.

논설문:

> 　随着电脑的普及，上网的人越来越多了。人们通过网络可以查找资料、收发电子邮件、看一些信息等，可以说"君子不出门，便知天下事"。可见网络给人们带来了很多好处。但青少年容易上瘾，所以要正确引导他们。

컴퓨터가 보급됨에 따라 인터넷을 사용하는 사람들이 점점 많아지고 있다. 사람들은 인터넷을 통해 자료도 찾고 이메일도 주고 받으며 뉴스를 보기도 한다. 가히 '밖에 나가지 않아도 천하의 일들을 다 알 수 있다'고 할 수 있다. 보다시피 네트워크는 사람들에게 많은 이로움을 가져다 준다. 하지만 청소년들은 쉽게 인터넷에 빠져 헤어나오지 못하므로 올바르게 잘 이끌어 주어야 한다.

普及 pǔjí 동 보급되다, 퍼지다 | **通过** tōngguò 개 ~을 거쳐, ~를 통해 | **收发** shōufā 동 받고 보내다, 수발하다, 접수하고 발송하다 | **君子** jūnzǐ 명 군자, 학식과 덕망이 높은 사람 | **出门** chūmén 동 (~儿) 외출하다, 집을 나서다 | **可见** kějiàn 접 ~라는 것을 알 수 있다 | **上瘾** shàngyǐn 동 중독되다, 인이 박이다 | **引导** yǐndǎo 동 안내하다, 지도하다, 유도하다, 교도하다

Mission 2

제시된 그림을 보고 80자 내외의 문장을 완성하시오.

ㄱ. 그림을 자세히 관찰한다.

　　헬스클럽에서 사람들이 열심히 운동을 하고 있다.

ㄴ. 서술문으로 쓸지 논설문으로 쓸지 결정한다.

▶ **서술문**: 자신이 건강이나 다이어트를 위해 운동을 했던 경험에 대해 쓰고자 한다면 서술문으로 쓰면 된다.

> 주요 인물 : 我
> 시간 : 最近
> 장소 : 健身房
> 사건 발생 : 요즘 나는 살이 많이 쪄서 다이어트를 하기로 다짐했다.
> 경과 : 헬스클럽에 등록하고 운동을 시작했는데 너무 힘이 들어 포기하고 싶었지만 꾹 참고 견뎠다.
> 결과 : 드디어 살이 빠져서 매우 뿌듯했다.

Point 그림에 인물이 등장하고 운동하는 모습이 그려져 있으므로 왜 운동을 할까, 운동할 때의 느낌은 어땠을까, 나중에는 어떻게 되있을까 등 의문을 갖고 분석해야 한다.

▶ **논설문**: 최근 사람들이 운동과 건강에 관심을 갖게 된 이유 등에 대해 분석하려면 논설문으로 쓰는 것이 좋다.

> 문제 제기 : 생활 수준이 향상됨에 따라 사람들이 건강에 관심을 갖게 되었다.
> 문제 분석 : 사람들이 헬스클럽에 가서 열심히 운동하는 이유는 건강을 위한 것도 있지만 아름다운 몸매를 유지하기 위해서이다.
> 해결 방법 : 운동은 그들의 생활에서 없어서는 안 되는 일부분이 되었다.

ㄷ. 주제에서 벗어나지 않게 주어진 단어를 자연스럽게 연결시켜 작문한다.

서술문:

最近我胖了，看着臃肿的身材，我下决心要减肥，于是我去健身房报了名。现在一有空，我就去健身房运动。刚开始时很辛苦，曾想放弃，但不想半途而废，于是咬牙坚持了下来。值得欣慰的是，我终于瘦了下来。

요즘 나는 살이 많이 쪄서 뚱뚱해진 몸매를 보면서 다이어트를 해야겠다고 다짐했다. 그래서 헬스클럽에 가서 등록을 하고 시간만 나면 가서 운동을 했다. 처음에는 너무 힘들어서 포기하고 싶었다. 하지만 중도에 그만둘 수는 없어서 이를 악물고 끝까지 했다. 드디어 나는 살을 뺐고 아주 뿌듯했다.

臃肿 yōngzhǒng 혱 (살이 찌거나 옷을 많이 입어서) 너무 크다, 매우 뚱뚱하다 | **身材** shēncái 명 몸매, 몸집, 체격 | **下决心** xià juéxīn 결심하다, 다짐하다 | **减肥** jiǎnféi 동 살을 빼다, 감량하다 | **健身房** jiànshēnfáng 명 헬스클럽 | **报名** bàomíng 동 신청하다, 등록하다 | **辛苦** xīnkǔ 혱 고생스럽다, 수고스럽다 | **曾** céng 부 일찍이, 이미, 이전에 | **放弃** fàngqì 동 버리다, 포기하다 | **半途而废** bàntú ér fèi 성 일을 중도에 그만두다, 도중에 포기하다 | **咬牙** yǎoyá 동 이를 악물다, 이를 악물고 참다 | **坚持** jiānchí 동 견지하다, 유지하다 | **值得** zhídé 동 ~할 만한 가치가 있다, (일이) 의의가 있다 | **欣慰** xīnwèi 혱 기쁘고 안심이 되다, 기쁘고 위안이 되다 | **瘦** shòu 혱 마르다, 여위다

논설문:

随着生活水平的提高，现在人们越来越关注健康。很多人下班后去健身房运动。他们在健身房拼命运动，不但是为了拥有健康，也是为了保持优美的身材。运动已经成了他们生活中不可缺少的一部分。

생활 수준이 향상됨에 따라 사람들은 점점 건강에 관심을 가지게 되었다. 그래서 많은 사람들이 퇴근 후에 헬스클럽에 가서 운동을 한다. 그들이 필사적으로 운동하는 것은 건강을 위해서일 뿐만 아니라 아름다운 몸매를 유지하기 위해서이기도 하다. 운동은 이미 그들의 생활에서 없어서는 안 되는 일부분이 되었다.

关注 guānzhù 동 관심을 가지고 주시하다 | **拼命** pīnmìng 동 기를 쓰다, 죽을 힘을 다하다, 필사적으로 하다 | **是为了** shì wèile ~하기 위해서이다 | **拥有** yōngyǒu 동 소유하다, 가지다 | **保持** bǎochí 동 (지속적으로) 유지하다, 지키다 | **优美** yōuměi 혱 우아하고 아름답다 | **不可缺少** bùkě quēshǎo 없어서는 안 된다

Mission 3

제시된 그림을 보고 80자 내외의 문장을 완성하시오.

ㄱ. 그림을 자세히 관찰한다.

  손에 휴대 전화를 들고 있다.

ㄴ. 서술문으로 쓸지 논설문으로 쓸지 결정한다.

▶ **서술문**: 휴대 전화와 관련된 에피소드를 쓰려면 서술문의 형식으로 쓰는 것이 좋다.

> 주요 인물 : 我
> 시간 : 今天
> 장소 : 手机店
> 사건 발생 : 휴대 전화가 고장나서 휴대 전화 상점에 갔다.
> 경과 : 새로운 디자인의 휴대 전화가 너무 많아 점원이 새로 나온 스마트폰을 추천해 주었다. 점원의 소개를 들어보니 마음에 들었다.
> 결과 : 그래서 그 스마트폰을 샀다.

▶ **논설문**: 스마트폰의 단점과 장점에 대해 쓰려면 논설문으로 쓰는 것이 좋다.

> 문제 제기 : 과학기술이 발전함에 따라 휴대 전화의 세대교체가 갈수록 빨라진다.
> 문제 분석 : 최근에 새로 나온 스마트폰의 단점-가격이 비싸다. 장점-원래 휴대 전화의 모든 기능을 다 갖추었을 뿐만 아니라 개인용 컴퓨터처럼 독립적인 시스템을 갖고 있다.
> 해결 방법 : 많은 사람들의 사랑을 받고 있다.

ㄷ. 주제에서 벗어나지 않게 주어진 단어를 자연스럽게 연결시켜 작문한다.

서술문:

　　前几天我的手机坏了，所以想买一部新手机。今天我来到一家手机店，可是款式实在太多了，我都挑得眼花缭乱了。最后店员向我推荐了一款智能手机，并向我介绍了它的功能，我很满意，最终买了下来。

며칠 전 내 휴대 전화가 고장났다. 그래서 새 휴대 전화를 하나 사고 싶어서 오늘 휴대 전화 가게에 갔다. 그런데 디자인이 너무 다양해서 눈이 어지러울 정도였다. 결국 점원이 나에게 스마트폰 하나를 추천하면서 그것의 기능도 소개해 주었고, 나는 아주 만족해하면서 그것을 샀다.

坏 huài 형 망가지다 | **款式** kuǎnshì 명 양식, 스타일, 디자인 | **实在** shízài 부 정말로 | **眼花缭乱** yǎn huā liáo luàn 성 눈이 침침하고 어지럽다 | **店员** diànyuán 명 점원 | **推荐** tuījiàn 동 추천하다 | **智能手机** zhìnéng shǒujī 명 스마트폰 | **功能** gōngnéng 명 기능, 효능, 작용

논설문:

　　随着科学技术的发展，手机更新换代的速度越来越快了。最新出的智能手机虽然价格很贵，但还是受到了大家的青睐。因为智能手机不但具备普通手机的全部功能，而且像个人电脑一样，具有独立的操作系统。

과학 기술이 발전함에 따라 휴대 전화의 세대교체 속도도 점점 빨라지고 있다. 최근에 출시된 스마트폰은 비록 가격은 비싸지만 많은 사람들의 주목을 받고 있다. 왜냐하면 스마트폰은 일반 휴대 전화의 모든 기능을 다 갖고 있을 뿐만 아니라 개인용 컴퓨터처럼 독립적인 운영 시스템도 갖추고 있기 때문이다.

科学技术 kēxué jìshù 과학 기술 | **更新换代** gēngxīn huàndài 낡은 것을 새것으로 바꾸다, 갱신하다 | **青睐** qīnglài 동 호감을 느끼다, 중시하다, 주목하다 | **具备** jùbèi 동 갖추다, 구비하다 | **独立** dúlì 동 홀로 서다, 독립하다 | **操作系统** cāozuò xìtǒng 명 운영체제, 운영시스템

 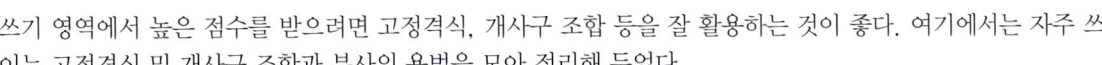

자주 쓰이는 **개사구 조합과 부사**

쓰기 영역에서 높은 점수를 받으려면 고정격식, 개사구 조합 등을 잘 활용하는 것이 좋다. 여기에서는 자주 쓰이는 고정격식 및 개사구 조합과 부사의 용법을 모아 정리해 두었다.

(1) 자주 쓰이는 고정격식 및 개사구 조합

是……的	今天的晚餐**是**姐姐准备**的**。 오늘의 저녁 식사는 언니가 준비한 것이다. 水资源**是**非常宝贵**的**，要防止污染。 수자원은 매우 귀한 것이므로 오염을 방지해야 한다.
有的……有的……	书架上的书**有的**是买的，**有的**是别人送的。 책장 위의 책 중 어떤 것은 산 것이고, 어떤 것은 다른 사람이 준 것이다. **有的**人认为金钱最重要，**有的**人认为健康最重要。 어떤 사람은 돈이 중요하다고 생각하고, 어떤 사람은 건강이 중요하다고 생각한다.
一……就……	他**一**说完，大家**就**都笑了。 그가 말을 끝내자마자 모두 다 웃었다. 她**一**有什么事儿，**就**来找我。 그녀는 무슨 일이 있으면 바로 나를 찾아온다.
离……远/近……	幸亏医院**离**我家很**近**。 다행히도 병원은 우리집에서 아주 가깝다. **离**公司不**远**有个叫"大家乐"的连锁店。 회사에서 멀지 않은 곳에 '따지아러'라는 체인점이 있다.
一边……一边……	我喜欢**一边**喝咖啡，**一边**看书。 나는 커피를 마시면서 책 읽는 것을 좋아한다. 别着急，我们**一边**吃，**一边**聊。 조급해하지 마라, 우리 먹으면서 얘기하자.
给……带来……	这件事**给**我**带来**了很多麻烦。 이 일은 나에게 많은 번거로움을 가져다 주었다. 许多人认为金钱能**给**我们**带来**幸福。 많은 사람들은 돈이 우리에게 행복을 가져다 줄 수 있다고 생각한다.
给……留下……	桂林美丽的风景**给**我**留下**了深刻的印象。 꾸이린의 아름다운 경치는 나에게 깊은 인상을 남겨 주었다. 父亲去世前**给**他**留下**了很多遗产。 부친은 돌아가시 전에 그에게 많은 유산을 남겨 주었다.

拿……来说	我们就**拿**这件事**来说**吧。 우리 그러면 이 일을 가지고 말해 보자. **拿**手机**来说**，目前智能手机广受大家的欢迎。 휴대 전화로 말하자면 현재 스마트폰이 많은 사람들의 환영을 받고 있다。
对……来说	**对**我**来说**，这可是难得的好机会。 나에게 있어서 이것은 얻기 어려운 좋은 기회이다。 学习成绩**对**他**来说**非常重要。 학습 성적은 그에게 있어서 매우 중요하다。
对……有……	有氧运动**对**身体健康很**有**好处。 유산소운동은 신체건강에 좋은 점이 많다。 孕妇的情绪**对**胎儿**有**很大的影响。 임산부의 정서는 태아에게 매우 큰 영향이 있다。
连……都……	这个问题**连**小学生**都**能回答。 이 문제는 초등학생도 대답할 수 있다。 姐姐忙得**连**饭**都**没吃就上班了。 언니는 바빠서 밥조차 먹지 않고 출근했다。
随着……的发展	**随着**科学技术**的发展**，人们的环保意识日益增强。 과학기술의 발전에 따라 사람들의 환경 보호 의식도 나날이 강화되었다。 **随着**经济**的发展**，人们的消费观念也在提高。 경제의 발전에 따라 사람들의 소비 관념도 높아지고 있다。
随着……的提高	**随着**医疗技术**的提高**，人的寿命也越来越长。 의료 기술이 향상됨에 따라 사람의 수명도 점점 길어지고 있다。 **随着**人们物质生活水平**的提高**，人们对精神文明的需求也增强了。 사람들의 물질생활 수준이 향상됨에 따라 정신 문명에 대한 수요도 강화되었다。
在……看来	**在**我**看来**，考上大学并不是唯一的出路。 내가 보기에 대학에 들어가는 것이 결코 유일한 출구는 아니다。 **在**他们**看来**，钱比生命更重要。 그들에게 있어 돈은 생명보다 더 중요하다。
在……的帮助下	**在**朋友**的帮助下**，顺利解决了问题。 친구의 도움으로 순조롭게 문제를 해결했다。 很多患者**在**医生**的帮助下**延续着生命。 많은 환자들이 의사의 도움으로 생명을 유지하고 있다。
除了……以外	现在的手机**除了**打电话**以外**，还能上网看信息。 지금의 휴대 전화는 전화를 하는 것 외에 인터넷에 접속하여 정보를 볼 수도 있다。 **除了**调节饮食**以外**，运动也是减肥的好方法。 음식을 조절하는 것 외에 운동 또한 다이어트의 좋은 방법이다。

由……组成	我们拉拉队是**由**100名韩国足球迷**组成**的。 우리 응원단은 100명의 한국 축구팬으로 구성되었다.	
	宇宙是**由**物质**组成**的。 우주는 물질에 의해 구성되었다.	
为……所……	安乐死已经**为**很多人**所**接受。 안락사는 이미 많은 사람들에 의해 받아들여졌다.	
	孔子至今**为**后人**所**崇拜。 공자는 지금까지도 후세 사람들의 숭배를 받고 있다.	
应……邀请	**应**朋友的**邀请**，我参加了他的生日晚会。 친구의 초청으로 나는 그의 생일파티에 참석했다.	
	应首尔大学的**邀请**，王教授要去参加一个座谈会。 서울대학의 초청을 받아들여 왕 교수님은 좌담회에 참가하게 됐다.	

(2) 부사의 어기와 용법

추측의 어기	大约	小李**大约**三十了吧。 샤오리는 대략 서른 살이 되었다.
	也许	打8折，他**也许**能接受。 20% 할인을 한다면 그는 아마 받아들일 수 있을 것이다.
전환의 어기	倒	房间不大，**倒**挺舒服的。 방은 크지 않은데 오히려 꽤 편안하다.
	却	他虽然学历不高，工作经验**却**很丰富。 그는 비록 학력은 높지 않지만 업무 경험은 오히려 풍부하다.
한 층 더 따지고 묻는 어기	到底	你**到底**听懂了没有？ 넌 도대체 알아들었니 못 알아들었니?
	究竟	这**究竟**是谁的错？ 이것은 도대체 누구의 잘못인가?
감사 또는 다행의 어기	多亏	**多亏**了同事的帮助，要不我一定完不成任务。 동료가 도와준 덕분이다. 그렇지 않았다면 나는 분명 임무를 완성하지 못했을 것이다.
	好在	我有空再来，**好在**离这儿不远。 시간 나면 또 올게. 다행히도 여기서 멀지 않아.
	幸亏	**幸亏**带了雨伞，否则就淋湿了。 다행히도 우산을 가져왔다. 안 그랬으면 다 젖었을 것이다.
어떤 상황에서도 결과는 변함이 없음을 강조	反正	不管你同意不同意，**反正**我要辞职了。 네가 동의하든 말든 어쨌든 나는 사직할 것이다.
		别着急，**反正**不是什么重要的事。 조급해하지 마라. 어차피 중요한 일도 아닌데 뭐.

사실과 예상한 것이 일치함을 강조	果然	天气预报说今天白天有雨，**果然**没到中午就开始下了。 일기예보에 오늘 낮에 비가 온다고 했는데 예상대로 점심도 되기 전에 비가 내리기 시작했다.
반문의 어기	何必	你**何必**为这点小事就生气呢？ 이런 작은 일로 화낼 필요가 있니?
과장의 어기	简直	这张画儿**简直**像真的一样。 이 그림은 그야말로 진짜 같아.
거의 비슷함을 강조	几乎	家务活儿**几乎**都是妈妈干。 가사일은 거의 엄마가 하신다.
	差点儿	他高兴得**差点儿**跳了起来。 그는 기뻐서 하마터면 벌떡 일어날 뻔 했다.
뜻밖의 사실을 강조	竟	没想到他**竟**是这样一个人。 그가 의외로 이런 사람일 줄은 생각도 못했다.
	竟然	没想到我**竟然**得了第一。 내가 일등할 줄은 생각지도 못했다.
	居然	大家都知道了，他**居然**还不知道。 모두가 다 알고 있는데 그가 의외로 아직 모르고 있다.
강조의 어기	可	今天他**可**把我气坏了。 오늘 그는 나를 엄청 화나게 했다.
		我**可**不是你说的那种人。 나는 절대 네가 말하는 그런 사람이 아니야.
분명함을 강조	明明	**明明**是他的错，但他不承认。 분명히 그의 잘못인데 그는 인정하지 않는다.
	分明	他**分明**是在骗我。 그는 분명히 나를 속이고 있다.
반문의 어기를 강조	难道	**难道**我还不了解他吗？ 설마 내가 아직도 그를 모르겠니?
원인을 안 후 더 이상 이상하게 여기지 않음을 강조	怪不得	他在北京住了六年，**怪不得**汉语这么好。 그는 베이징에서 6년을 살았다. 어쩐지 중국어를 참 잘하더라.
	难怪	原来是没通知你呀，**难怪**你不知道。 알고 보니 너에게 알리지 않았구나. 어쩐지 네가 모르더라.
약간의 불만을 표시	偏	妈妈让他好好学习，他**偏**不听。 엄마는 그에게 열심히 공부하라고 하시는데 그는 기어코 듣지 않는다.
	偏偏	想找你看电影，你**偏偏**不在家。 너를 찾아 함께 영화를 보고 싶었는데 네가 하필이면 집에 없었어.

실력 다지기

1~10 제시된 그림을 보고 80자 내외의 문장을 완성하시오.

1

2

3

4

5

6

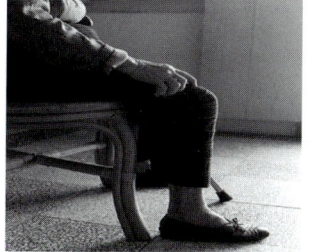

7

8

9

10

MEMO

5급 쓰기

新 HSK 쓰기 영역은
제1부분, 제2부분으로 나뉘며,
총 10문항이다.
쓰기 영역 실전 모의고사 3세트로
마지막 실력 점검을 해본다.

모의고사

- 모의고사 1
- 모의고사 2
- 모의고사 3

三、书 写

第一部分

第91~98题：完成句子。

例如：发表　　这篇文章　　什么时候　　是　　的

　　　这篇文章是什么时候发表的？

91. 很　　充分　　这个　　证据

92. 有　　风险　　很大的　　从事股票投资　　会

93. 合同　　需要　　还　　您的签字　　那份

94. 这件事　　别人的意见　　征求　　还得

95. 抽屉　　在　　车库的钥匙　　里

96. 有利于　　消除　　喝酒　　紧张情绪

97. 能力　　孩子独立解决问题的　　应该　　培养　　家长

98. 临时取消了　　航班　　飞往成都的　　被

第二部分

第99~100题：写短文。

99. 请结合下列词语（要全部使用），写一篇80字左右的短文。

    白领、贸易、竞争、升职、英语

100. 请结合这张图片写一篇80字左右的短文。

三、书 写

第一部分

第91~98题：完成句子。

例如：发表   这篇文章   什么时候   是   的

这篇文章是什么时候发表的?

91. 竞争   那两个队   很   激烈

92. 每一个机会   把握   要   善于

93. 忘了   这么重要的事   她   竟然   把   给

94. 一家大型企业   小王   被   录取了

95. 真理   在   少数人手里   总是   掌握

96. 班主任   这个消息   弄糊涂了   把

97. 考虑   他   为朋友   得   非常周到

98. 亲密   他们俩的   关系   非常   一直

第二部分

第99~100题：写短文。

99. 请结合下列词语（要全部使用），写一篇80字左右的短文。

机会、决定、需要、积极、创造

100. 请结合这张图片写一篇80字左右的短文。

三、书 写

第一部分

第91~98题：完成句子。

例如： 发表　　这篇文章　　什么时候　　是　　的

　　　 这篇文章是什么时候发表的?

91. 要　　处理　　遇到问题　　灵活

92. 开幕式　　答应　　出席　　她

93. 那些士兵的　　真让人　　佩服　　勇气

94. 风险　　一定的　　做　　心脏手术　　有

95. 本场比赛的　　他　　解说员　　担任

96. 好运　　乐观的态度　　为我们　　能　　带来

97. 好　　隔音效果　　这种玻璃　　特别

98. 交流　　促进了　　东西方文化的　　丝绸之路

第二部分

第99~100题：写短文。

99. 请结合下列词语(要全部使用)，写一篇80字左右的短文。

　　挑战、放弃、困难、梦想、自信

100. 请结合这张图片写一篇80字左右的短文。

MEMO

다락원 홈페이지 접속

新 HSK 급소공략 – 5급 쓰기

지은이 유태경, 팡훙메이, 이샤오샹
펴낸이 정규도
펴낸곳 (주)다락원

초판 1쇄 발행 2011년 9월 29일
초판 4쇄 발행 2021년 7월 5일

기획·편집 이상윤, 오혜령
디자인 박나래, 김희정

다락원 경기도 파주시 문발로 211
전화 (02)736-2031(내선 250~252/내선 430~439)
팩스 (02)732-2037
출판등록 1977년 9월 16일 제406-2008-000007호

Copyright ⓒ 2011, 유태경, 팡훙메이, 이샤오샹

저자 및 출판사의 허락 없이 이 책의 일부 또는 전부를 무단 복제·전재·발췌할 수 없습니다. 구입 후 철회는 회사 내규에 부합하는 경우에 가능하므로 구입처에 문의하시기 바랍니다. 분실·파손 등에 따른 소비자 피해에 대해서는 공정거래위원회에서 고시한 소비자 분쟁 해결 기준에 따라 보상 가능합니다. 잘못된 책은 바꿔 드립니다.

정가 15,000원 (본책+해설서)

ISBN 978-89-277-2079-9   14720
ISBN 978-89-277-2056-0(set)

http://www.darakwon.co.kr
다락원 홈페이지를 방문하시면 상세한 출판 정보와 함께 동영상 강좌, MP3 자료 등 다양한 어학 정보를 얻으실 수 있습니다.

新 HSK 급소공략 시리즈

각 분야 최고 강사들이 집필한 다락원 『新 HSK 급소공략』 시리즈는 총 9권으로 구성된 급수별, 분야별 新 HSK 수험서입니다.

新 HSK 급소공략 6급
新 HSK 6급 공략자를 위한 분야별 교재

듣기
4×6배판 | 본서+해설서+MP3 CD 1장
독해
4×6배판 | 본서+해설서
쓰기
4×6배판 | 본서+해설서

新 HSK 급소공략 5급
新 HSK 5급 공략자를 위한 분야별 교재

듣기
4×6배판 | 본서+해설서+MP3 CD 1장
독해
4×6배판 | 본서+해설서
쓰기
4×6배판 | 본서+해설서

新 HSK 급소공략 4급
新 HSK 4급 공략자를 위한 분야별 교재

듣기
4×6배판 | 본서+해설서+MP3 CD 1장
독해
4×6배판 | 본서+해설서
쓰기
4×6배판 | 본서+해설서

---

www.darakwon.co.kr

다락원 홈페이지를 방문하시면 상세한 출판 정보와 함께 동영상 강좌, MP3 자료 등 다양한 어학 정보를 얻으실 수 있습니다.

다락원 TEL.(02)736-2031 FAX.(02)732-2037

新 HSK 급소공략 5급 쓰기

新 HSK 5급 쓰기 만점을 향한 공략법 대공개!

명쾌한 유형 분석과 풍부한 실전문제, 모의고사 3회분
출제 유형에 따른 빈틈 없는 공략법을 알고, 풍부한 실전문제로 실력을 다진다!

상세한 문제 해설과 정답 찾기 요령 공개
미션을 하나하나 따라가며 숨어 있는 정답을 쏙쏙 찾아내는 안목을 기른다!

쓰기 내공 Tip으로 쓰기 기본 실력을 UP
일목요연하게 정리된 핵심 어법과 표현 및 문형으로 쓰기 내공을 탄탄히 쌓는다!

정가 15,000원

ISBN 978-89-277-2079-9
ISBN 978-89-277-2056-0(set)

新HSK
급소공략
5급 쓰기
해설서

유태경·팡홍메이·이샤오샹 저

汉办 한빤
新HSK 필수어휘
수정리스트 제공!

다락원

新HSK 급소공략 5급 쓰기

해설서

유태경, 팡홍메이, 이샤오샹 저

다락원

다락원 홈페이지 접속

新 HSK 급소공략 – 5급 쓰기 해설서

지은이 유태경, 팡홍메이, 이샤오샹
펴낸이 정규도
펴낸곳 (주)다락원

초판 1쇄 발행 2011년 9월 29일
초판 4쇄 발행 2021년 7월 5일

기획·편집 이상윤, 오혜령
디자인 박나래, 김희정

다락원 경기도 파주시 문발로 211
전화 (02)736-2031(내선 250~252/내선 430~439)
팩스 (02)732-2037
출판등록 1977년 9월 16일 제406-2008-000007호

Copyright ⓒ 2011, 유태경, 팡홍메이, 이샤오샹

저자 및 출판사의 허락 없이 이 책의 일부 또는 전부를 무단 복제·전재·발췌할 수 없습니다. 구입 후 철회는 회사 내규에 부합하는 경우에 가능하므로 구입처에 문의하시기 바랍니다. 분실·파손 등에 따른 소비자 피해에 대해서는 공정거래위원회에서 고시한 소비자 분쟁 해결 기준에 따라 보상 가능합니다. 잘못된 책은 바꿔 드립니다.

www.darakwon.co.kr
다락원 홈페이지를 방문하시면 상세한 출판 정보와 함께 동영상 강좌, MP3 자료 등 다양한 어학 정보를 얻으실 수 있습니다.

이 책의 순서

Ⅰ 제1부분 : 제시어 조합하여 문장 완성하기
2. 문장성분_주어 … 4
3. 문장성분_술어 … 7
4. 문장성분_목적어 … 10
5. 문장성분_보어 … 14
6. 수식성분_관형어 … 33
7. 수식성분_부사어 … 37
8. 특수구문_연동문 … 41
9. 특수구문_겸어문 … 44
10. 특수구문_존현문 … 48
11. 특수구문_把자문 … 51
12. 특수구문_被자문 … 54
13. 특수구문_비교문 … 57
14. 특수구문_是……的구문 … 61
15. 특수구문_접속사 … 64

Ⅱ 제2부분 : 제시어와 그림 보고 글쓰기
1. 문장의 유형 … 68
2. 제시어 사용하여 글쓰기 … 76
3. 그림 보고 글쓰기 … 92

Ⅲ 모의고사 3회
1. 모의고사 1 … 105
2. 모의고사 2 … 112
3. 모의고사 3 … 119

2013년 汉办 新HSK 5급 필수어휘 수정리스트는 해설서 126~128쪽에 있습니다.

I : 제시어 조합하여 문장 완성하기

2 문장성분_주어 p.20

> **정답**
> **1** 从事   他们   行业   服装
>
> 他们从事服装行业。

ㄱ. 함께 쓸 수 있는 어휘들을 먼저 한 묶음으로 묶는다.

   从事……行业 : '〜업종에 종사한다'라는 뜻의 술목구로 쓰인다.

ㄴ. 주술목을 찾는다.

   술어/목적어 : 동사 '从事'가 술어로, 명사 '行业'가 목적어로 쓰였다.
   주어 : 사람을 뜻하는 대사 '他们'이 주어로 쓰였다.

ㄷ. 나머지 단어의 위치를 찾는다.

   服装 : 명사 '服装'은 관형어로 쓰여 '行业'의 범위를 제한하고 있다. → 服装行业

ㄹ. 어순에 맞춰 나열한다.

   주어　　술어　　목적어
   他们　　从事　　服装行业。
   　　　　　　　　명사구

ㅁ. 정답 및 해석

   从事　他们　行业　服装　　　　종사하다　그들　업계　의류
   → 他们从事服装行业。　　　　　→ 그들은 의류 업계에 종사한다.

从事 cóngshì 동 종사하다 | **服装** fúzhuāng 명 복장, 의복 | **行业** hángyè 명 직종, 업종

> **정답**
> **2** 缺乏   你的   说服力   理由
>
> 你的理由缺乏说服力。

ㄱ. 함께 쓸 수 있는 어휘들을 먼저 한 묶음으로 묶는다.

   缺乏说服力 : '설득력이 부족하다'라는 뜻의 술목구로 쓰인다.
   你的理由 : '你的' 뒤에는 명사가 와야 하므로 '你的理由'는 한 묶음이 된다.

ㄴ. 주술목을 찾는다.

술어 : 동사인 '缺乏'가 술어로 쓰였다.

주어/목적어 : 술목구인 '缺乏说服力'에서 '说服力'가 목적어이므로 명사구 '你的理由'는 주어가 된다.

ㄷ. 어순에 맞춰 나열한다.

<u>你的理由</u>   <u>缺乏</u>   <u>说服力</u>。
　주어　　　술어　　목적어

ㄹ. 정답 및 해석

缺乏   你的   说服力   理由 　　　부족하다   너의   설득력   이유

→ **你的理由缺乏说服力。**　　　→ 너의 이유는 설득력이 부족하다.

缺乏 quēfá 동 결핍되다, 결여되다 | 说服力 shuōfúlì 명 설득력

정답

3 立即　采取　我们　措施　得

我们得立即采取措施。

ㄱ. 함께 쓸 수 있는 어휘들을 먼저 한 묶음으로 묶는다.

采取措施 : '조치를 취하다'라는 뜻의 술목구이다.

ㄴ. 주술목을 찾는다.

술어/목적어 : 술목구인 '采取措施'에서, 동사 '采取'가 술어로, 명사 '措施'가 목적어로 쓰였다.

주어 : 사람을 뜻하는 대사 '我们'이 주어로 쓰였다.

ㄷ. 나머지 단어의 위치를 찾는다.

立即/得 : '立即'는 시간부사, '得'는 조동사로 둘 다 술어 앞에 위치하여 부사어로 쓰인다. 부사와 조동사는 일반적으로 '부사+조동사'의 순으로 술어 앞에 위치하지만, 시간부사 '立即'는 의미 관계상 동사만 제한하므로 동사 '采取' 바로 앞에 위치해야 하고, 조동사 '得'는 '立即采取措施' 앞에 위치해야 한다. → 得立即采取措施

ㄹ. 어순에 맞춰 나열한다.

<u>我们</u>　<u>得</u>　<u>立即</u>　<u>采取</u>　<u>措施</u>。
주어　조동사　시간부사　술어　목적어

> **일반부사와 시간부사의 위치**
> 일반부사 : 문장 전체를 수식하므로 대개 '부사+조동사+술어'의 순으로 쓰인다. (一定要去)
> 시간부사 : 의미 관계상 동사만 제한하므로 시간부사는 동사 바로 앞에 위치해야 한다. (要马上去)

ㅁ. 정답 및 해석

立即   采取   我们   措施   得 　　즉시   취하다   우리   조치   ~해야 한다

→ **我们得立即采取措施。**　　　→ 우리는 즉시 조치를 취해야 한다.

立即 lìjí 부 곧, 즉시 | 采取 cǎiqǔ 동 (방침·수단·정책·조치·형식·태도 등을) 채택하다, 취하다 | 措施 cuòshī 명 조치, 대책

> **정답**
>
> **4** 给他　印象　北京　留下了　深刻的
>
> 北京给他留下了深刻的印象。

ㄱ. 함께 쓸 수 있는 어휘들을 먼저 한 묶음으로 묶는다.

　给……留下(了)……印象 : '〜에게 〜인상을 남기다'라는 뜻의 술목구이다.
　深刻的印象 : '深刻的' 뒤에는 명사가 와야 하므로 의미상 '深刻的印象'은 한 묶음이 되어야 한다.

ㄴ. 주술목을 찾는다.

　술어 : 동사 '留下'가 술어로 쓰였다.
　주어/목적어 : 술목구 '留下了印象'에서 '印象'이 목적어이므로, 명사 '北京'은 주어가 된다.

ㄷ. 나머지 단어의 위치를 찾는다.

　给他 : 개사구로 술어 '留下' 앞에 위치한다. → 给他留下

ㄹ. 어순에 맞춰 나열한다.

　　　주어　　　　　술어　　　목적어
　　　北京　　给他　留下了　深刻的印象。
　　　　　　개사구　　　　　명사구

ㅁ. 정답 및 해석

　给他　印象　北京　留下了　深刻的　　　그에게　인상　베이징　남기다　깊은
　→ 北京给他留下了深刻的印象。　　　　→ 베이징은 그에게 깊은 인상을 남겼다.

　印象 yìnxiàng 명 인상 | 留下 liúxià 동 남기다 | 深刻 shēnkè 형 (인상이) 깊다, (느낌이) 매우 강렬하다

> **정답**
>
> **5** 挑战　面临着　股票市场　新的
>
> 股票市场面临着新的挑战。

ㄱ. 함께 쓸 수 있는 어휘들을 먼저 한 묶음으로 묶는다.

　面临挑战 : '도전에 직면하다'라는 뜻의 술목구로 쓰인다.
　新的挑战 : '新的' 뒤에는 명사가 와야하므로 '新的挑战'은 한 묶음이 된다.

ㄴ. 주술목을 찾는다.

　술어 : '着'는 술어동사 뒤에 붙는 동태조사이므로 '面临着'가 술어로 쓰였음을 알 수 있다.
　주어/목적어 : 술목구 '面临挑战'에서 목적어는 명사 '挑战'이므로, 명사구 '股票市场'은 주어가 된다.

ㄷ. 어순에 맞춰 나열한다.

　　　주어　　　술어　　목적어
　　　股票市场　面临着　新的挑战。
　　　　　　　　　　　　명사구

ㄹ. 정답 및 해석

挑战　　面临着　　股票市场　　新的　　　　도전　직면해 있다　주식시장　새로운
→ **股票市场面临着新的挑战。**　　　　　　→ 주식시장은 새로운 도전에 직면해 있다.

挑战 tiǎozhàn 명 도전 ｜ **面临** miànlín 동 직면하다 ｜ **股票** gǔpiào 명 주식, 증권

3 문장성분_술어 p.29

> **정답**
> **1** 着　一直　保持　她　习惯　这个
> **她一直保持着这个习惯。**

ㄱ. 함께 쓸 수 있는 어휘들을 먼저 한 묶음으로 묶는다.
　保持……习惯: '습관을 유지하다'라는 뜻의 술목구로 쓰인다.
　这个习惯: '这个' 뒤에는 명사가 와야 하므로 '这个习惯'은 한 묶음이 된다.

ㄴ. 주술목을 찾는다.
　술어: 동사 '保持'가 술어로 쓰였다.
　주어/목적어: '保持'의 목적어는 '习惯'이므로 사람을 뜻하는 단어 '她'가 주어가 된다.

ㄷ. 나머지 단어의 위치를 찾는다.
　着: 동태조사로 술어동사 '保持' 뒤에 위치한다. → 保持着
　一直: 부사로 술어동사 '保持' 앞에 위치한다. → 一直保持

ㄹ. 어순에 맞춰 나열한다.

　주어　　　　　술어　　　목적어
　她　　一直　保持着　这个习惯。
　　　　부사　　　　　　명사구

ㅁ. 정답 및 해석

着　一直　保持　她　习惯　这个　　　着　줄곧　유지하다　그녀　습관　이
→ **她一直保持着这个习惯。**　　　　　　→ 그녀는 줄곧 이 습관을 유지해오고 있다.

一直 yìzhí 부 계속, 줄곧 ｜ **保持** bǎochí 동 유지하다, 지키다 ｜ **习惯** xíguàn 명 버릇, 습관

정답 2 确实　自信的　能够　人　吸引　力量

自信的力量确实能够吸引人。

ㄱ. 함께 쓸 수 있는 어휘들을 먼저 한 묶음으로 묶는다.
　吸引人: '사람을 매료시키다'라는 뜻의 술목구로 쓰인다.
　自信的力量: '自信的' 뒤에는 명사가 와야 하므로 '自信的力量'은 한 묶음이 된다.

ㄴ. 주술목을 찾는다.
　술어: '끌어당기다'라는 뜻의 동사 '吸引'이 술어로 쓰였다.
　주어/목적어: 술목구 '吸引人'에서 '人'이 목적어이므로 명사구 '自信的力量'은 주어로 쓰였음을 알 수 있다.

ㄷ. 나머지 단어의 위치를 찾는다.
　确实/能够: '确实'는 부사, '能够'는 조동사이므로 '부사+조동사'의 순으로 술어 '吸引' 앞에 위치한다. → 确实能够吸引

ㄹ. 어순에 맞춰 나열한다.

　<u>自信的力量</u>　<u>确实　能够</u>　<u>吸引</u>　<u>人</u>　。
　주어(명사구)　부사+조동사(술어)　목적어

ㅁ. 정답 및 해석

　确实　自信的　能够　人　吸引　力量
　→ **自信的力量确实能够吸引人。**

　정말　자신감의　~할 수 있다　사람　끌어당기다　힘
　→ **자신감은 정말 사람을 매료시킬 수 있다.**

确实 quèshí 분 정말로, 확실히 | **能够** nénggòu 조 ~할 수 있다 | **吸引** xīyǐn 동 끌어당기다, 매료(매혹)시키다 | **力量** lìliang 명 힘

정답 3 工作表现　突出　非常　她的

她的工作表现非常突出。

ㄱ. 함께 쓸 수 있는 어휘들을 먼저 한 묶음으로 묶는다.
　表现突出: '능력이 뛰어나다'라는 뜻의 주술구로 쓰인다.
　她的工作表现: '她的' 뒤에는 명사(구)가 와야 하므로 '她的工作表现'은 한 묶음이 된다.

ㄴ. 주술목을 찾는다.
　술어: 형용사 '突出'가 술어로 쓰였다.
　주어: 형용사는 목적어를 취할 수 없으므로 명사구 '她的工作表现'은 형용사 '突出'의 주어로 쓰였음을 알 수 있다.

ㄷ. 나머지 단어의 위치를 찾는다.
   非常 : 정도부사 '非常'은 형용사 '突出' 앞에 위치해야 한다. → 非常突出

ㄹ. 어순에 맞춰 나열한다.
   她的工作表现(주어/명사구) 非常(부사) 突出(술어)。

ㅁ. 정답 및 해석
   工作表现 突出 非常 她的   업무 능력 뛰어나다 매우 그녀의
   → 她的工作表现非常突出。   → 그녀의 업무 능력은 매우 뛰어나다.

   表现 biǎoxiàn 몡 태도, 행동, 표현 | 突出 tūchū 혱 뛰어나다, 두드러지다

정답 4 要 态度 一定 道歉的时候 诚恳
道歉的时候态度一定要诚恳。 / 道歉的时候一定要态度诚恳。

ㄱ. 주술목을 찾는다.
   술어 : 형용사 '诚恳'이 술어로 쓰였다.
   주어 : 형용사는 목적어를 취할 수 없으므로 명사 '态度'는 형용사 '诚恳'의 주어임을 알 수 있다.

ㄴ. 나머지 단어의 위치를 찾는다.
   ……的时候 : 시간을 나타내는 말로 대개 문장 맨 앞에 위치한다.
   一定/要 : '一定'은 부사, '要'는 조동사로 '부사+조동사'의 순으로 술어 '诚恳' 앞에 위치해야 한다. → 一定要诚恳
   一定要 : '态度诚恳'을 주술구조로 된 술어로 볼 수도 있다. 이때는 '一定要'가 '态度诚恳' 앞에 위치해야 한다.
        → 一定要态度诚恳

ㄷ. 어순에 맞춰 나열한다.
   道歉的时候(시간부사) 态度(주어) 一定 要(부사+조동사) 诚恳(술어)。 / 道歉的时候(시간부사) 一定 要(부사+조동사) 态度 诚恳(술어/주술구)。

ㄹ. 정답 및 해석
   要 态度 一定 道歉的时候 诚恳
   → 道歉的时候态度一定要诚恳。 / 道歉的时候一定要态度诚恳。
   ~해야 한다 태도 반드시 사과할 때 진실하다
   → 사과할 때 태도가 반드시 진실해야 한다. / 사과할 때는 반드시 태도가 진실해야 한다.

   诚恳 chéngkěn 혱 진실하다, 간절하다 | 态度 tàidu 몡 태도 | 一定 yídìng 부 반드시, 꼭 | 道歉 dàoqiàn 동 사과하다, 사죄하다

정답	**5** 实在　完美　这件　太　艺术品　了
	这件艺术品实在太完美了。

ㄱ. 함께 쓸 수 있는 어휘들을 먼저 한 묶음으로 묶는다.

太完美了: '太+형용사+了'는 '매우 ~하다'라는 뜻으로 쓰이므로 '太完美了'는 한 묶음이 된다.

这件艺术品: '这件' 뒤에는 명사가 와야 하므로 '这件艺术品'은 한 묶음이 된다.

ㄴ. 주술목을 찾는다.

술어: 일반적으로 동사나 형용사가 술어로 쓰이므로 형용사 '完美'가 술어임을 알 수 있다.

주어: 형용사는 목적어를 가질 수 없으므로 명사 '艺术品'은 '完美'의 주어임을 알 수 있다.

ㄷ. 나머지 단어의 위치를 찾는다.

实在: 부사 '实在'는 '太完美了'를 수식하므로 그 앞에 위치해야 한다. → 实在太完美了

ㄹ. 어순에 맞춰 나열한다.

　　　주어　　　　　　　　　　술어
　这件艺术品　　实在　　太完美了。
　　　　　　　　부사　　太＋형＋了

ㅁ. 정답 및 해석

实在　完美　这件　太　艺术品　了　　　정말　완벽하다　이　너무　예술품　了
→ 这件艺术品实在太完美了。　　　　　→ 이 예술품은 정말 너무 완벽하다.

实在 shízài 분 정말, 참으로 | **完美** wánměi 형 매우 훌륭하다, 흠잡을 데가 없다 | **艺术品** yìshùpǐn 명 예술품

4 문장성분_목적어 p.36

정답	**1** 我男朋友　妈妈　交往　跟　不　我　同意
	妈妈不同意我跟我男朋友交往。

ㄱ. 함께 쓸 수 있는 어휘들을 먼저 한 묶음으로 묶는다.

我跟我男朋友交往: '주어+跟+대상+交往'은 '~가 ~와 교제하다'라는 의미를 나타낸다.

ㄴ. 주술목을 찾는다.

술어: 동사 '同意'가 전체 문장의 술어로 쓰였다.

목적어 : 동사 '同意'는 주술목구를 목적어로 가질 수 있는 동사이므로, '주어+同意+목적어(주+술+목)'구조로 쓸 수 있다. 따라서 주술구인 '我跟我男朋友交往'이 '同意'의 목적어가 된다.

주어 : 사람을 뜻하는 명사 '妈妈'와 '我', '我男朋友' 중 문맥상 '同意'의 주체는 '妈妈'가 되어야 하므로 '妈妈'가 이 문장의 주어이다.

ㄷ. 나머지 단어의 위치를 찾는다.

不 : 부정부사 '不'는 술어동사 '同意' 앞에 위치한다. → 不同意

我男朋友 : '我男朋友'는 교제의 대상이므로 '跟' 뒤에 위치해야 한다. → 跟我男朋友

ㄹ. 어순에 맞춰 나열한다.

<u>妈妈</u>　<u>不同意</u>　<u>我跟我男朋友　交往</u>。
주어　　술어　　　　　　목적어
　　　　　　　　　　　　주술구

ㅁ. 정답 및 해석

我男朋友　妈妈　交往　跟　不　我　同意
→ 妈妈不同意我跟我男朋友交往。
내 남자친구　엄마　교제하다　~와　아니다　나　동의하다
→ 엄마는 내가 남자친구와 교제하는 것을 반대하신다.

交往 jiāowǎng 통 왕래하다, 교제하다 | 同意 tóngyì 통 동의하다, 찬성하다

정답 **2** 个　他　记得　是　很活泼的　小伙子　我

我记得他是个很活泼的小伙子。

ㄱ. 함께 쓸 수 있는 어휘들을 먼저 한 묶음으로 묶는다.

活泼的小伙子 : '活泼的' 뒤에는 명사가 와야 하므로 의미상 '活泼的小伙子'는 한 묶음이 된다.

ㄴ. 주술목을 찾는다.

술어 : 동사 '记得'는 주술목구를 목적어로 가질 수 있는 동사로, '주어+记得+목적어(주+술+목)'의 구조로 쓸 수 있다.

목적어 : 따라서 주술목구인 '他是个小伙子'가 '记得'의 목적어로 쓰였음을 알 수 있다.

주어 : 문맥상 '记得'의 주어는 '我'가 되어야 한다.

ㄷ. 나머지 단어의 위치를 찾는다.

个很活泼的 : 양사 '个'는 명사 '小伙子'를 수식하는 관형어로 쓰였고, 관형어의 어순은 '양사+형용사(구)'이므로 '个很活泼的小伙子'의 순으로 써야 한다. → 个很活泼的小伙子

ㄹ. 어순에 맞춰 나열한다.

<u>我</u>　<u>记得</u>　<u>他　是　个很活泼的小伙子</u>。
주어　술어　　　　　　목적어
　　　　　　　　주술목구

ㅁ. 정답 및 해석

| 个 | 他 | 记得 | 是 | 很活泼的 | 小伙子 | 我 | 그 | 기억하다 | ~이다 | 매우 활발한 | 젊은이 | 나 |

→ 我记得他是个很活泼的小伙子。　　　　　→ 나는 그가 매우 활발한 젊은이였던 것으로 기억한다.

记得 jìde 통 기억하고 있다, 잊지 않고 있다 | 活泼 huópo 형 활발하다, 활기차다 | 小伙子 xiǎohuǒzi 명 젊은이, 청년

정답

3 自己　忽然　很聪明　发现　有一天　他

有一天他忽然发现自己很聪明。

ㄱ. 주술목을 찾는다.

　술어 : 동사 '发现'은 주술목구를 목적어로 가질 수 있는 동사로 '주어+发现+목적어(주+술+목)'의 구조로 쓸 수 있다.
　목적어 : 따라서 주술구인 '自己很聪明'이 동사 '发现'의 목적어로 쓰였음을 알 수 있다.
　주어 : 문맥상 '发现'의 주어는 '他'가 되어야 하고, '聪明'의 주어는 '自己'가 적합하다.

ㄴ. 나머지 단어의 위치를 찾는다.

　有一天 : 시간명사 '有一天'은 주어 앞뒤에 모두 위치할 수 있다. → 有一天他 / 他有一天
　忽然 : 부사 '忽然'은 술어 '发现' 앞에 위치해야 한다. → 忽然发现

ㄷ. 어순에 맞춰 나열한다.

　　　　　　주어　　　　　　술어　　　목적어
　有一天　　他　　忽然　　发现　　自己　很聪明。
　시간명사　　　　부사　　　　　　　주술구

　주어　　　　　　　　　술어　　목적어
　他　　有一天　　忽然　　发现　　自己　很聪明。
　　　　시간명사　　부사　　　　　　　주술구

ㄹ. 정답 및 해석

　自己　忽然　很聪明　发现　有一天　他

→ 有一天他忽然发现自己很聪明。/ 他有一天忽然发现自己很聪明。

　자신　갑자기　매우 똑똑하다　발견하다　어느 날　그

→ 어느 날 그는 갑자기 자신이 매우 똑똑하다는 것을 발견했다. / 그는 어느 날 갑자기 자신이 매우 똑똑하다는 것을 발견했다.

忽然 hūrán 부 갑자기, 별안간 | 发现 fāxiàn 통 발견하다, 알아차리다

정답

4 把　估计　我　忘了　他　时间　肯定

我估计他肯定把时间忘了。

ㄱ. 함께 쓸 수 있는 어휘들을 먼저 한 묶음으로 묶는다.

　把时间 : 개사 '把' 뒤에는 명사가 와야 하므로 의미상 '把时间'이라고 쓰는 것이 적합하다.

ㄴ. 주술목을 찾는다.
　술어 : 동사 '估计'는 주술목구를 목적어로 갖는 동사로 주로 '주어+估计+목적어(주+술+목)'의 구조로 쓰인다.
　목적어 : 따라서 주술목구인 '他把时间忘了'가 '估计'의 목적어로 쓰였음을 알 수 있다.
　주어 : 문맥상 '估计'의 주어는 '我'가 되어야 하고, '忘了'의 주어는 '他'가 되어야 한다.

ㄷ. 나머지 단어의 위치를 찾는다.
　肯定 : 부사 '肯定'은 동사 앞에 위치하는데, 문맥상 '틀림없이 예측하다'가 아니라 '틀림없이 잊어버렸다'가 되어야 하므로 '忘了' 앞에 위치해야 한다. → 肯定忘了
　把时间 : 개사구 '把时间'은 의미상 '忘了'의 목적어가 되므로 '忘了' 앞에 위치해야 한다. → 把时间忘了

ㄹ. 어순에 맞춰 나열한다.
　　주어　술어　　　　　　목적어
　　我　估计　他　肯定　把时间　忘了。
　　　　　　　주어 + 부사어 + 의미상 목적어 + 술어

ㅁ. 정답 및 해석
　把　估计　我　忘了　他　时间　肯定　　　~을　추측하다　나　잊다　그　시간　분명
　→ **我估计他肯定把时间忘了。**　　　　　→ 내 짐작엔 그가 분명 시간을 깜박한 것 같다.

估计 gūjì 동 추측하다, 예측하다　|　**忘** wàng 동 잊다, 망각하다　|　**肯定** kěndìng 부 확실히, 틀림없이

정답

5 研究　对这个课题　还要　进行　我们

我们还要对这个课题进行研究。

ㄱ. 주술목을 찾는다.
　술어/목적어 : 동사 '进行'이 술어가 된다. '进行'은 구체적인 의미가 없는 형식동사로서 2음절 동사를 목적어로 취한다. 따라서 동사 '研究'는 '进行'의 목적어가 된다.
　주어 : 인칭대사 '我们'이 주어가 된다.

ㄴ. 나머지 단어의 위치를 찾는다.
　还要/对这个课题 : '还要'와 '对这个课题'는 '부사+조동사+개사구'의 순으로 술어 '进行' 앞에 위치해야 한다.
　　　　→ 还要对这个课题进行

ㄷ. 어순에 맞춰 나열한다.
　　주어　　　　　　　　　　술어　목적어
　　我们　还　要　对这个课题　进行　研究。
　　　　　부사 + 조동사 + 개사구

ㄹ. 정답 및 해석
　研究　对这个课题　还要　进行　我们　　　연구하다　이 프로젝트에 대해　더　진행하다　우리
　→ **我们还要对这个课题进行研究。**　　　→ 우리는 이 프로젝트에 대해서 연구를 더 해야 한다.

研究 yánjiū 동 연구하다　|　**课题** kètí 명 과제, 프로젝트　|　**进行** jìnxíng 동 진행하다

5 문장성분_보어 p.58

정답

결과보어

1 谜语　没　最后一个　猜　他　对

他没猜对最后一个谜语。／ 最后一个谜语他没猜对。

ㄱ. 함께 쓸 수 있는 어휘들을 먼저 한 묶음으로 묶는다.

　猜……谜语 : '수수께끼를 맞추다'라는 뜻의 술목구로 쓰인다.
　最后一个谜语 : 수량사 '一个' 뒤에는 명사가 와야 하므로 '最后一个谜语'는 한 묶음이 된다.
　猜对 : '猜对'는 '동사+결과보어'의 구조로, 마치 하나의 단어처럼 쓰인다.

ㄴ. 주술목을 찾는다.

　술어/목적어/주어 : 술목구 '猜……谜语'에서 동사 '猜'가 술어, 명사 '谜语'가 목적어로 쓰였으므로 사람을 뜻하는 대사 '他'는 주어가 된다.

ㄷ. 나머지 단어의 위치를 찾는다.

　没 : 부정부사 '没'는 술어 '猜' 앞에 위치한다. → 没猜
　最后一个谜语 : 목적어를 강조하기 위하여 목적어 '最后一个谜语'를 주어 앞에도 놓을 수 있다. → 最后一个谜语他

ㄹ. 어순에 맞춰 나열한다.

　주어　술어　　　　목적어　　　　　주어　　　　술어
　他　没　猜　对　最后一个谜语。／ 最后一个谜语　他　没　猜　对。
　　　부정부사 + 동사 + 결과보어　　　　　　주어 + 부정부사 + 동사 + 결과보어

ㅁ. 정답 및 해석

　谜语　没　最后一个　猜　他　对
　→ **他没猜对最后一个谜语。／ 最后一个谜语他没猜对。**
　수수께끼　~하지 못하다　마지막　맞추다　그　맞다
　→ 그는 마지막 수수께끼를 맞추지 못했다. / 마지막 수수께끼를 그는 맞추지 못했다.

谜语 míyǔ 명 수수께끼 ｜ **猜** cāi 동 추측하다, 알아맞추끼 ｜ **对** duì 형 맞다, 옳다, 정확하다

정답

결과보어

2 完　已经　我　中文小说　这本　看　了

我已经看完了这本中文小说。／ 这本中文小说我已经看完了。

ㄱ. 함께 쓸 수 있는 어휘들을 먼저 한 묶음으로 묶는다.

　这本中文小说 : '这本' 뒤에는 명사가 와야 하므로 '这本中文小说'는 한 묶음이 된다.
　看完 : '看完'은 '동사+결과보어'의 구조로, 마치 하나의 단어처럼 쓰인다.

ㄴ. 주술목을 찾는다.

　술어 : 동사 '看完'이 술어로 쓰였다.
　목적어 : '看完'의 목적어는 명사구 '这本中文小说'이다.
　주어 : 사람을 뜻하는 대사 '我'가 주어로 쓰였다.

ㄷ. 나머지 단어의 위치를 찾는다.

　已经 : 부사 '已经'은 술어 '看完' 앞에 위치해야 한다. → 已经看完
　了 : 동태조사 '了'는 술어 '看完' 뒤에 위치해야 한다. → 看完了
　这本中文小说 : 목적어인 '这本中文小说'를 강조하기 위해 주어 앞에 쓸 수도 있다. → 这本中文小说我

ㄹ. 어순에 맞춰 나열한다.

　주어　　　술어　　　목적어　　　　　　　주어　　　술어
　我　已经　看　完了　这本中文小说。 / 这本中文小说　我　已经　看　完了。
　　　부사　동사 + 결과보어　명사구　　　　　　　　　주어 + 부사 + 동사 + 결과보어

ㅁ. 정답 및 해석

　完　已经　我　中文小说　这本　看　了
　→ **我已经看完了这本中文小说。/ 这本中文小说我已经看完了。**
　마치다　이미　나　중국소설　이　읽다　了
　→ 나는 이미 이 중국소설을 다 읽었다. / 이 중국소설을 나는 이미 다 읽었다.

정답

3 碎　玻璃　不小心　他　把　摔　了　　　　결과보어

他不小心把玻璃摔碎了。

ㄱ. 함께 쓸 수 있는 어휘들을 먼저 한 묶음으로 묶는다.

　把玻璃 : 개사 '把' 뒤에는 명사가 와야 하므로 '把玻璃'는 한 묶음이 된다.
　摔碎 : '摔碎'는 '동사+결과보어'의 구조로, 마치 하나의 단어처럼 쓰인다.

ㄴ. 주술목을 찾는다.

　주어/술어 : 동사 '摔碎'가 술어로 쓰였고, 사람을 뜻하는 대사 '他'는 주어로 쓰였다.

ㄷ. 나머지 단어의 위치를 찾는다.

　了 : 동태조사 '了'는 술어 '摔碎' 뒤에 위치한다. → 摔碎了
　把玻璃 : 개사구 '把玻璃'는 술어 '摔碎' 앞에 위치한다. → 把玻璃摔碎
　不小心 : '不小心'은 주어를 묘사하는 부사어로 쓰이며 주로 술어 앞에 위치한다. 술어 앞에 개사구가 있을 때는 일반적으로 개사구 앞에 위치한다. → 不小心把玻璃

ㄹ. 어순에 맞춰 나열한다.

　주어　부사어　　의미상 목적어　　술어
　他　不小心　　把玻璃　　摔　碎了。
　　　주어 묘사　　개사구　　동사 + 결과보어

ㅁ. 정답 및 해석

碎　玻璃　不小心　他　把　摔　了　　　　　깨지다　유리　실수로　그　~을　떨어져 부서지다　了
→ **他不小心把玻璃摔碎了。**　　　　　　　→ 그는 실수로 유리를 떨어뜨려 깨뜨렸다.

碎 suì 통 부서지다, 깨지다 | 玻璃 bōli 명 유리 | 不小心 bùxiǎoxīn 부주의하다, 실수하다 | 摔 shuāi 통 떨어져 부서지다(깨지다)

> 결과보어

정답　**4** 遗　数据　文章　漏　了　重要的
　　　　文章遗漏了重要的数据。

ㄱ. 함께 쓸 수 있는 어휘들을 먼저 한 묶음으로 묶는다.
　　重要的数据: '重要的' 뒤에는 명사 '数据'와 '文章' 중 의미상 '数据'가 오는 것이 적합하다.
　　遗漏: '遗漏'는 '동사+결과보어'의 구조로, 마치 하나의 단어처럼 쓰인다.

ㄴ. 주술목을 찾는다.
　　술어: 동사 '遗漏'가 술어로 쓰였다.
　　주어/목적어: 문맥상 '遗漏'의 목적어는 명사구 '重要的数据'가 되고 주어는 명사 '文章'이 되어야 한다.

ㄷ. 나머지 단어의 위치를 찾는다.
　　了: 동태조사 '了'는 술어 '遗漏' 뒤에 위치해야 한다. → 遗漏了

ㄹ. 어순에 맞춰 나열한다.
　　　주어　　　술어　　　　목적어
　　　文章　　遗　漏 了　　重要的数据。
　　　　　　동사 + 결과보어　　명사구

ㅁ. 정답 및 해석

遗　数据　文章　漏　了　重要的　　　잃다　데이터　문장　누락되다　了　중요한
→ **文章遗漏了重要的数据。**　　　　→ 중요한 데이터가 문장에서 누락되었다.

遗 yí 통 잃다, 분실하다 | 数据 shùjù 명 데이터, 통계 수치 | 漏 lòu 통 누락되다, 새다

> 결과보어

정답　**5** 替你　好　她　我　照顾　一定会
　　　　我一定会替你照顾好她。

ㄱ. 주술목을 찾는다.
　　술어: 동사 '照顾'가 술어로 쓰였다.
　　주어/목적어: 인칭대사 '我'와 '她'는 '照顾'의 주어와 목적어로 쓰일 수 있지만, 문맥상 주어는 '我', 목적어는 '她'가 되는 것이 자연스럽다.

ㄴ. 나머지 단어의 위치를 찾는다.

　替你: '替你'는 개사구(개사+명사)이므로 술어 앞에 위치해야 한다. → 替你照顾
　一定会: '부사+조동사'의 조합인 '一定会'도 술어 '照顾' 앞에 위치해야 한다. → 一定会照顾
　好: 형용사 '好'는 동사 '照顾'의 결과보어이므로 '照顾' 뒤에 위치해야 한다. → 照顾好

ㄷ. 어순에 맞춰 나열한다.

　　주어　　　　　　　　　　술어　　　　　목적어
　　我　　一定　会　　替你　　照顾　好　　她 。
　　　　　부사 + 조동사　　개사구　　동사 + 결과보어

ㄹ. 정답 및 해석

　替你　好　她　我　照顾　一定会　　　너 대신　잘　그녀　나　돌보다　반드시 ~할 것이다
　→ 我一定会替你照顾好她。　　　　**→ 내가 꼭 너 대신 그녀를 잘 돌볼게.**

　替 tì 〈개〉 ~대신, ~을 위하여 | 照顾 zhàogù 〈동〉 보살피다, 돌보다 | 一定 yídìng 〈부〉 반드시, 꼭

정답　　　　　　　　　　　　　　　　　　　　　　　　　　　　정도보어
　　6 紧张得　心　了　跳出来　我　都要
　　───────────────────────────────
　　我紧张得心都要跳出来了。

ㄱ. 함께 쓸 수 있는 어휘들을 먼저 한 묶음으로 묶는다.

　心跳: '심장이 뛰다'라는 뜻으로 함께 묶을 수 있다.

ㄴ. 주술목을 찾는다.

　술어: '得'는 술어와 정도보어를 연결하는 구조조사이므로 형용사 '紧张'이 술어로 쓰였음을 알 수 있다.
　주어: 술어 '紧张'의 주어는 대사 '我'이다.
　보어: 동사구 '跳出来'의 주어는 '心'이며 '心跳出来'는 '紧张'의 정도 혹은 상태를 설명하는 보어로, '紧张得' 뒤에 위치해야 한다.

ㄷ. 나머지 단어의 위치를 찾는다.

　都要: 부사와 조동사이므로 동사 '跳出来' 앞에 위치해야 한다. → 都要跳出来
　了: 동태조사이므로 동사 '跳出来' 뒤에 위치해야 한다. → 跳出来了

ㄹ. 어순에 맞춰 나열한다.

　　주어　　술어　　　　정도보어
　　我　　紧张得　　心　　都要跳出来了。
　　　　　　　　　　　주술구

ㅁ. 정답 및 해석

　紧张得　心　了　跳出来　我　都要　　　긴장해서　심장　了　터지다　나　~하려고 하다
　→ 我紧张得心都要跳出来了。　　　　**→ 나는 긴장해서 심장이 터질 것 같다.**

紧张 jǐnzhāng 〈형〉 (정신적으로) 긴장해 있다, 불안하다 | 跳 〈동〉 뛰다, (심장이) 두근거리다

> **정답**
>
> **7** 胳膊　不起来　我的　抬　疼得 ———————————— 정도보어
>
> 我的胳膊疼得抬不起来。

ㄱ. 함께 쓸 수 있는 어휘들을 먼저 한 묶음으로 묶는다.
　　我的胳膊 : '我的' 뒤에는 명사가 와야 하므로 '我的胳膊'는 한 묶음이 된다.
　　抬不起来 : 동사 '抬'는 '不起来'와 결합하여 가능보어 형태로 쓰인다.

ㄴ. 주술목을 찾는다.
　　술어 : '得'는 술어와 정도보어를 연결하는 구조조사이므로 형용사 '疼'이 술어로 쓰였음을 알 수 있다.
　　주어 : 명사구 '我的胳膊'가 주어로 쓰였다.
　　보어 : 동사 '抬不起来'는 아픈 정도를 설명하는 보어로, '疼得' 뒤에 위치한다.

ㄷ. 어순에 맞춰 나열한다.
　　　주어　　　술어　　　정도보어
　　我的胳膊　疼得　抬不起来。
　　　명사구

ㄹ. 정답 및 해석
　胳膊　不起来　我的　抬　疼得　　　　팔　들지 못하다　나의　들다　아파서
　→ 我的胳膊疼得抬不起来。　　　　　　→ 나는 팔이 아파서 들 수가 없다.

　胳膊 gēbo 명 팔 ｜ 抬 tái 동 들어올리다, 들다 ｜ 疼 téng 형 아프다

> **정답**
>
> **8** 得　好　不知道　激动　他　说什么 ———————————— 정도보어
>
> 他激动得不知道说什么好。

ㄱ. 함께 쓸 수 있는 어휘들을 먼저 한 묶음으로 묶는다.
　　不知道说什么好 : '무슨 말을 해야 좋을지 모르겠다'라는 뜻의 상용구이다.

ㄴ. 주술목을 찾는다.
　　술어 : '得'는 술어와 정도보어를 연결하는 구조조사이므로 형용사 '激动'이 술어로 쓰였음을 알 수 있다.
　　주어 : 사람을 뜻하는 대사 '他'가 '激动'의 주어로 쓰였다.
　　보어 : '不知道说什么好'는 감격한 정도를 설명하고 있으므로, '激动得' 뒤에 위치한다.

ㄷ. 어순에 맞춰 나열한다.
　　주어　　술어　　　　정도보어
　　他　　激动得　不知道说　什么好。
　　　　　　　　　　　술목구

ㄹ. 정답 및 해석

得　好　不知道　激动　他　说什么　　　得　좋다　모르다　감격하다　그　무슨 말
→ **他激动得不知道说什么好。**　　　　→ 그는 감격해서 무슨 말을 해야 좋을지 몰랐다.

激动 jīdòng 동 감격하다, 흥분하다

정답보어

정답　**9** 把　我们　估计得　容易了　太　这次考试

我们把这次考试估计得太容易了。

ㄱ. 함께 쓸 수 있는 어휘들을 먼저 한 묶음으로 묶는다.
　把这次考试 : '把' 뒤에는 명사가 와야 하므로 '把这次考试'는 한 묶음이 된다.
　太容易了 : '太'는 형용사를 수식하므로 '太容易了'는 한 묶음이 된다.

ㄴ. 주술목을 찾는다.
　술어 : '得'는 술어와 정도보어를 연결하는 구조조사이므로 동사 '估计'가 술어로 쓰였음을 알 수 있다.
　주어 : 사람을 뜻하는 대사 '我们'이 '估计'의 주어이다.
　보어 : '太容易了'는 '估计得' 뒤에 위치하여 정도나 상태를 설명하는 보어로 쓰였다.

ㄷ. 나머지 단어의 위치를 찾는다.
　把这次考试 : 개사구이므로 술어 '估计' 앞에 위치한다. → 把这次考试估计得

ㄹ. 어순에 맞춰 나열한다.

　　주어　　의미상 목적어　　술어　　정도보어
　　我们　　把这次考试　　估计得　　太容易了。
　　　　　　　개사구　　　　　　　　太 + 형 + 了

ㅁ. 정답 및 해석

把　我们　估计得　容易了　太　这次考试　　　~를　우리　예측하다　쉽다　매우　이번 시험
→ **我们把这次考试估计得太容易了。**　　　→ 우리는 이번 시험을 매우 쉬울 것이라고 예측했다.

容易 róngyì 형 쉽다, 용이하다 | 考试 kǎoshì 동 시험을 치다 명 시험

정도보어

정답　**10** 数不清　欢庆和娱乐的　现代　方式　多得

现代欢庆和娱乐的方式多得数不清。

ㄱ. 함께 쓸 수 있는 어휘들을 먼저 한 묶음으로 묶는다.
　欢庆和娱乐的方式 : '欢庆和娱乐的' 뒤에는 명사가 와야 하므로 '欢庆和娱乐的方式'는 한 묶음으로 묶을 수 있다.
　多得数不清 : '셀 수 없을 정도로 많다'라는 뜻의 상용구이다.

ㄴ. 주술목을 찾는다.
　술어 : '得'는 술어와 정도보어를 연결하는 구조조사이므로 형용사 '多'가 술어로 쓰였음을 알 수 있다.
　주어 : 명사구 '欢庆和娱乐的方式'가 주어로 쓰였다.
　보어 : 동사 '数不清'은 술어 '多得' 뒤에 위치하여 많은 정도를 설명하는 보어로 쓰였다.

ㄷ. 나머지 단어의 위치를 찾는다.
　现代 : '现代'는 '欢庆和娱乐的方式'를 수식하는 관형어로 쓰였으므로 '欢庆和娱乐的方式' 앞에 위치해야 한다.
　　　→ 现代欢庆和娱乐的方式

ㄹ. 어순에 맞춰 나열한다.
　　관형어　　　주어　　　　　술어　　정도보어
　　现代　欢庆和娱乐的方式　多得　数不清。
　　　　　　　명사구

ㅁ. 정답 및 해석
　数不清　欢庆和娱乐的　现代　方式　多得
　→ **现代欢庆和娱乐的方式多得数不清。**
　셀 수 없다　축하와 오락의　현대적인　방식　많다
　→ **현대적인 축하와 오락의 방식은 셀 수 없을 정도로 많다.**

数不清 shǔbuqīng 동 정확하게 셀 수 없다 | **欢庆** huānqìng 동 경축하다 | **娱乐** yúlè 명 엔터테인먼트, 오락

방향보어

정답　11 了　带　一部　来　照相机　他
他带了一部照相机来。/ 他带来了一部照相机。

ㄱ. 함께 쓸 수 있는 어휘들을 먼저 한 묶음으로 묶는다.
　带来 : '带来'는 '동사+방향보어' 구조로 구성된 하나의 단어처럼 쓰인다.
　一部照相机 : '部'는 카메라를 세는 양사이므로 '一部照相机'는 한 묶음이 된다.

ㄴ. 주술목을 찾는다.
　술어 : 동사 '带来'가 술어로 쓰였다.
　주어 : 사람을 뜻하는 대사 '他'가 주어로 쓰였다.
　목적어 : '他'가 주어로 쓰였으므로 명사 '照相机'는 동사 '带来'의 목적어가 된다. 목적어가 휴대할 수 있는 일반 사물일 경우 그 목적어는 '带来' 뒤에도 위치할 수 있고, '带'와 '来' 사이에도 위치할 수 있다.

ㄷ. 나머지 단어의 위치를 찾는다.
　了 : ⓐ 방향보어 '来'가 목적어 뒤에 위치할 때 '了'는 동사 '带' 뒤에 위치한다. → 带了一部照相机来
　　　　ⓑ 방향보어 '来'가 목적어 앞에 위치할 때 '了'는 '带来' 뒤에 위치한다. → 带来了一部照相机

ㄹ. 어순에 맞춰 나열한다.

　　주어　　술어　　　목적어　　방향보어　　주어　술어　방향보어　　목적어
　　他　　带了　一部照相机　　来。　/　他　　带　　来了　　一部照相机。

ㅁ. 정답 및 해석

　　了　带　一部　来　照相机　他　　　　　　了　지니다　한 대　오다　카메라　그
　→ **他带了一部照相机来。/ 他带来了一部照相机。**　　→ 그는 카메라 한 대를 가져 왔다.

带 dài 통 (몸에) 지니다, 휴대하다　|　照相机 zhàoxiàngjī 명 사진기, 카메라

정답

　　　　　　　　　　　　　　　　　　　　　　　　　　　　　　　방향보어
12 来　明年　这里　打算　我和妻子　回

我和妻子打算明年回这里来 。

ㄱ. 함께 쓸 수 있는 어휘들을 먼저 한 묶음으로 묶는다.
　　回来 : '回来'는 '돌아오다'라는 뜻의 술보구조로 하나의 단어처럼 쓰인다.

ㄴ. 주술목을 찾는다.
　　술어/목적어 : 동사 '打算'은 술목구를 목적어로 갖는 동사이므로 동사 '回来'는 술어 '打算'의 목적어가 된다.
　　주어 : 사람을 뜻하는 명사구 '我和妻子'가 '打算'의 주어가 된다.

ㄷ. 나머지 단어의 위치를 찾는다.
　　这里 : 장소명사 '这里'는 '回来'의 목적어로 쓰였다. 목적어가 장소일 때 그 목적어는 동사와 방향보어 사이에 위치해야 한다.
　　　　→ 回这里来
　　明年 : 시간명사 '明年'은 '打算'의 앞뒤에 모두 위치할 수 있다. → 打算明年 / 明年打算

ㄹ. 어순에 맞춰 나열한다.

　　　주어　　술어　　　　　목적어　　　　　　　　　주어　　　　　술어　　　　목적어
　　我和妻子　打算　明年　回　这里　来。　/　我和妻子　明年　　打算　　回　这里　来。
　　　　　　　　　시간명사　동사 + 장소 + 방향보어　　　　　시간명사　　　동사 + 장소 + 방향보어

ㅁ. 정답 및 해석

　　来　明年　这里　打算　我和妻子　回
　→ **我和妻子打算明年回这里来。/**
　　我和妻子明年打算回这里来。
　　오다　내년　이곳　~할 계획이다　나와 아내　되돌아오다
　→ 나와 아내는 내년에 이곳으로 돌아올 계획이다.

> **시간사의 위치에 따른 차이점**
> 你明年打算做什么? 너 내년에 뭐 할 계획이니?
> 我明年打算回这里来。 나 내년에 여기로 돌아올 거야.
> 你打算什么时候回来? 너 언제 여기에 돌아올 계획이니?
> 我打算明年回这里来。 나 내년에 여기로 돌아올 거야.

打算 dǎsuan 통 ~할 생각이다, ~하려고 계획하다　|　妻子 qīzi 명 아내

> 방향보어
>
> **정답**
>
> **13** 认出　马上　来　我　就　他　了
>
> 我马上就认出他来了。

ㄱ. 함께 쓸 수 있는 어휘들을 먼저 한 묶음으로 묶는다.

　认出来 : '알아보다'라는 뜻의 술보구조로, 하나의 단어처럼 쓰인다.

ㄴ. 주술목을 찾는다.

　술어 : 동사 '认出'가 술어로 쓰였다.
　주어/목적어 : 사람을 뜻하는 대사 '我'와 '他' 중 의미상 '我'를 주어로, 대사 '他'를 목적어로 쓰는 것이 자연스럽다.

ㄷ. 나머지 단어의 위치를 찾는다.

　了 : 동태조사 '了'는 문장 끝에 위치한다.
　就 : '就'는 시간이 빠름을 강조하는 부사로, 대개 '马上就'의 순으로 술어 앞에 위치한다. → 马上就认出
　他 : 목적어가 일반 사물이 아닐 경우 목적어는 동사와 방향보어 사이에 위치해야 한다. → 认出他来

ㄹ. 어순에 맞춰 나열한다.

　　주어　　부사　　　술어　　목적어　　방향보어
　　我　　马上就　　认出　　他　　　　来了。
　　　　　부사

ㅁ. 정답 및 해석

　认出　马上　来　我　就　他　了　　　알아보다　곧　나　래　즉시　그　了
　→ 我马上就认出他来了。　　　　　→ 나는 바로 그를 알아보았다.

认出 rènchū 통 알아보다 ｜ **马上** mǎshàng 부 곧, 즉시

> 방향보어
>
> **정답**
>
> **14** 有意思　听来　故事　这个　很
>
> 这个故事听来很有意思。/ 听来这个故事很有意思。

ㄱ. 함께 쓸 수 있는 어휘들을 먼저 한 묶음으로 묶는다.

　这个故事 : '这个' 뒤에는 명사가 와야 하므로 '故事'와 한 묶음이 된다.

ㄴ. 주술목을 찾는다.

　술어 : 형용사 '有意思'가 술어로 쓰였다.
　목적어/주어 : 형용사가 술어로 쓰였으므로 목적어는 없다. 따라서 명사구 '这个故事'는 '有意思'의 주어가 된다.

ㄷ. 나머지 단어의 위치를 찾는다.

　听来 : '동사+방향보어' 구조인 '听来'는 화자의 추정이나 느낌을 나타내는 말로, 부사어로 쓰여 주어 앞뒤에 모두 위치할 수 있다. → 这个故事听来 / 听来这个故事
　很 : 정도부사 '很'은 형용사 '有意思' 앞에 위치한다. → 很有意思

ㄹ. 어순에 맞춰 나열한다.

　　주어　　　부사어　　　술어　　　　　부사어　　　주어　　　술어
　这个故事　　听来　　很有意思。　/　听来　　这个故事　　很有意思。
　　　　　　술어+방향보어　　　　　　　술어+방향보어

ㅁ. 정답 및 해석

　有意思　听来　故事　这个　很
　→ 这个故事听来很有意思。/ 听来这个故事很有意思。

　재미있다　듣자니　이야기　이　매우
　→ 이 이야기는 듣자니 매우 재미있다. / 듣자니 이 이야기는 매우 재미있다.

有意思 yǒuyìsi 혱 재미있다, 흥미 있다 | 故事 gùshi 몡 이야기, 줄거리 | 听来 tīnglái 듣기에 ~하다, 들어보니 ~하다

> 방향보어
>
> 정답　**15** 来　没完没了　话　妈妈　说起
>
> 妈妈说起话来没完没了。

ㄱ. 함께 쓸 수 있는 어휘들을 먼저 한 묶음으로 묶는다.

　说起话来 : '说起话来'는 '말을 하기 시작하면'이라는 뜻으로 함께 묶을 수 있다. 이때 목적어가 장소나 일반 사물이 아니므로 목적어 '话'는 '起'와 '来' 사이에 위치한다.

ㄴ. 주술목을 찾는다.

　술어 : 동사 '说起话来'와 '没完没了'를 의미 관계에 따라 배열하면 '말을 하기 시작하면 한도 끝도 없다'라는 문장을 만들 수 있다. 따라서 '说起话来没完没了'의 순으로 써야 한다.

　주어 : 사람을 나타내는 명사 '妈妈'가 주어로 쓰였다.

ㄷ. 어순에 맞춰 나열한다.

　　주어　　　　　　　　　　　　　　술어
　妈妈　　说　起　话　来　　没完没了。
　　　　술어 + 방향보어 + 목적어 + 방향보어

ㄹ. 정답 및 해석

　来　没完没了　话　妈妈　说起　　　　오다　끝이 없다　말　엄마　말하기 시작하다
　→ 妈妈说起话来没完没了。　　　　　　→ 엄마는 말씀을 하기 시작하면 한도 끝도 없다.

没完没了 méiwán méiliǎo 성 (말이나 일이) 한도 끝도 없다

> 가능보어
>
> 정답　**16** 实在　态度　看不惯　这种　我　傲慢的
>
> 我实在看不惯这种傲慢的态度。/ 这种傲慢的态度，我实在看不惯。

I-5. 문장성분_보어

ㄱ. 함께 쓸 수 있는 어휘들을 먼저 한 묶음으로 묶는다.

　傲慢的态度 : '傲慢的' 뒤에는 명사가 와야 하므로 '傲慢的态度'는 한 묶음이 된다.
　这种傲慢的态度 : '这种' 뒤에는 명사(구)가 와야 하므로 '这种傲慢的态度'는 한 묶음이 된다.

ㄴ. 주술목을 찾는다.

　술어 : 동사 '看不惯'이 술어로 쓰였다.
　주어/목적어 : 사람을 뜻하는 대사는 일반적으로 주어로 쓰이므로 '我'가 주어, 명사구 '这种傲慢的态度'가 목적어로 쓰였다. 목적어를 강조하거나 목적어가 길 경우, 목적어를 주어 앞에 놓기도 한다.

ㄷ. 나머지 단어의 위치를 찾는다.

　实在 : 부사 '实在'는 술어 '看不惯' 앞에 위치해야 한다. → 实在看不惯

ㄹ. 어순에 맞춰 나열한다.

　　주어　　　　　술어　　　　목적어　　　　　　　　　주어　　　　　　술어
　　我　实在　看不惯　这种傲慢的态度。 / 这种傲慢的态度，我　实在　看不惯。
　　　　부사　동사 + 가능보어　명사구　　　　　　　　　　　주어 + 부사 + 동사 + 가능보어

ㅁ. 정답 및 해석

　　实在　态度　看不惯　这种　我　傲慢的
　　→ 我实在看不惯这种傲慢的态度。 / 这种傲慢的态度，我实在看不惯。

　　정말　태도　눈에 거슬리다　이런　나　오만한
　　→ 나는 정말 이런 오만한 태도를 못 봐주겠다. / 이런 오만한 태도를 나는 정말 못 봐주겠다.

　实在 shízài 🖺 확실히, 정말, 사실상 ｜ **看不惯** kànbúguàn 🖺 눈에 거슬리다, 마음에 들지 않다 ｜ **傲慢** àomàn 🖺 거만하다, 오만하다

> 　　　　　　　　　　　　　　　　　　　　　　　　　　　가능보어
> 정답　**17** 血迹　洗也　洗不掉　衣服上的　怎么
> 　　　衣服上的血迹怎么洗也洗不掉。

ㄱ. 함께 쓸 수 있는 어휘들을 먼저 한 묶음으로 묶는다.

　衣服上的血迹 : '衣服上的' 뒤에는 명사가 와야 하므로 '衣服上的血迹'는 한 묶음이 된다.
　怎么洗也洗不掉 : '주어+怎么+(동사)+也+不/没+동사'는 '~가 아무리 ~해도 ~하지 않는다'라는 뜻의 고정격식으로 쓰이므로 '怎么洗也洗不掉'는 한 묶음이 된다.

ㄴ. 주술목을 찾는다.

　주어/술어 : 동사 '洗'가 술어이고 명사구 '衣服上的血迹'가 주어로 쓰였다. '洗不掉'와 '衣服上的血迹'를 '주어+怎么+(동사)+也+不/没+동사' 구조에 넣으면 '衣服上的血迹怎么洗也洗不掉'라는 문장을 완성할 수 있다.

ㄷ. 어순에 맞춰 나열한다.

　　　주어　　　　　　　　　　　　　　술어
　　衣服上的血迹　怎么　洗　也　洗不掉。
　　　명사구　　　　동사　　동사　동사 + 가능보어

ㄹ. 정답 및 해석

| 血迹 | 洗也 | 洗不掉 | 衣服上的 | 怎么 | | 핏자국 | 씻어도 | 씻기지 않다 | 옷의 | 어떻게 |

→ 衣服上的血迹怎么洗也洗不掉。　　→ 옷의 핏자국은 아무리 씻어도 씻어지지 않는다.

血迹 xuèjì 圄 핏자국, 혈흔

정답

18 舍不得　真　中国　离开　我　有点儿　　*가능보어*

我真有点儿舍不得离开中国。

ㄱ. 함께 쓸 수 있는 어휘들을 먼저 한 묶음으로 묶는다.

　离开中国 : '离开'는 뒤에 장소나 사람이 와야 하므로 '离开中国'는 한 묶음으로 묶을 수 있다.

ㄴ. 주술목을 찾는다.

　술어/목적어 : 술어 '舍不得'는 동사를 목적어로 갖는 동사이므로 동사 '离开'는 '舍不得'의 목적어가 된다.
　주어 : 사람을 뜻하는 대사 '我'가 주어로 쓰였다.

ㄷ. 나머지 단어의 위치를 찾는다.

　真/有点儿 : 부사 '真'과 '有点儿'은 '정말 좀 ~하다'라는 뜻으로 '真有点儿'의 순으로 술어 '舍不得' 앞에 위치한다.
　　　　　　→ 真有点儿舍不得

ㄹ. 어순에 맞춰 나열한다.

　　주어　　　　　술어　　　　목적어
　　我　　真有点儿　舍不得　　离开　中国。
　　　　　부사　　동사 + 가능보어　　술목구

ㅁ. 정답 및 해석

| 舍不得 | 真 | 中国 | 离开 | 我 | 有点儿 | | 아쉽다 | 정말 | 중국 | 떠나다 | 나 | 좀 |

→ 我真有点儿舍不得离开中国。　　→ 나는 중국을 떠나기가 정말 좀 아쉽다.

舍不得 shěbude 图 ~하기 아쉬워하다, ~하기 아까워하다 | 离开 líkāi 图 떠나다, 벗어나다

정답

19 解决不了　盲目修路　堵车问题　　*가능보어*

盲目修路解决不了堵车问题。

ㄱ. 함께 쓸 수 있는 어휘들을 먼저 한 묶음으로 묶는다.

　解决不了堵车问题 : '解决……问题'는 '~문제를 해결하다'라는 뜻의 술목구로 쓰이므로 '解决不了堵车问题'는 한 묶음이 된다.

ㄴ. 주술목을 찾는다.

주어/술어/목적어 : 이 문장은 '解决不了堵车问题'와 '盲目修路'라는 두 개의 술목구로 구성된 문장이다. 이 두 술목구를 의미 관계에 따라 배열하면 '맹목적으로 길을 넓히는 것은 교통체증 해결에 도움이 되지 않는다'라는 문장을 완성할 수 있다. 따라서 '盲目修路'가 주어, '解决不了'가 술어, '堵车问题'가 목적어가 된다.

ㄷ. 어순에 맞춰 나열한다.

<u>주어</u> <u>술어</u> <u>목적어</u>
盲目修路 解决不了 堵车问题。
<u>술목구</u> <u>동사 + 가능보어</u>

ㄹ. 정답 및 해석

解决不了 盲目修路 堵车问题   해결할 수 없다   맹목적으로 길을 닦다   교통체증 문제
→ **盲目修路解决不了堵车问题。**   → 맹목적으로 길을 넓히면 교통체증을 해결할 수 없다.

解决 jiějué 동 해결하다, 풀다, 제거하다 | **盲目** mángmù 형 맹목적인, 무작정 | **修路** xiūlù 동 도로를 닦다, 도로를 정비하다 | **堵车** dǔchē 동 교통이 체증되다, 교통이 막히다

정답

20 了   赶不上   现在去   火车   也   *가능보어*

现在去也赶不上火车了。

ㄱ. 함께 쓸 수 있는 어휘들을 먼저 한 묶음으로 묶는다.

赶不上火车 : '기차 시간에 늦다(기차를 탈 수 없다)'라는 뜻의 술목구로 쓰인다.

ㄴ. 주술목을 찾는다.

주어/술어 : 이 문장은 '现在去'와 '赶不上'이라는 두 개의 동사구로 구성된 복문이다. 이 두 동사를 의미 관계에 따라 배열하면 '지금 가도 기차를 탈 수 없다'라는 뜻의 가정관계를 나타내는 복문을 만들 수 있으므로, '现在去'는 가정절에, '赶不上'은 결과절에 위치해야 한다.

목적어 : 명사 '火车'가 목적어가 된다.

ㄷ. 나머지 단어의 위치를 찾는다.

也 : 부사 '也'는 '~하더라도, 하여도'라는 뜻으로 가정관계를 나타내는 복문에서 두 번째 문장의 동사 앞에 위치한다. (동사1 +也+동사2) → 去也赶不上

了 : '了'는 어기조사로 문장 끝에 위치해야 한다.

ㄹ. 어순에 맞춰 나열한다.

<u>술어1</u>   <u>술어2</u>   <u>목적어</u>
现在去   也   赶不上   火车了。
<u>가정절</u>   <u>결과절</u>

ㅁ. 정답 및 해석

了 赶不上 现在去 火车 也 了   대지 못하다   지금 가다   기차   ~해도
→ **现在去也赶不上火车了。**   → 지금 가도 기차를 탈 수 없다.

赶不上 gǎnbúshàng 동 (시간이 부족하여) ~할 시간이 없다, (정해진 시간에) 대지 못하다, 늦다

정답 **21** 了　等　已经　我们　你　一个小时　了　　　　　　　　　시량보어

我们已经等了你一个小时了。

ㄱ. 주술목을 찾는다.
　　술어 : 동사 '等'이 술어로 쓰였다.
　　주어/목적어 : 대사 '我们'과 '你' 중 의미상 주어는 '我们', 목적어는 '你'가 적합하다. 목적어가 사람일 때 목적어 '你'는 술어
　　　　　　　　 '等'과 시량보어 '一个小时' 사이에 위치한다.

ㄴ. 나머지 단어의 위치를 찾는다.
　　已经 : 부사 '已经'은 동사 '等' 앞에 위치해야 한다. → 已经等
　　了 : '了'가 두 개일 때 하나는 동태조사로 동사 '等' 뒤에 위치하고, 나머지 하나는 어기조사로 문장 끝에 위치한다.
　　　　　→ 等了你一个小时了

ㄷ. 어순에 맞춰 나열한다.

　　주어　　　　　술어　　목적어　　시량보어
　　我们　已经　等了　你　一个小时了。
　　　　　부사

ㄹ. 정답 및 해석

　　了　等　已经　我们　你　一个小时　了
　　→ 我们已经等了你一个小时了。

　　了　기다리다　이미　우리　너　한 시간　了
　　→ 우리는 너를 기다린지 한 시간이나 되었다. (우리는 너를 한시간 동안 기다리고 있었다.)

정답 **22** 了　十年　大学　已经　他　毕业　　　　　　　　　　　　　시량보어

他大学毕业已经十年了。

ㄱ. 함께 쓸 수 있는 어휘들을 먼저 한 묶음으로 묶는다.
　　大学毕业 : 동사 '毕业'는 술목구조로 구성된 이합동사로 뒤에 목적어가 올 수 없다. 따라서 '大学'는 '毕业' 앞에 위치해야
　　　　　　 한다.

ㄴ. 주술목을 찾는다.
　　술어 : 동사 '毕业'가 술어로 쓰였다.
　　주어 : 사람을 뜻하는 대사 '他'가 주어로 쓰였다.

ㄷ. 나머지 단어의 위치를 찾는다.
　　十年 : '毕业'는 비지속동사에 속하므로, 시량보어 '十年'은 '毕业' 뒤에 위치해야 한다. → 毕业十年
　　已经 : 동사가 비지속동사일 때, 부사 '已经'은 시량보어 앞에 위치한다. → 已经十年
　　了 : 동사가 비지속동사일 때, '了'는 문장 끝에 위치한다.

ㄹ. 어순에 맞춰 나열한다.

     주어   술어   시량보어
     他   大学毕业   已经   十年了。
                                부사

ㅁ. 정답 및 해석

    了   十年   大学   已经   他   毕业了   10년   대학   이미   그   졸업하다
    → 他大学毕业已经十年了。   → 그는 대학을 졸업한지 벌써 10년이 되었다.

毕业 bìyè 몡동 졸업(하다)

정답   시량보어

23 时候   到   我   好几天   阿姨家   放暑假的   住了

放暑假的时候，我到阿姨家住了好几天。/ 我放暑假的时候到阿姨家住了好几天。

ㄱ. 함께 쓸 수 있는 어휘들을 먼저 한 묶음으로 묶는다.

    放暑假的时候：'放暑假的' 뒤에는 명사가 와야 하므로 '放暑假的时候'는 한 묶음이 되어야 한다.
    到阿姨家：'到' 뒤에는 '장소, 시간, 범위'를 나타내는 말이 나와야 하므로 '到阿姨家'는 한 묶음이 된다.

ㄴ. 주술목을 찾는다.

    술어：동태조사를 동반한 동사 '住了'가 술어로 쓰였다.
    주어：사람을 뜻하는 대사 '我'가 주어로 쓰였다.

ㄷ. 나머지 단어의 위치를 찾는다.

    放暑假的时候：시간을 나타내는 말로 문장 맨 앞이나 주어 뒤에 위치할 수 있다. → 放暑假的时候, 我 / 我放暑假的时候
    到阿姨家：'到阿姨家'는 개사구로 술어 '住了' 앞에 위치해야 한다. → 到阿姨家住了
    好几天：시량보어 '好几天'은 술어 '住了' 뒤에 위치해야 한다. → 住了好几天

ㄹ. 어순에 맞춰 나열한다.

    부사어   주어   술어   시량보어
    放暑假的时候，   我   到阿姨家   住了   好几天。
                                         개사구

    주어   부사어   술어   시량보어
    我   放暑假的时候   到阿姨家   住了   好几天。
                                         개사구

ㅁ. 정답 및 해석

    时候   到   我   好几天   阿姨家   放暑假的   住了
    → 放暑假的时候，我到阿姨家住了好几天。/ 我放暑假的时候到阿姨家住了好几天。

    때   ~에   나   며칠   이모집   여름 방학을 한   머물다
    → 여름 방학 때 나는 이모네 집에 가서 며칠 머물렀다. / 나는 여름 방학 때 이모네 집에 가서 며칠 머물렀다.

阿姨 āyí 몡 아주머니, 아줌마, 이모 | 放暑假 fàng shǔjià 여름 방학을 하다

━━ 시량보어 ━━

정답 **24** 睡觉了　音乐　一会儿　我　听了　就

我听了一会儿音乐就睡觉了。

ㄱ. 함께 쓸 수 있는 어휘들을 먼저 한 묶음으로 묶는다.

　听了就睡觉了: '동사1+了+就+동사2'는 '동사1 하자마자 바로 동사2하다'라는 뜻의 고정구문이다.

ㄴ. 주술목을 찾는다.

　술어 : 이 문장은 '听了'와 '睡觉' 두 개의 동사가 술어로 쓰인 연동문으로, 동사의 순서를 찾는 것이 관건이다. 동사 '听了'와 '睡觉'의 순서를 의미 관계에 따라 배열하면 '음악을 듣자마자 바로 잠을 잤다'라는 문장이 논리적으로 자연스럽다. 따라서 '听了音乐就睡觉了'의 순으로 써야 한다.

　주어 : 사람을 뜻하는 대사 '我'가 주어로 쓰였다.

　목적어 : 명사 '音乐'가 동사 '听了'의 목적어로 쓰였다.

ㄷ. 나머지 단어의 위치를 찾는다.

　一会儿 : 시간이 짧음을 나타내는 시량보어로, '동사1+了+就+동사2' 구문에서 '一会儿'은 의미상 첫 번째 동사 '听了' 뒤에 위치해야 한다. → 听了一会儿

ㄹ. 어순에 맞춰 나열한다.

　주어　술어1　시량보어　목적어　술어2
　我　　听了　　一会儿　　音乐　　就睡觉了。

ㅁ. 정답 및 해석

　睡觉了　音乐　一会儿　我　听了　就　　　잠들다　음악　잠시　나　듣다　곧
　→ 我听了一会儿音乐就睡觉了。　　　　　→ 나는 음악을 잠시 듣다가 바로 잠들었다.

━━ 시량보어 ━━

정답 **25** 写信　一连　没　我　三个月　给他

我一连三个月没给他写信。

ㄱ. 함께 쓸 수 있는 어휘들을 먼저 한 묶음으로 묶는다.

　一连三个月没给他 : '一连+수량사+부정부사+동사'는 '연이어 ~만큼 ~하지 않았다'라는 뜻의 고정구문이다.

ㄴ. 주술목을 찾는다.

　술어/목적어 : '写信'은 이합동사이므로 '写'와 '信'이 각각 술어와 목적어가 된다.

　주어 : 사람을 뜻하는 대사 '我'가 주어로 쓰였다.

ㄷ. 어순에 맞춰 나열한다.

　주어　　　　　　　　　　　　　　술어 + 목적어
　我　一连　三个月　没　给他　　写信。
　　　一连 + 시량보어 + 부정부사 + 동사

ㄹ. 정답 및 해석

写信	一连	没	我	三个月	给他		편지 쓰다	연이어	~않다	나	3개월	그에게

→ 我一连三个月没给他写信。　　　　→ 나는 연속 3개월 동안 그에게 편지를 쓰지 않았다.

一连 yìlián 🔹 (비슷한 동작·상황이) 연이어, 잇따라

정답　**26** 一共　中国　我　过　三次　去　　　　　　　　　　　　동량보어

我一共去过三次中国。 / 我一共去过中国三次。

ㄱ. 주술목을 찾는다.

　술어/목적어: 동사 '去'가 술어이고, 목적어는 '中国'이다.
　주어: 사람을 뜻하는 대사 '我'가 주어로 쓰였다.

ㄴ. 나머지 단어의 위치를 찾는다.

　三次: 목적어가 장소일 때 동량보어 '三次'는 술어 '去' 뒤, 목적어 '中国' 뒤에 모두 위치할 수 있다.
　　　→ 去三次中国 / 去中国三次
　一共: 부사 '一共'은 술어 '去' 앞에 위치한다. → 一共去
　过: 동태조사 '过'는 동사 '去' 뒤에 위치한다. → 去过

ㄷ. 어순에 맞춰 나열한다.

주어　　술어　　동량보어　목적어　　　주어　　술어　　목적어　동량보어
我　一共　去过　三次　中国。 / 我　一共　去过　中国　三次。
　　　부사　　　　　　　　　　　　　　　부사

ㄹ. 정답 및 해석

一共	中国	我	过	三次	去		총	중국	나	과	세 번	가다

→ 我一共去过三次中国。 / 我一共去过中国三次。　　→ 나는 중국에 총 세 번 가 봤다.

一共 yígòng 🔹 모두, 전부, 합계

정답　**27** 经过　讲了　给警察　他　一遍　车祸的　　　　　　동량보어

他给警察讲了一遍车祸的经过。

ㄱ. 함께 쓸 수 있는 어휘들을 먼저 한 묶음으로 묶는다.

　车祸的经过: '车祸的' 뒤에는 명사가 와야 하므로 '车祸的经过'는 한 묶음이 된다.

ㄴ. 주술목을 찾는다.

　술어: 동사 '讲了'가 술어로 쓰였다.
　주어/목적어: 사람을 뜻하는 대사 '他'는 대개 주어로 쓰이므로 명사구 '车祸的经过'는 목적어가 된다.

ㄷ. 나머지 단어의 위치를 찾는다.

　给警察 : 개사구 '给警察'는 술어 '讲了' 앞에 위치한다. → 给警察讲了
　一遍 : 동량보어 '一遍'은 술어 '讲了' 뒤, 목적어 '车祸的经过' 앞에 위치한다. → 讲了一遍车祸的经过

ㄹ. 어순에 맞춰 나열한다.

　주어　　술어　　　동량보어　　목적어
　他　给警察　讲了　　一遍　　车祸的经过。
　　　　개사구　　　　　　　　　명사구

ㅁ. 정답 및 해석

　经过　讲了　给警察　他　一遍　车祸的　　　　경위　말했다　경찰에게　그　한 번　교통사고의
　→ **他给警察讲了一遍车祸的经过。**　　　　　→ 그는 교통사고의 경위를 경찰에게 설명했다.

经过 jīngguò 명 (일의) 과정, 경위 | **警察** jǐngchá 명 경찰 | **车祸** chēhuò 명 (자동)차 사고, 교통 사고

> 동량보어
>
> 정답 **28** 两次　国际性　一个月之内　我　专业会议　参加过
>
> 我一个月之内参加过两次国际性专业会议。 / 一个月之内我参加过两次国际性专业会议。

ㄱ. 함께 쓸 수 있는 어휘들을 먼저 한 묶음으로 묶는다.

　参加会议 : '회의에 참석하다'라는 뜻의 술목구이다.
　国际性 : 일반적으로 명사를 수식하므로 '国际性专业会议'를 함께 묶을 수 있다.

ㄴ. 주술목을 찾는다.

　술어 : 동사 '参加过'가 술어로 쓰였다.
　주어/목적어 : 사람을 뜻하는 대사 '我'가 주어로 쓰였으므로 명사구 '国际性专业会议'는 목적어가 된다.

ㄷ. 나머지 단어의 위치를 찾는다.

　一个月之内 : 시간사 '一个月之内'는 주어 '我' 앞뒤에 모두 위치할 수 있다. → 我一个月之内 / 一个月之内我
　两次 : 동량보어 '两次'는 술어 '参加过' 뒤, 목적어 '国际性专业会议' 앞에 위치한다. → 参加过两次国际性专业会议

ㄹ. 어순에 맞춰 나열한다.

　주어　　　　　　　　술어　　동량보어　　목적어
　我　一个月之内　参加过　两次　国际性专业会议。
　　　　시간사

　　　　　　　　주어　술어　　동량보어　　목적어
　一个月之内　我　参加过　两次　国际性专业会议。
　시간사

ㅁ. 정답 및 해석

　两次　国际性　一个月之内　我　专业会议　参加过
　→ **我一个月之内参加过两次国际性专业会议。 / 一个月之内我参加过两次国际性专业会议。**
　두 번　국제적인　한 달 내에　나　전문가 회의　참석했다
　→ 나는 한 달 내에 국제 전문가 회의에 두 번이나 참석했다. / 한 달 내에 나는 국제 전문가 회의에 두 번이나 참석했다.

国际 guójì 형 국제의, 국제적인 | **专业** zhuānyè 형 전문의 | **参加** cānjiā 동 참가하다, 참여하다

정답	동량보어
29 两次　找过他　我　可他　刚才　都不在	

我刚才找过他两次，可他都不在。/ 刚才我找过他两次，可他都不在。

ㄱ. 함께 쓸 수 있는 어휘들을 먼저 한 묶음으로 묶는다.

　　문장1, 可+문장2 : '可他'의 '可'는 접속사로 두 번째 문장 첫머리에 위치한다.

ㄴ. 주술목을 찾는다.

　　술어 : 제시어에 '找过他'와 '都不在' 두 개의 동사(구)와, 접속사 '可'가 있으므로 이 문장은 복문임을 알 수 있다. '找过他'와 '都不在'의 동사구를 의미 관계에 따라 배열하면 '그를 찾았지만 그는 없었다'라는 문장을 완성할 수 있다.

　　주어 : 동사 '找过'의 주어는 대사 '我'이고, 동사 '都不在'의 주어는 '可他'의 '他'가 된다.

　　목적어 : '找过他'의 '他'가 목적어로 쓰였다.

ㄷ. 나머지 단어의 위치를 찾는다.

　　两次 : 목적어가 인칭대사일 때 동량보어 '两次'는 목적어 '他' 뒤에 위치한다. → 他两次

　　刚才 : 시간명사 '刚才'는 주어 앞뒤에 모두 위치할 수 있다. → 我刚才 / 刚才我

ㄹ. 어순에 맞춰 나열한다.

　　주어　　　　　술어　목적어　동량보어　주어　　술어
　　我　刚才　　找过　　他　　两次，　可他　都不在。
　　　　시간명사

　　　　주어　　술어　목적어　동량보어　주어　　술어
　　刚才　我　　找过　　他　　两次，　可他　都不在。
　　시간명사

ㅁ. 정답 및 해석

　　两次　找过他　我　可他　刚才　都不在

　　→ 我刚才找过他两次，可他都不在。/ 刚才我找过他两次，可他都不在。

　　두 번　그를 찾았다　나　그러나 그는　방금　모두 없었다

　　→ 나는 방금 그를 두 번이나 찾았지만 그는 없었다. / 방금 나는 그를 두 번이나 찾았지만 그는 없었다.

刚才 gāngcái 명 막, 방금

정답	동량보어
30 好几遍　还是忘了　嘱咐　妈妈　可他　他	

妈妈嘱咐他好几遍，可他还是忘了。

ㄱ. 함께 쓸 수 있는 어휘들을 먼저 한 묶음으로 묶는다.

　　문장1, 可+문장2 : '可他'의 '可'는 접속사로 두 번째 문장 첫머리에 위치한다.

ㄴ. 주술목을 찾는다.

　술어 : 제시어에 '还是忘了'와 '嘱咐' 두 개의 동사구와, 접속사 '可'가 있으므로 이 문장은 복문임을 알 수 있다. '还是忘了'와 '嘱咐'의 동사구를 의미 관계에 따라 배열하면 '당부했다, 그러나 그는 깜박했다'라는 문장을 완성할 수 있다.

　주어/목적어 : 동사 '嘱咐'의 주어는 명사 '妈妈'와 '他' 중 문맥상 '妈妈'가 자연스럽다. 동사 '忘了'의 주어는 '可他'의 '他'이므로, '他'는 동사 '嘱咐'의 목적어가 된다.

ㄷ. 나머지 단어의 위치를 찾는다.

　好几遍 : 동량보어는 술어 뒤에 위치하는데 문맥상 첫 번째 술어 '嘱咐' 뒤에 오는 것이 자연스럽다. 그런데 술어 '嘱咐' 뒤에 인칭목적어 '他'가 있으므로 동량보어 '好几遍'은 인칭목적어 '他' 뒤에 위치해야 한다. → 嘱咐他好几遍

ㄹ. 어순에 맞춰 나열한다.

　주어　　술어　　목적어　　동량보어　　주어　　술어
　妈妈　嘱咐　他　好几遍,　可他　还是忘了。

ㄹ. 정답 및 해석

　好几遍　　还是忘了　　嘱咐　　妈妈　　可他　　他

　→ **妈妈嘱咐他好几遍, 可他还是忘了。**

　여러 차례　그래도 잊다　당부하다　엄마　그러나 그는　그

　→ **엄마가 그에게 여러 차례 당부했는데도 그는 깜박했다.**

还是 háishi 🖫 여전히, 그래도, 끝내 | 忘 wàng 🖲 잊다, 망각하다 | 嘱咐 zhǔfù 🖲 당부하다

6 수식성분_관형어 p.66

> **정답**
> 1 的　苹果　大大　拿着　红　小女孩手里　一个
>
> 小女孩手里拿着一个大大的红苹果。

ㄱ. 주술목을 찾는다.

　술어 : 동사 '拿着'가 술어로 쓰였다.

　주어/목적어 : 제시어에 '小女孩手里'라는 존재를 나타내는 어휘가 있으므로 존현문이다. 존현문은 '장소+술어+사물'의 순으로 써야 하므로 장소명사(구) '小女孩手里'가 주어, '苹果'가 목적어가 된다.

ㄴ. 나머지 단어의 위치를 찾는다.

　大大/红/一个 : 모두 목적어를 수식하는 관형어로 쓰였다. 복잡한 관형어의 어순은 '수량사+형용사구+1음절 형용사'이므로 '一个大大红'의 순으로 명사 '苹果' 앞에 위치해야 한다. 이때 1음절 형용사 '红'과 수량사 '一个'는 '的' 없이 명사를 수식하지만, 형용사구 '大大'가 명사를 수식할 때는 '的'를 써야 한다. → 一个大大的红苹果

ㄷ. 어순에 맞춰 나열한다.

　　　주어　　　　술어　　　　　관형어　　　　　목적어
　　小女孩手里　　拿着　　一个　大大　的　　红　苹果。
　　장소명사구　　　　　　수량사 + 형용사구 + 的 + 1음절 형용사

ㄹ. 정답 및 해석

　的　苹果　大大　拿着　红　小女孩手里　一个
　→ 小女孩手里拿着一个大大的红苹果。

　~의　사과　큰　들고 있다　빨간　여자 아이 손　한 개
　→ 꼬마 여자 아이는 손에 아주 크고 빨간 사과를 한 개 들고 있다.

苹果 píngguǒ 명 사과 ｜ 拿 ná 동 들다, 쥐다, 잡다

정답

2 过　的　也曾经　公园长椅上　年轻　那些　坐在　老人们

坐在公园长椅上的那些老人们也曾经年轻过。 / 那些坐在公园长椅上的老人们也曾经年轻过。

ㄱ. 함께 쓸 수 있는 어휘들을 먼저 한 묶음으로 묶는다.

　坐在公园长椅上 : '坐在' 뒤에는 장소를 나타내는 말이 와야 하므로 '坐在公园长椅上'은 한 묶음이 된다.

ㄴ. 주술목을 찾는다.

　술어 : 형용사 '年轻'이 술어로 쓰였다.
　주어/목적어 : '年轻'의 주어는 명사 '老人们'이 되어야 하고, 형용사가 술어로 쓰였으므로 목적어는 없다.

ㄷ. 나머지 단어의 위치를 찾는다.

　那些/坐在公园长椅上 : 모두 주어 '老人们'을 수식하는 관형어로 쓰였다. 관형어의 어순은 '동사구+지시대사+양사'이므로 '坐在公园长椅上那些'의 순으로 명사 '老人们' 앞에 위치한다. 이때 '那些'는 동사구 '坐在公园长椅上' 앞에도 위치할 수 있다. '지시대사+양사' 구조인 '那些'는 '的' 없이 명사를 수식하지만, 동사구 '坐在公园长椅上'가 명사를 수식할 때는 '的'를 써야 한다.
　→ 坐在公园长椅上的那些老人们 / 那些坐在公园长椅上的老人们

　也曾经 : 부사 '也曾经'은 술어 '年轻' 앞에 위치한다. → 也曾经年轻
　过 : 동태조사 '过'는 동사나 형용사 뒤에 위치하여 과거의 사실이나 경험을 나타내므로 '年轻' 뒤에 위치해야 한다. → 年轻过

ㄹ. 어순에 맞춰 나열한다.

　　　　관형어　　　　　주어　　　　술어
　坐在公园长椅上的　那些　老人们　也曾经　年轻过。
　동사구 + 지시대사 + 양사　　　　　부사

　　　　관형어　　　　　주어　　　　술어
　那些　坐在公园长椅上的　老人们　也曾经　年轻过。
　　지시대사 + 양사 + 동사구　　　　　부사

ㅁ. 정답 및 해석

　过　的　也曾经　公园长椅上　年轻　那些　坐在　老人们
　→ 坐在公园长椅上的那些老人们也曾经年轻过。 / 那些坐在公园长椅上的老人们也曾经年轻过。

过　　～의　　～도 일찍이　　공원 벤치에　　젊다　　저　　앉아 있다　　노인들
→ 공원 벤치에 앉아 있는 저 노인들도 예전에는 젊었었다. / 저 공원 벤치에 앉아 있는 노인들도 예전에는 젊었었다.

曾经 céngjīng 튀 일찍이, 이미, 벌써 | **长椅** chángyǐ 명 벤치

정답

3 开车了　　627次列车　　马上　　北京的　　开往　　就要

开往北京的627次列车马上就要开车了。

ㄱ. 함께 쓸 수 있는 어휘들을 먼저 한 묶음으로 묶는다.
　　开往北京的 : '开往' 뒤에는 장소나 방향을 나타내는 말이 와야 하므로 '开往北京的'는 한 묶음이 된다.
　　开往北京的627次列车 : '开往北京的' 뒤에는 명사가 와야 하므로 '开往北京的627次列车'는 한 묶음이 된다.

ㄴ. 주술목을 찾는다.
　　주어/술어 : '开车了'는 술목구조로 이루어진 이합동사이므로 뒤에 목적어가 올 수 없다. 따라서 명사구 '开往北京的627次 列车'가 '开车了'의 주어로 쓰였음을 알 수 있다.

ㄷ. 나머지 단어의 위치를 찾는다.
　　马上/就要 : 부사 '马上'과 '就要'는 '马上就要'의 순으로 술어 '开车了' 앞에 위치해야 한다. → 马上就要开车了

ㄹ. 어순에 맞춰 나열한다.

　　　관형어　　　　　주어　　　　　술어
　　开往北京的　**627次**　　**列车**　　**马上就要**　　**开车了。**
　　　동사구 + 수량사　　　　　　　부사

ㅁ. 정답 및 해석

开车了　627次列车　马上　北京的　开往　就要　　　운전하다　627번 열차　곧　베이징의　～로 가는　곧
→ **开往北京的627次列车马上就要开车了。**　　　→ 627번 북경행 열차가 곧 출발합니다.

开车 kāichē 동 차를 몰다, 운전하다 | **开往** kāiwǎng 동 (부대·차·배·비행기 등이) ～을(를) 향하여 출발하다, ～로 가다 | **就要** jiùyào 튀 곧, 머지않아

정답

4 书　　历史方面　　王教授　　的　　关于　　写了　　一部

王教授写了一部关于历史方面的书。

ㄱ. 함께 쓸 수 있는 어휘들을 먼저 한 묶음으로 묶는다.
　　关于历史方面 : 개사 '关于' 뒤에는 명사를 나타내는 말이 와야 하므로 '关于历史方面'은 한 묶음이 된다.

ㄴ. 주술목을 찾는다.

술어 : 동사 '写了'가 술어로 쓰였다.

주어/목적어 : '写了'의 주어는 사람을 뜻하는 명사 '王教授'가 적합하고 목적어는 '书'가 적합하다.

ㄷ. 나머지 단어의 위치를 찾는다.

一部/关于历史方面 : 수량사 '一部', 개사구 '关于历史方面'은 모두 목적어 '书'를 수식하는 관형어로 쓰였다. 관형어의 어순은 '수량사+개사구'이므로 '一部关于历史方面'의 순으로 목적어 '书' 앞에 위치한다. 개사구가 관형어로 쓰일 때는 '的'가 필요하므로 '的'는 '关于历史方面' 뒤에 위치한다. → 一部关于历史方面的书

ㄹ. 어순에 맞춰 나열한다.

<u>주어</u>　<u>술어</u>　　　　<u>관형어</u>　　　　　<u>목적어</u>
王教授　写了　<u>一部　关于历史方面的</u>　书。
　　　　　　　수량사 + 개사구

ㅁ. 정답 및 해석

书　历史方面　王教授　的　关于　写了　一部
→ **王教授写了一部关于历史方面的书。**
책　역사 방면　왕 교수　~의　~에 관한　쓰다　한 권
→ 왕 교수는 역사 방면에 관한 책을 한 권 썼다.

关于 guānyú [개] ~에 관해서, ~에 관한

정답

5 生日贺卡　很多朋友　他　受到了　精美的　生日那天　从国外寄来的

生日那天, 他受到了很多朋友从国外寄来的精美的生日贺卡。 /
他生日那天受到了很多朋友从国外寄来的精美的生日贺卡。

ㄱ. 함께 쓸 수 있는 어휘들을 먼저 한 묶음으로 묶는다.

精美的生日贺卡 : '精美的' 뒤에는 명사가 와야 하므로 의미상 '精美的生日贺卡'는 한 묶음이 된다.

ㄴ. 주술목을 찾는다.

술어 : 동사 '受到了'가 술어로 쓰였다.

주어/목적어 : '受到了'의 목적어는 '生日贺卡'가 되어야 하고, 사람을 뜻하는 명사 '他'와 '很多朋友' 중 '受到了'의 주어는 의미상 '他'가 되는 것이 적합하고, 동사 '寄来'의 주어는 '很多朋友'가 적합하다.

ㄷ. 나머지 단어의 위치를 찾는다.

很多朋友从国外寄来的/精美的 : 주술구 '很多朋友从国外寄来的'와 형용사 '精美的'는 모두 관형어로 쓰였다. 관형어의 어순은 '동사구+형용사(구)'이므로 '很多朋友从国外寄来的精美的'의 순으로 목적어 '生日贺卡'를 수식한다. → 很多朋友从国外寄来的精美的生日贺卡

生日那天 : 시간을 나타내는 말로 주어 앞뒤에 모두 위치할 수 있다. → 生日那天, 他 / 他生日那天

ㄹ. 어순에 맞춰 나열한다.

　　　　　　　　주어　　술어　　　　　관형어　　　　　　　　　목적어
　　生日那天,　　他　　受到了　　很多朋友从国外寄来的　　精美的　　生日贺卡。
　　시간사　　　　　　　　　　　　　동사구(주술구) + 형용사

　　주어　　　　　　　　　　술어　　　　　관형어　　　　　　　　목적어
　　他　　生日那天　　受到了　　很多朋友从国外寄来的　　精美的　　生日贺卡。
　　　　　시간사　　　　　　　　　　　　동사구(주술구) + 형용사

ㅁ. 정답 및 해석

生日贺卡　很多朋友　他　受到了　精美的　生日那天　从国外寄来的
→ 生日那天, 他受到了很多朋友从国外寄来的精美的生日贺卡。 /
　他生日那天受到了很多朋友从国外寄来的精美的生日贺卡。

생일 카드　많은 친구들　그　받다　멋진　생일날　외국에서 보낸
→ 생일날 그는 친구들이 외국에서 보낸 멋진 생일 카드를 받았다. /
　그는 생일날 친구들이 외국에서 보낸 멋진 생일 카드를 받았다.

贺卡 hèkǎ 몡 축하 카드 | 受到 shòudào 통 얻다, 받다 | 精美 jīngměi 혱 정교하다, 아름답다 | 寄 jì 통 부치다, 보내다

7 수식성분_부사어 p.74

정답
1 从头到尾　一遍　检查了　又把试卷　答完题后　他
答完题后, 他又把试卷从头到尾检查了一遍。 / 他答完题后又把试卷从头到尾检查了一遍。

ㄱ. 주술목을 찾는다.
　술어 : 동사 '检查了'가 술어로 쓰였다.
　주어 : 인칭대사 '他'가 동사 '检查了'의 주어임을 알 수 있다.
　목적어 : 동사 '检查了'의 목적어는 명사 '把试卷'이지만 개사구이므로 술어 '检查了' 앞에 위치한다.

ㄴ. 나머지 단어의 위치를 찾는다.
　答完题后 : 시간을 나타내는 말이므로 주어 앞뒤에 모두 위치할 수 있다. → 答完题后, 他 / 他答完题后
　从头到尾/又把试卷 : 모두 부사어로 쓰였다. '从头到尾'는 동작을 묘사하고, '又把试卷'은 동작의 대상을 나타낸다. 부사어의 어순은 일반적으로 '대상+동작 묘사 부사어'이므로 '又把试卷从头到尾'의 순으로 술어 '检查了' 앞에 위치한다. → 又把试卷从头到尾检查了
　一遍 : 동량보어이므로 술어 '检查了' 뒤에 위치한다. → 检查了一遍

ㄷ. 어순에 맞춰 나열한다.

　　　　　　　　주어　　　　　　부사어　　　　　　술어　　동량보어
　　答完题后, 　他　又　把试卷　从头到尾　检查了　一遍 。
　　시간사　　　　　　부사　　대상 + 동작 묘사

```
                주어            부사어         술어    동량보어
        他  答完题后    又  把试卷   从头到尾  检查了  一遍。
           시간사     부사   대상+동작 묘사
```

ㄹ. 정답 및 해석

从头到尾　一遍　检查了　又把试卷　答完题后　他
→ **答完题后，他又把试卷从头到尾检查了一遍。 / 他答完题后又把试卷从头到尾检查了一遍。**

처음부터 끝까지　한 번　검사하다　또 시험지를　문제를 다 풀고난 후　그
→ 문제를 다 풀고난 후 그는 처음부터 끝까지 또 한 번 검토했다. /
　그는 문제를 다 풀고난 후 처음부터 끝까지 또 한 번 검토했다.

从头到尾 cóngtóudàowěi 처음부터 끝까지 | 检查 jiǎnchá 통 검사하다, 조사하다 | 试卷 shìjuàn 명 시험지 | 答题 dátí 통 문제를 풀다

정답　**2** 工作着　许许多多的　出色地　都在　女性　自己的岗位上

许许多多的女性都在自己的岗位上出色地工作着。

ㄱ. 함께 쓸 수 있는 어휘들을 먼저 한 묶음으로 묶는다.
　许许多多的女性: '许许多多的' 뒤에는 명사가 와야 하므로 '许许多多的女性'은 한 묶음이 된다.
　都在自己的岗位上: '都在' 뒤에는 장소를 나타내는 말이 와야 하므로 '都在自己的岗位上'은 한 묶음이 된다.

ㄴ. 주술목을 찾는다.
　술어: 동태조사 '着'를 동반한 '工作着'가 술어로 쓰였다.
　주어: '工作'는 자동사로 뒤에 목적어가 오지 않으므로 사람을 뜻하는 명사구 '许许多多的女性'이 '工作着'의 주어임을 알 수 있다.

ㄷ. 나머지 단어의 위치를 찾는다.
　都在自己的岗位上/出色地: 모두 술어를 수식하는 부사어로 쓰였다. 부사어의 어순은 '장소+형용사구'이므로 '都在自己的岗位上出色地'의 순으로 술어 '工作着' 앞에 위치한다. → 都在自己的岗位上出色地工作着

ㄹ. 어순에 맞춰 나열한다.

```
     주어          부사어           술어
  许许多多的女性  都  在自己的岗位上  出色地  工作着。
              범위 + 장소 + 형용사
```

ㅁ. 정답 및 해석

工作着　许许多多的　出色地　都在　女性　自己的岗位上
→ **许许多多的女性都在自己的岗位上出色地工作着。**

일하다　많은　뛰어난　모두　여성　자신의 직장
→ 많은 여성들이 자신의 직장에서 뛰어나게 일하고 있다.

许多 xǔduō 형 매우 많다 | 出色 chūsè 형 대단히 뛰어나다 | 岗位 gǎngwèi 명 직장, 부서, 근무처

정답	**3** 谈一谈　　跟他　　你　　好好　　认认真真地　　得
	你得认认真真地跟他好好谈一谈。

ㄱ. 주술목을 찾는다.
　술어 : 동사구 '谈一谈'이 술어로 쓰였다.
　주어 : 인칭대사 '你'는 '谈一谈'의 주어임을 알 수 있다.

ㄴ. 나머지 단어의 위치를 찾는다.
　跟他/好好/认认真真地 : 모두 술어를 수식하는 부사어로 쓰였다. 부사어의 어순은 '주어를 묘사하는 부사어+동반을 나타내는 부사어+술어를 묘사하는 부사어'이므로 '认认真真地跟他好好'의 순으로 술어 '谈一谈' 앞에 위치한다. → 认认真真地跟他好好谈一谈
　得 : 조동사 '得'는 부사어 '认认真真地跟他好好' 앞에 위치한다. → 得认认真真地跟他好好

ㄷ. 어순에 맞춰 나열한다.
　你　得　认认真真地　跟他　好好　谈一谈。
　주어　조동사　주어 묘사 + 동반 + 술어 묘사　술어

ㄹ. 정답 및 해석
　谈一谈　跟他　你　好好　认认真真地　得　　　말해 보다　그와　너　잘　진지하게　~해야 한다
　→ **你得认认真真地跟他好好谈一谈。**　　　→ 너는 그와 진지하게 얘기를 해 봐야 한다.

认真 rènzhēn 형 진지하다

정답	**4** 学习　　在一起　　我们　　常常　　以前
	我们以前常常在一起学习。

ㄱ. 주술목을 찾는다.
　술어 : 동사 '学习'가 술어로 쓰였다.
　주어 : 동사 '学习'의 주어는 '我们'임을 알 수 있다.

ㄴ. 나머지 단어의 위치를 찾는다.
　以前 : 시간사 '以前'은 주어 '我们' 앞뒤에 모두 위치할 수 있다. → 我们以前 / 以前我们
　在一起/常常 : 모두 술어 앞에 위치하는 부사어로 쓰였다. 부사어의 어순은 '빈도를 나타내는 부사어+동반을 나타내는 부사어'이므로 '常常在一起'의 순으로 술어 '学习' 앞에 위치한다. → 常常在一起学习

ㄷ. 어순에 맞춰 나열한다.
　我们　以前　常常　在一起　学习。　/　以前　我们　常常　在一起　学习。
　주어　시간명사　빈도 + 동반　술어　　　시간명사　주어　빈도 + 동반　술어

ㄹ. 정답 및 해석

学习   在一起   我们   常常   以前
→ 我们以前常常在一起学习。 / 以前我们常常在一起学习。

공부하다   함께   우리   자주   이전에
→ 우리는 전에 종종 함께 공부했다. / 전에 우리는 종종 함께 공부했다.

정답	**5** 做完了 在学校 我 把作业 已经
	我已经在学校把作业做完了。

ㄱ. 함께 쓸 수 있는 어휘들을 먼저 한 묶음으로 묶는다.

做作业 : '숙제를 하다'라는 뜻의 술목구이다.

ㄴ. 주술목을 찾는다.

술어 : 동사 '做完了'가 술어로 쓰였다.
주어 : 주어는 인칭대사 '我'임을 알 수 있다.
목적어 : '做完了'의 목적어는 '作业'이지만 '把作业'는 개사구 구조로 되어 있으므로 술어 앞에 위치한다.

ㄷ. 나머지 단어의 위치를 찾는다.

在学校/把作业/已经 : 모두 술어를 수식하는 부사어로 쓰였다. 부사어의 어순은 일반적으로 '시간+장소+대상'이므로 '已经 在学校把作业'의 순으로 술어 '做完了' 앞에 위치한다. → 已经在学校把作业做完了

ㄹ. 어순에 맞춰 나열한다.

주어　　　　부사어　　　　　　술어
我　已经　在学校　把作业　做完了。
　　　　시간 + 장소 + 대상

ㅁ. 정답 및 해석

做完了   在学校   我   把作业   已经　　　다 하다   학교에서   나   숙제를   이미
→ 我已经在学校把作业做完了。　　　　　→ 나는 이미 학교에서 숙제를 다 했다.

作业 zuòyè 몡 숙제, 과제

8 특수구문_연동문 p.79

> **정답**
> **1** 记者　马上　就　来　采访　您
> ---
> 记者马上就来采访您。

ㄱ. 주술목을 찾는다.
　술어 : 이 문장은 '来'와 '采访' 두 개의 동사로 구성된 연동문이다. 연동문에서 '来'는 일반적으로 첫 번째 동사로 쓰인다.
　주어/목적어 : 명사 '您'과 '记者' 이 두 단어를 의미 관계에 따라 배열하면 '기자가 당신을 인터뷰하다'가 자연스러우므로 '采访'의 주어는 '记者', 목적어는 '您'이 되는 것이 적합하다.

ㄴ. 나머지 단어의 위치를 찾는다.
　就/马上 : 부사 '就'는 시간부사 '马上' 뒤에 위치하여 시간을 강조하므로 '马上就'의 순으로 첫 번째 술어 '来' 앞에 위치한다.
　　→ 马上就来

ㄷ. 어순에 맞춰 나열한다.
　　주어　　　　　술어1　술어2　목적어
　记者　马上就　来　采访　您　。
　　　　　부사

ㄹ. 정답 및 해석
　记者　马上　就　来　采访　您　　　기자　곧　바로　오다　취재하다　당신
　→ 记者马上就来采访您。　　　　　　→ 기자가 곧 당신을 인터뷰하러 올 거예요.

记者 jìzhě 명 기자 | **采访** cǎifǎng 동 인터뷰하다, 취재하다

> **정답**
> **2** 老朋友　了　赶去　他　公园　见
> ---
> 他赶去公园见了老朋友。 / 他赶去公园见老朋友了。

ㄱ. 주술목을 찾는다.
　술어 : 이 문장은 '去'와 '见' 두 개의 동사로 구성된 연동문이다. 연동문에서 '去'는 일반적으로 첫 번째 동사로 쓰인다.
　목적어 : '去'의 목적어는 장소명사 '公园'이고, '见'의 목적어는 '老朋友'가 된다.
　주어 : 사람을 뜻하는 대사 '他'가 주어로 쓰였다.

ㄴ. 나머지 단어의 위치를 찾는다.
　了 : 연동문에서 '了'는 두 번째 술어 뒤에 위치하거나 문장 끝에 위치할 수 있다. → 见了

ㄷ. 어순에 맞춰 나열한다.

주어1　술어1　목적어1　술어2　목적어2　　주어1　술어1　목적어1　술어2　목적어2
他　　赶去　　公园　　见了　老朋友。 / 他　　赶去　　公园　　见　　老朋友了。

ㄹ. 정답 및 해석

老朋友　了　赶去　他　公园　见

→ **他赶去公园见了老朋友。/ 他赶去公园见老朋友了。**

옛 친구　了　서둘러 가다　그　공원　만나다

→ **그는 옛친구를 만나러 서둘러 공원으로 갔다. (완료 / 변화-가고 없음)**

赶 동 서두르다, 다그치다

정답

3 飞机　大家的祝福　了　他　着　登上　带　前往美国的

他带着大家的祝福登上了前往美国的飞机。

ㄱ. 함께 쓸 수 있는 어휘들을 먼저 한 묶음으로 묶는다.

前往美国的飞机 : '前往美国的' 뒤에는 명사가 와야 하므로 의미상 '飞机'가 오는 것이 적합하다.

ㄴ. 주술목을 찾는다.

술어 : 이 문장은 '带'와 '登上' 두 개의 동사로 구성된 연동문이다. '带'와 '登上'은 의미 관계에 따라 '~을 가지고 오르다'라는 뜻의 문장을 만들 수 있다. 따라서 '带'가 첫 번째 술어, '登上'은 두 번째 술어로 쓰였다.

목적어 : 의미상 '登上'의 목적어는 '飞机'가 되어야 하고, '带'의 목적어는 '祝福'가 되어야 한다.

주어 : 사람을 뜻하는 대사 '他'가 주어로 쓰였다.

ㄷ. 나머지 단어의 위치를 찾는다.

着 : 연동문에서 '着'는 첫 번째 술어 뒤에 위치한다. → 带着

了 : 연동문에서 '了'는 두 번째 술어 뒤에 위치한다. → 登上了

ㄹ. 어순에 맞춰 나열한다.

주어1　술어1　목적어1　　술어2　　목적어2
他　　带着　大家的祝福　登上了　前往美国的飞机。

ㅁ. 정답 및 해석

飞机　大家的祝福　了　他　着　登上　带　前往美国的

→ **他带着大家的祝福登上了前往美国的飞机。**

비행기　모두의 축복　了　그　着　오르다　가지고　미국으로 향하는

→ **그는 모두의 축복을 안고 미국행 비행기에 올랐다.**

祝福 zhùfú 동 축복하다, 기원하다 | 登 dēng 동 오르다

> **정답 4** 穿上　了　出去　起床　他　一　衣服　就开门
>
> 他一起床穿上衣服就开门出去了。

ㄱ. 함께 쓸 수 있는 어휘들을 먼저 한 묶음으로 묶는다.
　　一……就…… : '~하자마자 ~하다, ~하기만 하면 ~하다'라는 뜻의 고정격식이다.

ㄴ. 주술목을 찾는다.
　　술어 : 이 문장은 '起床, 穿上, 开门, 出去' 네 개의 동사로 구성된 연동문이다. 이 네 개의 동사를 발생 순서대로 배열하면 '起床→穿上→开门→出去'가 된다.
　　목적어 : '起床'은 술목구로 구성된 이합동사이고, '衣服'는 동사 '穿上'의 목적어로 쓰였다.
　　주어 : 사람을 뜻하는 대사 '他'가 주어로 쓰였다.

ㄷ. 나머지 단어의 위치를 찾는다.
　　一 : 연동문에서 부사 '一'는 첫 번째 술어 '起床' 앞에 위치한다. → 一起床
　　了 : '一……就……' 구문에서 '了'는 문장 끝에 위치한다.

ㄹ. 어순에 맞춰 나열한다.
　　주어　　　술어1　술어2　목적어　　술어3　술어4
　　他　一　起床　穿上　衣服　就　开门　出去了。

ㅁ. 정답 및 해석
　　穿上　了　出去　起床　他　一　衣服　就开门
　　→ 他一起床穿上衣服就开门出去了。

　　입다　了　나가다　일어나다　그　一　옷　바로 문을 열다
　　→ 그는 일어나자 마자 옷을 입더니 문을 열고 나갔다.

起床 qǐchuáng 동 (잠자리에서) 일어나다 | 开门 kāimén 동 문을 열다

> **정답 5** 吃惊　大家　听到　非常　消息　这个
>
> 大家听到这个消息非常吃惊。

ㄱ. 함께 쓸 수 있는 어휘들을 먼저 한 묶음으로 묶는다.
　　这个消息 : '这个' 뒤에는 명사가 와야 하므로 '这个消息'는 한 묶음이 된다.

ㄴ. 주술목을 찾는다.
　　술어 : 이 문장은 동사 '听到'와 형용사 '吃惊'이 술어로 구성된 연동문이다. 발생 순서대로 배열하면 '~을 듣고 놀라다'가 되어야 하므로 '听到……吃惊'의 순으로 배열해야 한다.
　　목적어 : 명사 '消息'가 '听到'의 목적어가 된다.
　　주어 : 명사 '大家'는 '听到'의 주어가 된다.

ㄷ. 나머지 단어의 위치를 찾는다.

非常 : 정도부사 '非常'은 형용사를 수식하므로 형용사 '吃惊' 앞에 위치한다. → 非常吃惊

ㄹ. 어순에 맞춰 나열한다.

주어 술어1 목적어 술어2
大家 听到 这个消息 非常 吃惊。
                        부사

ㅁ. 정답 및 해석

吃惊　大家　听到　非常　消息　这个 　　　　놀라다　모두　듣다　매우　소식　이
→ **大家听到这个消息非常吃惊。** 　　　　　→ **모두 이 소식을 듣고 매우 놀랐다.**

吃惊 chījīng 통 놀라다 | 消息 xiāoxi 명 소식

9 특수구문_겸어문 p.84

> **정답**
> **1** 鼓励　不能　我　放弃努力　老师　总是
> 老师总是鼓励我不能放弃努力。

ㄱ. 주술목을 찾는다.

술어 : 이 문장은 겸어동사 '鼓励'가 첫 번째 술어로, 동사 '放弃'가 두 번째 술어로 쓰인 겸어문이다.
주어/목적어 : 겸어동사 '鼓励'의 목적어이자 두 번째 술어 '放弃'의 주어는 사람을 뜻하는 단어여야 한다. 사람을 뜻하는 단어 '我'와 '老师' 중 의미상 '我'가 적합하므로 '我'는 '鼓励' 뒤, '放弃' 앞에 놓인다. '鼓励'의 주어는 '老师'가 적합하다.

ㄴ. 나머지 단어의 위치를 찾는다.

不能 : 겸어문에서 '금지, 만류'를 나타내는 '不能/不要/别' 등은 두 번째 술어 '放弃' 앞에 위치한다. → 不能放弃
总是 : 겸어문에서 부사는 의미 관계에 따라 첫 번째 술어 앞에 오기도 하고, 두 번째 술어 앞에 오기도 한다. 부사 '总是'가 '放弃' 앞에 위치하면 '항상 포기하다'라는 뜻의 어색한 문장이 되므로 '总是'는 '鼓励' 앞에 위치하여 '항상 격려하다'라는 뜻이 되어야 한다. → 总是鼓励

ㄷ. 어순에 맞춰 나열한다.

주어1　　　　술어1　목적어1/주어2　　술어2　목적어2
老师　总是　鼓励　　我　　不能　　放弃　努力。
　　　 부사　　　　　　　금지/만류

ㄹ. 정답 및 해석

鼓励　不能　我　放弃努力　老师　总是
→ **老师总是鼓励我不能放弃努力。**

격려하다   ~할 수 없다   나   노력을 포기하다   선생님   항상
→ 선생님은 노력을 포기하지 말라며 나를 항상 격려하신다.

鼓励 gǔlì 동 격려하다, (용기를) 북돋우다 | 放弃 fàngqì 동 포기하다 | 总是 zǒngshì 부 늘, 줄곧, 언제나

> **정답**
>
> **2** 每个学生   这次活动   要求   都   参加   学校   必须
>
> 学校要求每个学生都必须参加这次活动。

ㄱ. 함께 쓸 수 있는 어휘들을 먼저 한 묶음으로 묶는다.

　每个学生都: '每+양사+명사+都'는 고정적으로 쓰인다.

ㄴ. 주술목을 찾는다.

　술어 : 이 문장은 겸어동사 '要求'가 첫 번째 술어로, 동사 '参加'가 두 번째 술어로 쓰인 겸어문이다.
　주어/목적어 : 겸어동사 '要求'의 목적어이자 두 번째 술어 '参加'의 주어는 사람을 뜻하는 단어여야 한다. 따라서 사람을 뜻하는 제시어 '学生'은 '要求' 뒤, '参加' 앞에 놓인다. '参加'의 목적어는 '活动', 겸어동사 '要求'의 주어는 '学校'가 된다.

ㄷ. 나머지 단어의 위치를 찾는다.

　必须 : 겸어문에서 부사는 의미 관계에 따라 첫 번째 술어 앞에 오기도 하고, 두 번째 술어 앞에 오기도 한다. 부사 '必须'가 '要求' 앞에 위치하면 '반드시 요구하다'라는 뜻이 되고, '必须'가 '参加' 앞에 위치하면 '반드시 참가하다'라는 뜻이 된다. 문맥상 후자가 자연스럽다. → 必须参加

ㄹ. 어순에 맞춰 나열한다.

　주어1　　술어1　　목적어1/주어2　　　　술어2　　목적어2
　学校　　要求　　每个学生　　都必须　　参加　　这次活动。
　　　　　　　　　每+양사+명사　　부사

ㅁ. 정답 및 해석

　每个学生   这次活动   要求   都   参加   学校   必须
　→ 学校要求每个学生都必须参加这次活动。

　모든 학생   이번 활동   요구하다   모두   참가하다   학교   반드시
　→ 학교는 모든 학생들에게 이번 활동에 반드시 참가하라고 요구했다.

活动 huódòng 명 활동, 행사, 모임 | 要求 yāoqiú 동 요구하다, 요망하다 | 必须 bìxū 부 반드시, 꼭

> **정답**
>
> **3** 食物   吃   我   千万不要   提醒   生冷的   医生
>
> 医生提醒我千万不要吃生冷的食物。

I-9. 특수구문_겸어문

ㄱ. 함께 쓸 수 있는 어휘들을 먼저 한 묶음으로 묶는다.

生冷的食物 : '生冷的' 뒤에는 명사가 와야 하므로 '生冷的食物'는 한 묶음이 된다.

ㄴ. 주술목을 찾는다.

술어 : 이 문장은 겸어동사 '提醒'이 첫 번째 술어로, 동사 '吃'가 두 번째 술어로 쓰인 겸어문이다.

주어/목적어 : 겸어동사 '提醒'의 목적어이자 두 번째 술어 '吃'의 주어는 사람을 뜻하는 단어여야 한다. 사람을 의미하는 단어 '我'와 '医生' 중 의미상 '我'가 적합하므로 '我'는 '提醒' 뒤, '吃' 앞에 놓인다. 동사 '吃'의 목적어는 '生冷的食物'가, '提醒'의 주어는 '医生'이 적합하다.

ㄷ. 나머지 단어의 위치를 찾는다.

不要 : 겸어문에서 '금지, 만류'를 나타내는 '不能/不要/别' 등은 두 번째 술어 '吃' 앞에 위치한다. → 不要吃

千万 : 부사 '千万'은 '千万+不能/不要/别'의 순으로 부탁, 당부하는 말 앞에 위치한다. → 千万不要

ㄹ. 어순에 맞춰 나열한다.

주어1	술어1	목적어1/주어2		술어2	목적어2
医生	提醒	我	千万不要	吃	生冷的食物。
			부사 + 금지/만류		

ㅁ. 정답 및 해석

食物　吃　我　千万不要　提醒　生冷的　医生

→ **医生提醒我千万不要吃生冷的食物。**

음식　먹다　나　절대 ~하지 마라　일깨우다　날것과 찬 음식　의사

→ **의사가 나에게 날것과 찬 음식을 절대 먹지 말라고 충고했다.**

千万 qiānwàn 凰 부디, 제발, 아무쪼록 | **提醒** tíxǐng 동 일깨우다, 상기시키다, 조심(경계)시키다 | **生冷** shēnglěng 명 날것과 찬 음식

정답

4 风俗习惯　了　了解　使　很多中国人的　我　这次农村考察

这次农村考察 使我了解了很多中国人的风俗习惯。

ㄱ. 함께 쓸 수 있는 어휘들을 먼저 한 묶음으로 묶는다.

很多中国人的风俗习惯 : '很多中国人的' 뒤에는 명사가 와야 하므로 '很多中国人的风俗习惯'은 한 묶음이 된다.

ㄴ. 주술목을 찾는다.

술어 : 이 문장은 겸어동사 '使'가 첫 번째 술어로, 동사 '了解'가 두 번째 술어로 쓰인 겸어문이다.

주어/목적어 : 겸어동사 '使'의 목적어이자 두 번째 술어 '了解'의 주어는 사람을 뜻하는 단어여야 하므로 대사 '我'가 적합하다. '了解'의 목적어는 '这次农村考察'와 '风俗习惯' 중 '风俗习惯'이 적합하므로, 동사 '使'의 주어는 '这次农村考察'가 적합하다.

ㄷ. 나머지 단어의 위치를 찾는다.

了 : 겸어문에서 '了'는 두 번째 술어 '了解' 뒤에 위치한다. → 了解了

ㄹ. 어순에 맞춰 나열한다.

　　　주어1　　　　술어1　　목적어1/주어2　　술어2　　　　목적어2
　　这次农村考察　　使　　　　我　　　　了解了　　很多中国人的风俗习惯。

ㅁ. 정답 및 해석

　　风俗习惯　　了　　了解　　使　　很多中国人的　　我　　这次农村考察
　　→ 这次农村考察使我了解了很多中国人的风俗习惯。

　　풍습　　　　了　　이해하다　　~로 하여금　　많은 중국인들의　　나　　이번 농촌 현지 답사
　　→ 이번 농촌 현지 답사를 통해서 나는 많은 중국인들의 풍습을 이해하게 되었다.

风俗 fēngsú 명 풍속 ｜ 了解 liǎojiě 동 이해하다, 자세하게 알다 ｜ 考察 kǎochá 동 현지 조사하다, 시찰하다

정답 | **5** 我单调的　了　改变　是　他　生活
是他改变了我单调的生活。

ㄱ. 함께 쓸 수 있는 어휘들을 먼저 한 묶음으로 묶는다.

　我单调的生活 : '我单调的' 뒤에는 명사가 와야 하므로 '我单调的生活'는 한 묶음이 된다.

ㄴ. 주술목을 찾는다.

　술어 : 제시어에 동사 '是'와 기타동사가 있을 경우 두 가지의 경우를 생각해 볼 수 있다.
　　ⓐ 기타동사가 술어성분을 목적어로 갖는 경우 '기타동사+목적어(是+목적어)'의 순으로 쓸 수 있다.
　　　예 我估计他是中国人。
　　ⓑ 기타동사가 술어성분을 목적어로 가질 수 없는 경우 '是+목적어+기타동사+목적어'의 순으로 쓸 수 있다.
　　　예 是你错了
　　그런데 동사 '改变'은 술어성분을 목적어로 가질 수 없으므로 이 문장은 '是+목적어+改变+목적어'의 순으로 써야 한다.

　주어/목적어 : 여기서 '是'는 겸어동사이므로 겸어동사 '是'의 목적어이자 두 번째 술어 '改变'의 주어는 사람을 뜻하는 단어 '他'가 되어야 한다. '改变'의 목적어는 자연히 '我单调的生活'가 된다.

ㄷ. 나머지 단어의 위치를 찾는다.

　了 : 겸어문에서 '了'는 두 번째 술어 '改变' 뒤에 위치한다. → 改变了

ㄹ. 어순에 맞춰 나열한다.

　　술어1　목적어1/주어1　술어2　　목적어2
　　　是　　　　他　　　改变了　　我单调的生活。

ㅁ. 정답 및 해석

　我单调的　了　改变　是　他　生活　　　나의 단조로운　了　변하다　~이다　그　생활
　→ 是他改变了我单调的生活。　　　　　　→ 그가 나의 단조로운 생활을 변화하게 해주었다.

单调 dāndiào 형 단조롭다 ｜ 改变 gǎibiàn 동 변하다, 바뀌다, 달라지다

10 특수구문_존현문 p.89

> **정답**
> **1** 放着   吃的东西   冰箱里   各种各样
> 冰箱里放着各种各样吃的东西。

ㄱ. 함께 쓸 수 있는 어휘들을 먼저 한 묶음으로 묶는다.

　各种各样吃的东西 : '各种各样'은 명사를 수식하므로 '各种各样吃的东西'는 한 묶음이 되어야 한다.

ㄴ. 주술목을 찾는다.

　주어/술어/목적어 : 제시어에 장소를 의미하는 단어와 동태조사 '着'가 있으므로 이 문장은 상태 존현문임을 유추할 수 있다. 상태 존현문의 순서는 '장소+동사+着+사물/사람'이므로 장소를 뜻하는 단어 '冰箱里'가 주어가 되고, 동사 '放着'가 술어가 되어야 하며, 명사 '各种各样吃的东西'가 목적어가 되어야 한다.

ㄷ. 어순에 맞춰 나열한다.

　주어　　술어　　목적어
　冰箱里　放着　各种各样吃的东西。
　장소　　동사　　사물

ㄹ. 정답 및 해석

　放着   吃的东西   冰箱里   各种各样　　　놓여 있다   먹을 것   냉장고   여러 가지
　→ 冰箱里放着各种各样吃的东西。　　　→ 냉장고에 여러 가지 먹을 것이 있다.

冰箱 bīngxiāng 명 냉장고 | **各种各样** gè zhǒng gè yàng 성 여러 종류, 각양각색

> **정답**
> **2** 着   几张   50年前拍的   夹   照片   书中
> 书中夹着几张50年前拍的照片。

ㄱ. 함께 쓸 수 있는 어휘들을 먼저 한 묶음으로 묶는다.

　50年前拍的照片 : '50年前拍的' 뒤에는 명사가 와야 하므로 '50年前拍的照片'은 한 묶음이 된다.
　几张50年前拍的照片 : '几张'은 사진을 수식하는 수량사이므로 '几张50年前拍的照片'은 한 묶음이 되어야 한다.

ㄴ. 주술목을 찾는다.

　주어/술어/목적어 : 이 문장은 존현문이므로 '장소+동사+着+사물/사람'의 순으로 써야 한다. 따라서 장소를 뜻하는 단어 '书中'이 주어가 되고, 동사 '夹'가 술어가 되어야 하며, 명사구 '几张50年前拍的照片'이 목적어가 된다.

ㄷ. 나머지 단어의 위치를 찾는다.

　着 : 동태조사 '着'는 술어 '夹' 뒤에 위치한다. → 夹着

ㄹ. 어순에 맞춰 나열한다.

주어 / 술어 / 목적어
书中 夹着 几张50年前拍的照片。
장소 / 동사 / 사물

ㅁ. 정답 및 해석

着　几张　50年前拍的　夹　照片　书中　　　着　몇 장　50년 전에 찍은　끼이다　사진　책 속
→ **书中夹着几张50年前拍的照片。**　　　　　→ **책 속에 50년 전에 찍은 사진이 꽂혀 있다.**

拍 pāi 동 (사진을) 찍다, 촬영하다 | 夹 jiā 동 끼이다, 둘 사이에 놓이다

정답

3 剩下　村里　了　现在　只　老人和孩子

现在村里只剩下老人和孩子了。

ㄱ. 주술목을 찾는다.

주어/술어/목적어 : 이 문장은 존현문이므로 장소를 뜻하는 단어 '村里'가 주어가 되고, 동사 '剩下'가 술어가 되며, 사람을 뜻하는 단어 '老人和孩子'는 목적어가 된다.

ㄴ. 나머지 단어의 위치를 찾는다.

只 : 부사 '只'는 술어 '剩下' 앞에 위치한다. → 只剩下

ㄷ. 어순에 맞춰 나열한다.

　　　　주어　　　술어
现在　村里　只　剩下　老人和孩子了。
시간사　장소　부사　동사　사람

ㄹ. 정답 및 해석

剩下　村里　了　现在　只　老人和孩子　　　남다　마을　了　지금　오직　노인과 아이
→ **现在村里只剩下老人和孩子了。**　　　　　→ **지금 마을에는 노인과 아이들만 남았다.**

剩下 shèngxià 동 남다, 남기다 | 村 cūn 명 마을

정답

4 年轻人　面试的　屋子里　挤满　小小的　了

小小的屋子里挤满了面试的年轻人。

ㄱ. 함께 쓸 수 있는 어휘들을 먼저 한 묶음으로 묶는다.

小小的屋子里/面试的年轻人 : '小小的'와 '面试的' 뒤에는 명사가 와야 하는데, '小小的' 뒤에는 '屋子里'가, '面试的' 뒤에는 '年轻人'이 오는 것이 문맥상 자연스럽다. 따라서 '小小的屋子里'와 '面试的年轻人'은 한 묶음이 된다.

ㄴ. 주술목을 찾는다.

주어/술어/목적어 : 이 문장은 존현문이므로 장소를 뜻하는 단어 '小小的屋子里'가 주어가 되고, 동사 '挤满'이 술어가 되며, 사람을 뜻하는 명사구 '面试的年轻人'은 목적어가 된다.

ㄷ. 나머지 단어의 위치를 찾는다.

了 : 동태조사 '了'는 술어 '挤满' 뒤에 위치한다. → 挤满了

ㄹ. 어순에 맞춰 나열한다.

<u>小小的屋子里</u>   <u>挤满了</u>   <u>面试的年轻人</u>。
주어   술어   목적어
장소   동사   사람

ㅁ. 정답 및 해석

年轻人 面试的 屋子里 挤满 小小的 了   젊은이 면접의 방 안 가득 차다 작은 了
→ **小小的屋子里挤满了面试的年轻人。**   → 작은 방이 면접 보는 젊은이들로 가득차 있다.

面试 miànshì 몡 면접시험 | 屋子 wūzi 몡 방 | 挤满 jǐmǎn 가득 차다

> **정답**
> **5** 房间 放下 两张床 这个 只能
> ----
> 这个房间只能放下两张床。

ㄱ. 함께 쓸 수 있는 어휘들을 먼저 한 묶음으로 묶는다.

这个房间 : '这个' 뒤에는 명사가 와야 하므로 의미상 '这个房间'은 한 묶음이 되어야 한다.

ㄴ. 주술목을 찾는다.

주어/술어/목적어 : 이 문장은 존현문이므로 장소를 뜻하는 단어 '这个房间'은 주어가 되고, 동사 '放下'가 술어가 되며, 사물을 뜻하는 단어 '两张床'은 목적어가 된다.

ㄷ. 나머지 단어의 위치를 찾는다.

只能 : '只能'은 '부사+조동사'이므로 술어 '放下' 앞에 위치해야 한다. → 只能放下

ㄹ. 어순에 맞춰 나열한다.

<u>这个房间</u>   只能   <u>放下</u>   <u>两张床</u>。
주어   술어   목적어
장소   부사+조동사   동사   사물

ㅁ. 정답 및 해석

房间 放下 两张床 这个 只能   방 놓다 침대 두 개 이 ~할 수밖에 없다
→ **这个房间只能放下两张床。**   → 이 방에는 침대 두 개 밖에 놓을 수 없다.

放下 fàngxià 동 (물건을) 내려놓다

11 특수구문_把자문

> **정답**
>
> **1** 汉语高级课程　学完　一定　我　要　把
>
> 我一定要把汉语高级课程学完。

ㄱ. 함께 쓸 수 있는 어휘들을 먼저 한 묶음으로 묶는다.

　　把汉语高级课程 : 개사 '把' 뒤에는 명사가 와야 하므로 '把汉语高级课程'은 한 묶음이 된다.

ㄴ. 주술목을 찾는다.

　　술어 : 동사 '学完'이 술어로 쓰였다.
　　목적어 : 동사 '学完'의 목적어는 '汉语高级课程'이 된다. 그런데 이 문장은 '把'자문이므로 '学完'의 목적어 '汉语高级课程'은
　　　　　'把汉语高级课程'의 순으로 술어 '学完' 앞에 위치해야 한다.
　　주어 : 사람을 뜻하는 대사 '我'가 주어로 쓰였다.

ㄷ. 나머지 단어의 위치를 찾는다.

　　一定/要 : 부사 '一定'과 조동사 '要'는 '부사+조동사'의 순으로 개사구 '把汉语高级课程' 앞에 위치한다.

　　　　→ 一定要把汉语高级课程

ㄹ. 어순에 맞춰 나열한다.

　　　주어　　　　　　　　　　　의미상 목적어　　술어
　　　我　　一定　要　　把汉语高级课程　　学完。
　　　　　　부사 + 조동사　　　　　개사구

ㅁ. 정답 및 해석

　　汉语高级课程　学完　一定　我　要　把
　　→ 我一定要把汉语高级课程学完。

　　중국어 고급 과정　　마스터하다　　반드시　　나　　~할 것이다　　~을
　　→ 나는 중국어 고급 과정을 반드시 다 마스터할 거야.

课程 kèchéng 명 교육 과정, 커리큘럼 ｜ **一定** yídìng 부 반드시, 꼭

> **정답**
>
> **2** 我爸妈　成长过程　下来　照相机　用　把　都记录了　我的
>
> 我爸妈用照相机把我的成长过程都记录了下来。

ㄱ. 함께 쓸 수 있는 어휘들을 먼저 한 묶음으로 묶는다.

　　我的成长过程 : '我的' 뒤에는 명사가 와야 하는데 명사 '照相机'와 '成长过程' 중 문맥상 '我的成长过程'이 적합하다.

ㄴ. 주술목을 찾는다.
　술어/목적어 : 동사 '用'과 기타동사 '记录'가 있을 때 순서는 '用+목적어+기타동사+목적어'가 되어야 한다. 이 두 동사를 의미 관계에 따라 '~를 이용하여 ~를 기록하다'라는 뜻의 문장을 만들어야 하므로 '用'의 목적어는 '照相机'가 되고, '记录'의 목적어는 '我的成长过程'이 되어야 한다. 그런데 이 문장은 '把'자문이므로 '记录'의 목적어 '我的成长过程'은 '把我的成长过程'의 순으로 술어 '记录' 앞에 위치한다.
　주어 : 사람을 뜻하는 명사구 '我爸妈'가 주어로 쓰였다.

ㄷ. 나머지 단어의 위치를 찾는다.
　下来 : 방향보어 '下来'는 술어 '记录了' 뒤에 위치한다. → 记录了下来

ㄹ. 어순에 맞춰 나열한다.

　　　주어　　　　　　　　　의미상 목적어　　　술어
　　我爸妈　用　照相机　把我的成长过程　都　记录了　下来。
　　　　　　用 + 목적어　　　　개사구　　　　부사　　　　　방향보어

ㅁ. 정답 및 해석
　我爸妈　成长过程　下来　照相机　用　把　都记录了　我的
　→ **我爸妈用照相机把我的成长过程都记录了下来。**
　엄마, 아빠　성장 과정　下来　사진기　쓰다　~을　모두 기록하다　나의
　→ **엄마, 아빠는 사진기로 나의 성장 과정을 모두 기록해 두셨다.**

照相机 zhàoxiàngjī 몡 카메라 ｜ **成长** chéngzhǎng 동 성장하다, 자라다 ｜ **过程** guòchéng 몡 과정 ｜ **记录** jìlù 동 기록하다

정답　**3** 弄坏了　不小心　电脑　妈妈　把　我的
妈妈不小心把我的电脑弄坏了。

ㄱ. 함께 쓸 수 있는 어휘들을 먼저 한 묶음으로 묶는다.
　我的电脑 : '我的' 뒤에는 명사가 와야 하므로 '我的电脑'는 한 묶음이 된다.

ㄴ. 주술목을 찾는다.
　술어 : 동태조사 '了'를 동반한 동사 '弄坏'가 술어로 쓰였음을 알 수 있다.
　목적어 : '弄坏了'의 목적어는 '我的电脑'이다. 그런데 '把'자문이므로 '把我的电脑'의 순으로 '弄坏了' 앞에 위치해야 한다.
　주어 : 사람을 뜻하는 명사 '妈妈'가 주어로 쓰였다.

ㄷ. 나머지 단어의 위치를 찾는다.
　不小心 : '조심하지 않아 ~했다'라는 뜻으로, 일반적으로 개사구 앞에 위치한다. → 不小心把我的电脑

ㄹ. 어순에 맞춰 나열한다.

　　주어　　　　　　의미상 목적어　　술어
　　妈妈　不小心　把我的电脑　弄坏了。
　　　　　　부사　　　개사구

ㅁ. 정답 및 해석

弄坏了　不小心　电脑　妈妈　把　我的　　　　망가뜨리다　부주의하다　컴퓨터　엄마　~을　나의
→ **妈妈不小心把我的电脑弄坏了。**　　　　　　→ 엄마는 부주의로 나의 컴퓨터를 망가뜨렸다.

弄坏 nònghuài 동 망가뜨리다, 고장내다 | **不小心** bùxiǎoxīn 조심하지 않다, 신중하지 않다 | **电脑** diànnǎo 명 컴퓨터

정답

4 那件事　给任何人　不　我　把　告诉　想

我不想把那件事告诉给任何人。

ㄱ. 함께 쓸 수 있는 어휘들을 먼저 한 묶음으로 묶는다.

把……동사+给+대상 : '~를 ~에게 ~하다'라는 뜻의 고정구문이다.

ㄴ. 주술목을 찾는다.

술어 : 동사 '告诉'가 술어로 쓰였다.
목적어 : 술어 '告诉'의 목적어는 '那件事'이다. 그런데 이 문장은 '把'자문이므로 '告诉'의 목적어 '那件事'는 '把那件事'의 순으로 술어 '告诉' 앞에 위치한다.
주어 : 사람을 뜻하는 단어 '我'가 주어로 쓰였다.

ㄷ. 나머지 단어의 위치를 찾는다.

不/想 : 부정부사 '不'와 조동사 '想'은 '부정부사+조동사'의 순으로 개사구 '把那件事' 앞에 위치한다. → 不想把那件事
给任何人 : '把……동사+给+대상'의 구조에 넣으면 '把那件事告诉给任何人'이 된다. → 把那件事告诉给任何人

ㄹ. 어순에 맞춰 나열한다.

　　주어　　　　　　　　　의미상 목적어　　　술어
　　我　　不　想　　把那件事　　告诉　给　任何人。
　　　　부정부사 + 조동사　　개사구　　　　동사 + 给 + 대상

ㅁ. 정답 및 해석

那件事　给任何人　不　我　把　告诉　想
→ **我不想把那件事告诉给任何人。**

그 일　누구에게　아니다　나　~을　알리다　~하고 싶다
→ 나는 그 일을 누구한테도 알리고 싶지 않다.

任何 rènhé 대 어떠한, 무슨 | **告诉** gàosu 동 말하다, 알리다

정답

5 把　端到了　亲自　一杯热茶　我的面前　他

他亲自把一杯热茶端到了我的面前。

ㄱ. 함께 쓸 수 있는 어휘들을 먼저 한 묶음으로 묶는다.

　　把……동사+到+장소 : '~를 ~로 이동시키다'라는 뜻의 고정구문이다.

ㄴ. 주술목을 찾는다.

　　술어 : 동태조사 '了'를 동반한 동사 '端'이 술어로 쓰였다.
　　목적어 : 술어 '端'의 목적어는 '一杯热茶'가 된다. 그런데 이 문장은 '把'자문이므로 '端'의 목적어 '一杯热茶'는 '把一杯热茶'의 순으로 술어 '端' 앞에 위치한다.
　　주어 : 사람을 뜻하는 단어 '他'가 주어로 쓰였다.

ㄷ. 나머지 단어의 위치를 찾는다.

　　亲自 : 부사 '亲自'는 개사구 '把一杯热茶' 앞에 위치한다.
　　我的面前 : 장소를 나타내는 말이므로 '我的面前'을 '把……동사+到+장소'의 구조에 넣으면 '把一杯热茶端到了我的面前'이 된다.

ㄹ. 어순에 맞춰 나열한다.

주어		의미상 목적어		술어	
他	亲自	把一杯热茶		端到了	我的面前。
	부사	개사구		동사 + 到 + 장소	

ㅁ. 정답 및 해석

把　端到了　亲自　一杯热茶　我的面前　他　　　　~을 받들다　직접　뜨거운 차 한 잔　내 앞　그
→ **他亲自把一杯热茶端到了我的面前。**　　　　→ 그는 직접 뜨거운 차 한 잔을 내 앞으로 가져 왔다.

端 duān 통 받들다, 받쳐 들다 ｜ 亲自 qīnzì 문 직접 (하다), 손수

12 특수구문_被자문 p.98

> **정답**
> 1 猜着了　已经　谜语　他　被　这
>
> 这谜语已经被他猜着了。

ㄱ. 함께 쓸 수 있는 어휘들을 먼저 한 묶음으로 묶는다.

　　这谜语 : 지시대사 '这' 뒤에는 명사가 와야 하므로 '这谜语'는 한 묶음이 된다.

ㄴ. 주술목을 찾는다.

　　주어/술어 : 동사 '猜着了'가 술어로 쓰였다. 그런데 이 문장은 '被'자문이므로 '주어(명사)+被+(명사)+술어'로 써야 하고 주어로 쓰이는 명사와 '被' 뒤에 나오는 명사의 의미 관계를 잘 따져봐야 한다. 명사 '他'와 '这谜语'의 의미 관계를 따져보면 '수수께끼가 그에 의해서 맞혀지다'이므로 주어는 '这谜语'가 되어야 하고, '他'는 '被' 뒤에 위치해야 한다.

ㄷ. 나머지 단어의 위치를 찾는다.

　已经被他 : '부사+개사구'의 순으로 써야 하므로 '已经被他'의 순으로 술어 '猜着了' 앞에 위치한다. → 已经被他猜着了

ㄹ. 어순에 맞춰 나열한다.

　这谜语　已经　被他　猜着了。
　(주어)　(부사 + 개사구)　(술어)

ㅁ. 정답 및 해석

　猜着了　已经　谜语　他　被　这　　　맞추다　이미　수수께끼　그　~에 의해　이
　→ **这谜语已经被他猜着了。**　　　　　→ 이 수수께끼는 이미 그가 맞추었다.

猜 cāi 图 추측하다, 알아맞히다 ｜ 谜语 míyǔ 图 수수께끼

정답

2 发现　被　我们　没　老师　幸亏

我们幸亏没被老师发现。

ㄱ. 주술목을 찾는다.

　주어/술어 : 동사 '发现'이 술어로 쓰였다. 이 문장은 '被'자문이므로 명사 '我们'과 '老师'의 의미 관계를 따져보면 '우리가 선생님한테 발견되다'가 자연스러우므로 주어는 '我们'이 되어야 하고, '老师'는 '被' 뒤에 위치해야 한다.

ㄴ. 나머지 단어의 위치를 찾는다.

　幸亏/没 : 어기부사 '幸亏'와 부정부사 '没'는 '어기부사+부정부사'의 순으로 써야 하므로 '幸亏没'의 순으로 술어 '发现' 앞에 위치한다. → 幸亏没发现

ㄷ. 어순에 맞춰 나열한다.

　我们　幸亏　没　被老师　发现。
　(주어)　(어기부사 + 부정부사 + 개사구)　(술어)

ㄹ. 정답 및 해석

　发现　被　我们　没　老师　幸亏　　　발견하다　~에 의해　우리　아니다　선생님　다행히
　→ **我们幸亏没被老师发现。**　　　　　→ 우리는 다행히도 선생님에게 들키지 않았다.

幸亏 xìngkuī 凰 다행히, 요행으로, 운 좋게

정답

3 没有　别人　批评　他　从来　被　过

他从来没有被别人批评过。

ㄱ. 주술목을 찾는다.
    주어/술어 : 동사 '批评'이 술어로 쓰였다. 이 문장은 '被'자문이므로 명사 '别人'과 '他'의 의미 관계를 따져보면 '그가 다른 사람들한테 야단맞다'가 자연스러우므로 주어는 '他'가 되어야 하고, '别人'은 '被' 뒤에 위치해야 한다.

ㄴ. 나머지 단어의 위치를 찾는다.
    从来没有 : '어기부사+부정부사'의 순으로 써야 하므로 '从来没有'의 순으로 술어 '批评' 앞에 위치한다. → 从来没有批评
    过 : 동태조사 '过'는 동사 '批评' 뒤에 위치한다. → 批评过

ㄷ. 어순에 맞춰 나열한다.
       주어   술어
    他 从来   没有   被别人   批评过。
        어기부사 + 부정부사 + 개사구

ㄹ. 정답 및 해석
    没有 别人 批评 他 从来 被 过   없다 다른 사람 꾸짖다 그 여태껏 ~에 의해 과
    → **他从来没有被别人批评过。**   → 그는 지금까지 다른 사람한테 야단맞은 적이 없다.

    批评 pīpíng 동 꾸짖다, 나무라다 | 从来 cónglái 부 지금까지, 여태껏

정답 **4** 删除 我 文件 了 很重要的 被 不小心
很重要的文件不小心被我删除了。

ㄱ. 함께 쓸 수 있는 어휘들을 먼저 한 묶음으로 묶는다.
    很重要的文件 : '很重要的' 뒤에는 명사가 나와야 하므로 '很重要的文件'은 한 묶음이 된다.

ㄴ. 주술목을 찾는다.
    주어/술어 : 동사 '删除'가 술어로 쓰였다. 이 문장은 '被'자문이므로 명사 '很重要的文件'과 '我'의 의미 관계를 따져보면 '중요한 문서가 나에 의해 삭제되다'이므로 주어는 '很重要的文件'이 되어야 하고, '我'는 '被' 뒤에 위치해야 한다.

ㄷ. 나머지 단어의 위치를 찾는다.
    不小心 : '실수로 ~하다'라는 뜻으로 쓰여 술어 앞에 놓이며, 술어 앞에 개사구가 있으면 개사구 앞에 위치한다.
         → 不小心被我删除
    了 : 동사 '删除' 뒤에 위치한다. → 删除了

ㄹ. 어순에 맞춰 나열한다.
          주어   술어
    很重要的文件   不小心   被我   删除了。
                  부사 + 개사구

ㅁ. 정답 및 해석
    删除 我 文件 了 很重要的 被 不小心   삭제하다 나 문서 了 매우 중요한 ~에 의해 잘못해서
    → **很重要的文件不小心被我删除了。**   → 중요한 문서가 나의 실수로 삭제되었다.

    删除 shānchú 동 빼다, 삭제하다, 지우다 | 不小心 bùxiǎoxīn 조심하지 않다

정답	**5** 建议　能　大家　接受　你的　一定　被
	你的建议一定能被大家接受。

ㄱ. 함께 쓸 수 있는 어휘들을 먼저 한 묶음으로 묶는다.

　　你的建议 : '你的' 뒤에는 명사가 와야 하므로 '你的建议'는 한 묶음이 된다.

ㄴ. 주술목을 찾는다.

　　주어/술어 : 동사 '接受'가 술어로 쓰였다. 이 문장은 '被'자문이므로 명사 '你的建议'와 '大家'의 의미 관계를 따져보면 '너의 제안이 모두에 의해 받아 들여지다'가 자연스러우므로 주어는 '你的建议'가 되어야 하고, '大家'는 '被' 뒤에 위치해야 한다.

ㄷ. 나머지 단어의 위치를 찾는다.

　　一定/能 : '부사+조동사'의 순으로 써야 하므로 '一定能'의 순으로 술어 '接受' 앞에 위치한다. → 一定能接受

ㄹ. 어순에 맞춰 나열한다.

　　주어　　　　　　　　　　　　　　　　술어
　　你的建议　　一定　能　被大家　接受。
　　　　　　　　부사 + 조동사 + 개사구

ㅁ. 정답 및 해석

　　建议　能　大家　接受　你的　一定　被
　　→ **你的建议一定能被大家接受。**

　　건의하다　~할 수 있다　모두　받아들이다　너의　반드시　~에 의해
　　→ 모두 틀림없이 너의 의견을 받아들일 것이다.

建议 jiànyì 동 제안하다, 건의하다 | **接受** jiēshòu 동 받아들이다, 받다

13 특수구문_비교문 p.103

정답	**1** 以前　多了　经济负担　减轻　比
	经济负担比以前减轻多了。

ㄱ. 함께 쓸 수 있는 어휘들을 먼저 한 묶음으로 묶는다.

　　比 : 제시어에 '比'가 있으므로 이 문장은 비교문이라는 것을 알 수 있다. 비교문은 'A(주어)+比+B(비교 기준)+(부사)+형용

서술어(비교 내용)+(구체적 수치)' 순으로 써야 한다. 비교문에서는 주어와 '比' 뒤에 위치하는 비교 기준의 의미 관계를 잘 따져봐야 한다.

ㄴ. 주술목을 찾는다.

주어/술어 : 비교문에서 동사 '减轻'과 형용사 '多了'가 있을 때 '多了'는 술어 뒤에 위치하여 '훨씬 ~하다'라는 뜻으로 쓰인다. 따라서 동사 '减轻'이 술어로 쓰였고 '减轻'의 주어는 '经济负担'이며 비교기준은 '以前'이다.

ㄷ. 어순에 맞춰 나열한다.

   주어   술어 보어
  经济负担 比 以前 减轻 多了。
        개사 + 비교 기준

ㄹ. 정답 및 해석

 以前 多了 经济负担 减轻 比   예전 많이 경제적 부담 줄다 ~보다
 → 经济负担比以前减轻多了。 → 경제적 부담이 예전보다 많이 줄어들었다.

负担 fùdān 명 부담, 책임 동 (책임·일·비용 등을) 부담하다, 책임지다 | 减轻 jiǎnqīng 동 줄다, 감소하다

정답 **2** 你想象的 坏 他 不 那么 像

他不像你想象的那么坏。

ㄱ. 함께 쓸 수 있는 어휘들을 먼저 한 묶음으로 묶는다.

像……那么 : 제시어에 '像'과 '那么'가 있으므로 이 문장은 'A(주어)+(不)像+B(비교 기준)+一样+这么/那么+술어(비교 내용)' 비교문이다.

ㄴ. 주술목을 찾는다.

주어/술어 : 형용사 '坏'가 술어로 쓰였고, 술어 '坏'의 주어는 '他'이며 비교 기준은 '你想象的'가 된다.

ㄷ. 나머지 단어의 위치를 찾는다.

不/那么 : '像……那么' 비교문의 어순에 따라 단어를 배열하면 부정부사 '不'는 '像' 앞에 위치하고, '那么'는 술어 '坏' 앞에 위치한다. → 不像那么坏

ㄹ. 어순에 맞춰 나열한다.

 주어   술어
 他 不像 你想象的 那么 坏 。
     不像 + 비교 기준 + 那么

ㅁ. 정답 및 해석

 你想象的 坏 他 不 那么 像 네가 생각하는 것 나쁘다 그 아니다 그렇게 ~처럼
 → 他不像你想象的那么坏。 → 그는 네가 생각하는 것처럼 그렇게 나쁘지 않아.

想象 xiǎngxiàng 명 동 상상(하다) | 像 xiàng 부 마치(흡사) ~인 것 같다 동 ~와 같다

> 정답
> **3** 有　已经　高了　3层楼　这么　那棵树
> ─────────────────────────────
> 那棵树已经有3层楼这么高了。

ㄱ. 함께 쓸 수 있는 어휘들을 먼저 한 묶음으로 묶는다.
　　有……这么 : 제시어에 '有'와 '这么'가 있으므로 이 문장은 'A(주어)+(没)有+B(비교 기준)+(这么/那么)+술어(비교 내용)' 비교문이다.

ㄴ. 주술목을 찾는다.
　　주어/술어 : '有'를 이용한 비교문이므로 술어는 형용사 '高了'가 된다. '有'를 이용한 비교문은 A(주어)가 B(비교 기준)의 정도에 도달했음을 나타내므로 '저 나무는 3층 건물만큼 높다'라고 해석하는 것이 자연스러운 문장이 된다. 따라서 술어 '高了'의 주어는 '那棵树'가 되고 비교 기준은 '3层楼'가 되어야 한다.

ㄷ. 나머지 단어의 위치를 찾는다.
　　已经/这么 : '有' 비교문의 어순에 따라 단어를 배열하면 부사 '已经'은 개사 '有' 앞에 위치하고, '这么'는 술어 '高了' 앞에 위치한다. → 已经有这么高了

ㄹ. 어순에 맞춰 나열한다.
　　　　주어　　　　　　　　　　　　　　　　술어
　　那棵树　已经　有　3层楼　这么　高了。
　　　　　　부사 + 개사 + 비교 기준 + 这么

ㅁ. 정답 및 해석
　　有　已经　高了　3层楼　这么　那棵树　　　~만큼　이미　높다　3층 건물　이렇게　저 나무
　　→ 那棵树已经有3层楼这么高了。　　　　→ 저 나무는 3층 건물만큼 높다.

─────────────────────────────

层 céng 몡 층　|　**楼** lóu 몡 (2층 이상의) 다층 건물　|　**棵** 몡 그루, 포기[식물을 세는 단위]　|　**树** shù 몡 나무

> 정답
> **4** 和　一样　他的意见　我的意见　不
> ─────────────────────────────
> 他的意见和我的意见不一样。/ 我的意见和他的意见不一样。

ㄱ. 함께 쓸 수 있는 어휘들을 먼저 한 묶음으로 묶는다.
　　和……一样 : 제시어에 '和'와 '一样'이 있으므로 이 문장은 'A(주어)+跟/和+B(비교 기준)+(不)一样+(형용사/동사구)' 비교문이다.

ㄴ. 주술목을 찾는다.
　　주어/술어 : 'A+跟/和+B+(不)一样' 구문이므로 술어는 '一样'이고 주어는 '他的意见'과 '我的意见' 모두 가능하며, 비교 기준도 '他的意见'과 '我的意见' 둘 다 가능하다.

ㄷ. 나머지 단어의 위치를 찾는다.

　　不 : '……和……不一样' 구문의 어순에 따라 부정부사 '不'는 술어 '一样' 앞에 위치한다. → 不一样

ㄹ. 어순에 맞춰 나열한다.

　　　　주어　　　　　　　　　　술어　　　　　　주어　　　　　　　　　　술어
　　他的意见　和　我的意见　不一样。 / 我的意见　和　他的意见　不一样。
　　　　　　　和 + 비교 기준　　　　　　　　　　　　　和 + 비교 기준

ㅁ. 정답 및 해석

　　和　一样　他的意见　我的意见　不
　　→ **他的意见和我的意见不一样。/ 我的意见和他的意见不一样。**

　　~와　같다　그의 의견　나의 의견　아니다
　　→ **그의 의견은 나의 의견과 다르다. / 나의 의견은 그의 의견과 다르다.**

意见 yìjiàn 명 견해, 의견

정답

5 两个小时　你们　睡了　比我　多

你们比我多睡了两个小时。

ㄱ. 함께 쓸 수 있는 어휘들을 먼저 한 묶음으로 묶는다.

　　비교문 : 비교문에 수량사와 1음절 형용사가 있을 때 이 문장은 'A(주어)+比+B(비교 기준)+1음절 형용사+술어동사+수량사'의 구조로 써야 한다.

ㄴ. 주술목을 찾는다.

　　술어 : 동사 '睡了'가 술어가 된다.
　　주어 : 인칭대사 '你们'이 주어가 된다.
　　보어 : '两个小时'는 수량보어로, 술어 뒤에 위치한다.

ㄷ. 나머지 단어의 위치를 찾는다.

　　多 : 동사 뒤에 수량보어가 오는 경우 '多/少/早/晚' 등의 1음절 형용사는 부사의 의미로 쓰여 술어동사 앞에 위치한다. 따라서 '多'는 '睡了' 앞에 위치해야 한다. → 多睡了

ㄹ. 어순에 맞춰 나열한다.

　　주어　　　　　　　　술어　　수량보어
　　你们　比　我　多　睡了　两个小时。
　　　　　比 + 비교 기준 + 1음절 형용사

ㅁ. 정답 및 해석

　　两个小时　你们　睡了　比我　多　　　　두 시간　너희　잤다　나보다　많이
　　→ **你们比我多睡了两个小时。**　　　→ **너희는 나보다 두 시간 더 잤다.**

睡 shuì 동 (잠을) 자다

14 특수구문_是……的문 p.107

> **정답**
>
> **1** 的　旅行　一起去　跟朋友　是　我
>
> 我是跟朋友一起去旅行的。

ㄱ. 함께 쓸 수 있는 어휘들을 먼저 한 묶음으로 묶는다.

  是……的 : 제시어에 '是'와 '的'가 있으므로 이 문장은 '是……的' 강조구문임을 알 수 있다. 따라서 '주어+是+강조내용+술어+的'의 순으로 써야 한다.

ㄴ. 주술목을 찾는다.

  술어 : 동사 '去'와 '旅行'이 있으므로 '去旅行'의 순으로 연동문을 만들 수 있다.
  주어 : '去旅行'의 주어는 '我'가 되어야 한다.

ㄷ. 나머지 단어의 위치를 찾는다.

  跟朋友/是/的 : 개사구 '跟朋友'는 술어 '一起去旅行' 앞에 위치하고, '是'는 강조하는 내용 '跟朋友' 앞에, '的'는 문장 끝에 위치한다. → 是跟朋友一起去旅行的

ㄹ. 어순에 맞춰 나열한다.

  我　是　<u>跟朋友一起</u>　去旅行　的。
  （주어）（개사구）（술어）

ㅁ. 정답 및 해석

的　旅行　一起去　跟朋友　是　我　　　的　여행　함께 가다　친구와　是　나
→ **我是跟朋友一起去旅行的。**　　　→ 나는 친구와 함께 여행을 간 것이다.

旅行 lǚxíng 동 여행하다

> **정답**
>
> **2** 不是　我　花瓶　打破　的
>
> 花瓶不是我打破的。

ㄱ. 주술목을 찾는다.

  주어/술어/목적어 : 이 문장은 과거 동작의 행위자를 강조하는 '是……的' 강조구문이므로 '목적어+(不)是+주어+술어+的'의 순으로 써야 한다. 동사 '打破'가 술어가 되고, 사람을 뜻하는 인칭대사 '我'가 주어가 되며, 목적어는 '花瓶'이다.

ㄴ. 어순에 맞춰 나열한다.

　　　　의미상 목적어　　　의미상 주어
　　　　花瓶　　不是　　我　　打破　　的。

ㄷ. 정답 및 해석

不是　我　花瓶　打破　的　　～이 아니다　나　화병　깨다　的
→ **花瓶不是我打破的。**　　　　→ 화병을 깬 것은 내가 아니다.

花瓶 huāpíng 몡 화병, 꽃병 ｜ 打破 dǎpò 동 깨다, 때려부수다

정답	**3** 的　接受　是　你的意见　不能
	你的意见是不能接受的。

ㄱ. 주술목을 찾는다.

주어/술어 : 이 문장은 말하는 사람의 생각이나 태도를 강조하는 '是……的' 강조구문으로 '주어+是+동사+목적어+的'의 순으로 써야 한다. 따라서 동사 '接受'가 술어가 되고, 명사구 '你的意见'은 '接受'의 주어가 된다.

ㄴ. 나머지 단어의 위치를 찾는다.

不能 : 말하는 사람의 생각이나 태도를 강조하는 '是……的' 강조구문에서 부정부사 '不'는 동사 '接受' 앞에 위치한다.
　　→ 不能接受

ㄷ. 어순에 맞춰 나열한다.

　　　주어　　　　술어
　　你的意见　　是　　不能接受　　的。

ㄹ. 정답 및 해석

的　接受　是　你的意见　不能　　的　～받아들이다　是　너의 의견　～할 수 없다
→ **你的意见是不能接受的。**　　　→ 너의 의견은 받아들일 수 없는 것이다.

接受 jiēshòu 동 받아들이다, 받다

정답	**4** 的　是　他　气　生病
	他生病是气的。

ㄱ. 주술목을 찾는다.

술어 : 이 문장은 행위의 원인을 강조하는 '是……的' 강조구문으로 '주어+술어+(不)是+동사(원인)+的'의 구조로 써야 한다. 동사 '生病'과 '气'가 있는데 의미상 '气'가 원인, '生病'이 결과임을 알 수 있다. '是+동사(원인)+的' 강조구문의 어순대로 단어를 배열하면 '他生病是气的'라는 문장을 만들 수 있다.

ㄴ. 어순에 맞춰 나열한다.

他　<u>生病</u>　是　<u>气</u>　的。
　　　결과　　　　원인

ㄷ. 정답 및 해석

的　是　他　气　生病　　　　　的　 는　그　화　병나다
→ 他生病是气的。　　　　　　→ 그가 병이 난 것은 화 때문이다.

气 qì 동 노하다, 화내다 ｜ 生病 shēngbìng 동 병이 나다, 병에 걸리다

정답

5 去　你　是　颐和园的　怎么

你是怎么去颐和园的?

ㄱ. 함께 쓸 수 있는 어휘들을 먼저 한 묶음으로 묶는다.

是……的 : 제시어에 '是……的'가 있으므로 '是……的' 강조구문임을 알 수 있다.

ㄴ. 주술목을 찾는다.

술어 : 동사 '去'가 술어로 쓰였다.
목적어/주어 : '去'의 목적어는 '颐和园', 주어는 '你'가 되어야 한다.

ㄷ. 나머지 단어의 위치를 찾는다.

怎么 : 의문대사 '怎么'는 동사를 수식하므로 '去' 앞에 위치해야 한다. → 怎么去
是/的 : '是……的'가 강조하고자 하는 내용은 '怎么去颐和园'이므로 '是'는 '怎么' 앞에, '的'는 문장 끝에 위치해야 한다.
　　　　→ 是怎么去颐和园的

ㄹ. 어순에 맞춰 나열한다.

주어　　　　　술어　　목적어
你　是　<u>怎么</u>　去　颐和园　的?
　　　　의문대사

ㅁ. 정답 및 해석

去　你　是　颐和园的　怎么　　　가다　너　는　이허위앤에　어떻게
→ 你是怎么去颐和园的?　　　　　→ 너 이허위앤에 어떻게 갔어?

颐和园 Yíhéyuán 고유 이허위앤, 이화원

15 특수구문_접속사 p.112

> **정답**
>
> **1** 原谅他　他亲自　除非　向我道歉　我才会
>
> 除非他亲自向我道歉，我才会原谅他。

ㄱ. 함께 쓸 수 있는 어휘들을 먼저 한 묶음으로 묶는다.

　除非……才…… : '~해야만 ~한다'라는 뜻의 조건관계를 나타내는 접속사이다.

ㄴ. 주술목을 찾는다.

　술어 : 술어로 쓰일 수 있는 단어는 동사 '原谅'과 '道歉'이 있는데 하나는 조건절에, 하나는 결과절에 위치해야 한다. 의미 관계를 따져보면 '사과를 해야만 용서하겠다'라는 뜻이 되어야 하므로 '道歉'은 '除非' 뒤에, '原谅'은 '才' 뒤에 위치해야 한다.

　주어 : '道歉'과 '原谅'의 주어는 각각 '他'와 '我'가 되어야 문장이 자연스럽다.

ㄷ. 어순에 맞춰 나열한다.

　除非　他　<u>亲自</u>　<u>向我道歉</u>，　我　才　<u>会</u>　原谅　他。
　　　　주어　부사+개사구　　　　　주어　　조동사　술어　목적어

ㄹ. 정답 및 해석

原谅他　他亲自　除非　向我道歉　我才会
→ **除非他亲自向我道歉，我才会原谅他。**

그를 용서하다　그가 직접　오직 ~해야　나에게 사과하다　나는 비로소
→ **그가 직접 나에게 사과해야만 나는 그를 용서할 것이다.**

原谅 yuánliàng 통 이해하다, 용서하다 | **亲自** qīnzì 囝 직접, 손수, 친히 | **除非** chúfēi 젭 오직 ~하여야 (비로소) | **道歉** dàoqiàn 통 사과하다, 사죄하다

> **정답**
>
> **2** 才能　圆满解决　只有　这个问题　通过协商
>
> 只有通过协商，才能圆满解决这个问题。/ 这个问题只有通过协商，才能圆满解决。

ㄱ. 함께 쓸 수 있는 어휘들을 먼저 한 묶음으로 묶는다.

　只有……才…… : '~해야만 ~한다'라는 뜻의 조건관계를 나타내는 접속사이다.

ㄴ. 주술목을 찾는다.

술어 : 술어로 쓰일 수 있는 단어는 동사 '解决'와 '协商'이 있는데 하나는 조건절에, 하나는 결과절에 위치해야 한다. 의미 관계를 따져보면 '협상을 통해서만 원만하게 해결할 수 있다'라는 뜻이 되어야 하므로 '协商'은 '只有' 뒤에, '解决'는 '才' 뒤에 위치해야 한다.

목적어 : 목적어 '这个问题'는 '解决'의 대상이므로 '解决' 뒤에 위치하거나 강조하기 위하여 문장 맨 앞에 놓을 수도 있다.

ㄷ. 어순에 맞춰 나열한다.

只有　通过协商，　才　能　圆满解决　这个问题。
　　　(개사구)　　　　(조동사)　(술어)　(목적어)

这个问题　只有　通过协商，　才　能　圆满解决。
(목적어)　　　　(개사구)　　　(조동사)　(술어)

ㄹ. 정답 및 해석

才能　圆满解决　只有　这个问题　通过协商
→ **只有通过协商，才能圆满解决这个问题。/ 这个问题只有通过协商，才能圆满解决。**

그래야　원만하게 해결하다　~해야만　이 문제　협상을 통해
→ **협상을 통해야만 이 문제를 원만하게 해결할 수 있다. / 이 문제는 협상을 통해야만 원만하게 해결할 수 있다.**

圆满 yuánmǎn 형 원만하다, 훌륭하다 | **解决** jiějué 동 해결하다, 풀다 | **通过** tōngguò 개 ~을 거쳐, ~를 통해 | **协商** xiéshāng 동 협상하다, 협의하다

정답　**3** 要完成　来帮助　有没有人　我们都　这项任务　不管

不管有没有人来帮助，我们都要完成这项任务。

ㄱ. 함께 쓸 수 있는 어휘들을 먼저 한 묶음으로 묶는다.

不管……都…… : '~와 관계없이, 모두 ~한다'라는 뜻의 조건관계를 나타내는 접속사이다.

> '不管' 뒤에는 의문대사, 선택의문문, 정반의문문, '多(么)'가 온다.

ㄴ. 주술목을 찾는다.

술어 : 술어로 쓰일 수 있는 단어는 '来帮助'와 '要完成'이 있는데 하나는 조건절에, 하나는 결과절에 위치해야 한다. 의미 관계를 따져보면 '도와주든 도와주지 않든 완수해야 한다'라는 뜻이 되어야 하므로 '帮助'는 '不管' 뒤에, '完成'은 '都' 뒤에 위치해야 한다.

목적어 : 목적어 '这项任务'는 '完成'의 대상이므로 '完成' 뒤에 위치한다.

ㄷ. 나머지 단어의 위치를 찾는다.

有没有人 : 정반의문문이므로 '不管' 뒤에 위치하며, '有'가 첫번째 동사로 쓰인 연동문이므로 동사 '来帮助' 앞에 위치한다.
→ 不管有没有人来帮助

ㄹ. 어순에 맞춰 나열한다.

不管　有没有人　来帮助，　我们　都　要完成　这项任务。
　　　(주어)　　(술어)　　(주어)　　(술어)　(목적어)

ㅁ. 정답 및 해석

要完成　　来帮助　　有没有人　　我们都　　这项任务　　不管
→ **不管有没有人来帮助，我们都要完成这项任务。**

완성해야 한다　　도와주다　　~할 사람이 있든 없든　　우리 모두　　이 임무　　~을 막론하고
→ **도와줄 사람이 있든 없든 우리는 이 임무를 완수해야 한다.**

完成 wánchéng 동 (예정대로) 끝내다, 완수하다 | 任务 rènwu 명 임무 | 不管 bùguǎn 접 ~을 막론하고, ~에 관계없이

정답 **4** 不可　　否则　　老人家　　幸亏　　你的话　　非骂你一顿　　没听清

幸亏老人家没听清你的话，否则非骂你一顿不可。

ㄱ. 함께 쓸 수 있는 어휘들을 먼저 한 묶음으로 묶는다.

幸亏……否则 : '다행히 ~했지, 그렇지 않으면 ~한다'라는 뜻의 조건관계를 나타내는 접속사이다.
非……不可 : '필히 ~하지 않으면 안 된다'라는 뜻의 고정구문이다.

ㄴ. 주술목을 찾는다.

술어 : 술어로 쓰일 수 있는 단어는 '没听清'과 '非骂你一顿'이 있는데 의미 관계를 따져보면 '잘 못들어서 다행이지 그렇지 않으면 넌 분명히 욕을 먹었을 거야'라는 뜻이 되어야 하므로 '没听清'은 '幸亏' 뒤에, '非骂你一顿'은 '否则' 뒤에 위치해야 한다.
목적어 : '你的话'는 '没听清'의 대상이므로 목적어로써 '没听清' 뒤에 위치한다.
주어 : '老人家'는 '没听清'의 주체이므로 '没听清' 앞에 위치한다.

ㄷ. 나머지 단어의 위치를 찾는다.

不可 : '非……不可'는 고정구문이므로 '非骂你一顿' 뒤에 위치한다. → 非骂你一顿不可

ㄹ. 어순에 맞춰 나열한다.

　　　주어　　　술어　　　목적어　　　　　　술어　　목적어
幸亏　老人家　没听清　你的话，　否则　非　骂　你　一顿　不可。
　　　　　　　　　　　　　　　　　　　　　非……不可

ㅁ. 정답 및 해석

不可　　否则　　老人家　　幸亏　　你的话　　非骂你一顿　　没听清
→ **幸亏老人家没听清你的话，否则非骂你一顿不可。**

불허하다　그렇지 않으면　노인　다행히　너의 말　틀림없이 너에게 욕하다　잘 듣지 않다
→ **다행히 노인이 네 말을 못 들었기에 망정이지 그렇지 않았다면 너는 분명히 욕을 먹었을 것이다.**

否则 fǒuzé 접 만약 그렇지 않으면 | 幸亏 xìngkuī 부 다행히, 운 좋게 | 非……不可 fēi……bùkě 반드시, 꼭 ~하지 않으면 안 된다 | 骂 mà 동 욕하다, 꾸짖다

> **정답**
>
> **5** 别人的意见　虚心听取　不完全对　哪怕　我们也要
>
> 哪怕别人的意见不完全对，我们也要虚心听取。

ㄱ. 함께 쓸 수 있는 어휘들을 먼저 한 묶음으로 묶는다.

　哪怕……也…… : '설사 ~일지라도 ~하다'라는 뜻의 가설관계를 나타내는 접속사이다.

ㄴ. 주술목을 찾는다.

　술어 : 술어로 쓰일 수 있는 단어는 '虚心听取'와 '不完全对'가 있는데 의미 관계를 따져보면 '설사 완전히 옳지 않더라도 겸허하게 경청해야 한다'라는 뜻이 되어야 하므로 '不完全对'는 '哪怕' 뒤에, '虚心听取'은 '也' 뒤에 위치해야 한다.

　주어/목적어 : '别人的意见'은 '不完全对'의 주어이자 '虚心听取'의 목적어이기도 하다. 이럴 경우 '虚心听取'의 목적어는 생략이 가능하지만 첫 번째 문장의 주어는 생략할 수 없으므로 '别人的意见'은 '不完全对' 앞에 위치한다.

ㄷ. 어순에 맞춰 나열한다.

　　　　　주어/목적어　　술어　　주어　　　　술어
　哪怕　别人的意见　不完全对，我们　也　要虚心听取。

ㄹ. 정답 및 해석

别人的意见　虚心听取　不完全对　哪怕　我们也要
→ **哪怕别人的意见不完全对，我们也要虚心听取。**

다른 사람의 의견　겸손하게 귀 기울이다　완전히 맞지는 않다　비록 ~라 해도　우리는 ~해야 한다
→ **비록 다른 사람의 의견이 완전히 맞지 않다고 해도 우리는 겸손하게 귀 기울여야 한다.**

虚心 xūxīn 〔형〕 겸손하다, 겸허하다　|　**听取** tīngqǔ 〔동〕 귀담아듣다, 귀를 기울이다　|　**哪怕** nǎpà 〔접〕 설령(비록) ~라 해도

Ⅱ. 제시어와 그림 보고 글쓰기

1 문장의 유형

1 서술문

〈2〉 제시어 사용하여 서술문 쓰기

⑵ 쓰기 훈련 p.116

> ① 诊断、挂号、幸好、好转、只好

ㄱ. 주어진 단어의 병음과 품사, 의미를 써 보세요.

诊断 zhěnduàn 동 (환자에게 병을) 진단하다

挂号 guàhào 동 접수하다

幸好 xìnghǎo 부 다행히, 운 좋게

好转 hǎozhuǎn 동 호전되다

只好 zhǐhǎo 부 부득이, 할 수 없이, 어쩔 수 없이

ㄴ. 조합할 수 있는 단어끼리 조합시키고, 나머지는 자주 같이 쓰이는 짝을 찾아 보세요.

医生诊断 의사가 진단하다

诊断结果 진단 결과

挂号看病 접수하고 진찰받다

病情好转 병세가 호전되다

有了好转 호전되다

只好去医院 어쩔 수 없이 병원에 가다

幸好不是大病 다행히도 큰 병이 아니다

ㄷ. 단어나 어휘 조합을 통해 스토리를 구상해 보세요.

주요 인물 : 我

시간 : 今天早上

장소 : 医院

사건 발생 : 감기에 걸려서 어쩔 수 없이 병원에 갔다.

경과 : 접수를 하고 의사 선생님에게 진찰을 받았다.

결과 : 다행히 심각하지는 않고 점차 호전될 것이다.

ㄹ. 위의 내용을 중국어로 적어 보세요.

		最	近	天	气	时	冷	时	热	,	所	以	我	感	冒
了	。	今	天	早	上	起	来	时	,	特	别	难	受	,	没
有	办	法	,	只	好	去	医	院	看	病	。	到	了	医	院

先	挂	了	号	，	然	后	去	看	医	生	。	医	生	诊	断
是	流	行	性	感	冒	，	幸	好	不	太	严	重	，	只	要
按	时	吃	药	就	会	慢	慢	好	转	的	。				

요즘 날씨가 추웠다 더웠다 해서 나는 감기에 걸렸다. 오늘 아침에 일어날 때는 너무 아파서 어쩔 수 없이 병원에 진찰을 받으러 갔다. 병원에 가서 우선 접수를 한 후 진료를 받았다. 의사 선생님은 유행성 감기라고 진단했는데, 다행히도 심각한 것은 아니고, 제때 약을 먹기만 하면 조금씩 좋아질 거라고 했다.

时冷时热 shí lěng shí rè 추웠다 더웠다 하다 | 难受 nánshòu 형 (몸이 아파서) 불편하다, 아프다 | 看病 kànbìng 동 진찰하다, 진찰받다 | 先……然后…… xiān……ránhòu…… 먼저 ~하고 그런 후에 ~한다 | 流行性 liúxíngxìng 명 유행성, 전염성 | 严重 yánzhòng 형 (상황이나 병세 등 추상적인 사물이) 심각하다, 엄중하다 | 只要……就…… zhǐyào……jiù…… ~하기만 하면 반드시 ~한다 | 按时 ànshí 부 규정된 시간에 따라

② 搬家、公寓、环境、羡慕、装修

ㄱ. 주어진 단어의 병음과 품사, 의미를 써 보세요.

搬家 bānjiā 동 (집을) 이사하다

公寓 gōngyù 명 아파트

环境 huánjìng 명 환경

羡慕 xiànmù 동 부러워하다, 동경하다

装修 zhuāngxiū 동 장식하고 꾸미다, 설치하고 수리하다

ㄴ. 조합할 수 있는 단어끼리 조합시키고, 나머지는 자주 같이 쓰이는 짝을 찾아 보세요.

搬家公司 이삿짐센터

一套公寓 집 한 채

环境优美 환경이 아름답다

生活环境 생활 환경

非常羡慕 매우 부럽다

羡慕别人 다른 사람을 부러워하다

装修房子 집 내부 공사를 하다

装修公司 내장 공사 회사

ㄷ. 단어나 어휘 조합을 통해 스토리를 구상해 보세요.

주요 인물 : 我，我朋友

시간 : 昨天

장소 : 朋友的新公寓

사건 발생 : 친구가 아파트를 사서 이사했다.

경과 : 우리는 새 아파트를 보러 갔다.

결과 : 우리는 친구가 부러웠다.

ㄹ. 위의 내용을 중국어로 적어 보세요.

	最	近	我	的	朋	友	买	了	一	套	公	寓	,	上
周	搬	了	家	。	昨	天	我	和	朋	友	们	带	礼	物	去
她	的	家	祝	贺	她	。	我	的	朋	友	带	我	们	参	观
了	她	的	家	。	她	的	新	房	装	修	得	非	常	漂	亮,
而	且	公	寓	周	围	的	环	境	也	非	常	优	美	。	我
们	都	很	羡	慕	她	。									

최근 내 친구가 아파트 한 채를 사서 지난주에 이사를 했다. 어제 나는 친구들과 함께 선물을 사들고 그녀의 집에 축하해 주러 갔다. 그녀는 우리를 데리고 집 구경을 시켜줬는데, 그녀의 새 집은 인테리어도 매우 예뻤고, 아파트 주변 환경도 아름다웠다. 우리는 그녀를 매우 부러워했다.

套 tào 양 세트, 벌 | **祝贺** zhùhè 동 축하하다 | **带** dài 동 (물건 등을) 가지다, (사람을) 데리다 | **参观** cānguān 동 참관하다 | **新房** xīnfáng 명 새 집, 새로 지은 집 | **而且** érqiě 접 게다가, ~뿐만 아니라 | **周围** zhōuwéi 명 주위, 둘레, 주변 | **优美** yōuměi 형 (환경, 선율 등이) 뛰어나게 아름답다

〈3〉 그림 보고 서술문 쓰기

(2) 쓰기 훈련 p.119

①

ㄱ. 그림을 자세히 관찰하고 아래 주요 사항을 적어 보세요.

주요 인물 : 两个开车的人

시간 : 早上

장소 : 在路上

사건 : 发生了交通事故

ㄴ. 관찰한 그림을 통해 사건의 발생 원인, 경과, 결과를 연상해서 적어 보세요.

사건 발생 : 아침 출근길이 미끄러워 교통사고가 발생했다.

경과 : 차는 고장났지만 사람은 다치지 않았다.

결과 : 눈길에는 운전을 조심해야 겠다.

ㄷ. 위의 내용을 중국어로 적어 보세요.

	昨	天	下	了	很	大	的	雪	,	今	天	早	上	路
上	非	常	滑	。	在	车	站	旁	边	发	生	了	一	起	交
通	事	故	。	由	于	路	滑	,	后	边	的	车	不	能	及
时	停	下	来	,	所	以	撞	了	前	边	的	车	。	虽	然
车	被	撞	坏	了	,	但	幸	好	没	有	人	受	伤	。	希
望	大	家	在	天	气	不	好	的	时	候	,	小	心	驾	驶	。

　어제 큰 눈이 내려서 오늘 아침 길이 매우 미끄러웠고, 정류장 옆에서 교통사고가 났다. 길이 미끄러웠기 때문에 뒤에 오던 차가 급히 정지하지 못하고 앞 차를 들이받았다. 차는 망가졌지만 다행히 사람은 다치지 않았다. 날씨가 좋지 않은 날에는 모두 주의해서 운전했으면 좋겠다.

滑 huá 형 미끄럽다, 미끄러지다 | 交通事故 jiāotōngshìgù 명 교통사고 | 及时 jíshí 부 즉시, 곧바로 | 停 tíng 동 정지하다, 멈추다 | 撞 zhuàng 동 부딪치다, 돌진하다 | 坏 huài 동 망가지다, 상하다, 고장나다 | 幸好 xìnghǎo 부 다행히, 운 좋게 | 受伤 shòushāng 동 부상당하다, 상처 입다 | 小心 xiǎoxīn 동 조심하다, 주의하다 | 驾驶 jiàshǐ 동 운전하다

②

ㄱ. 그림을 자세히 관찰하고 아래 주요 사항을 적어 보세요.

　주요 인물 : <u>生日蛋糕</u>

　시간 : <u>今天</u>

　장소 : <u>我家</u>

　사건 : <u>过生日</u>

ㄴ. 관찰한 그림을 통해 사건의 발생 원인, 경과, 결과를 연상해서 적어 보세요.

　사건 발생 : <u>오늘은 나의 생일이다.</u>

　경과 : <u>친구들이 케이크를 사들고 우리 집에 축하해 주러 와서 함께 식사를 했다.</u>

　결과 : <u>즐겁게 하루를 보냈다.</u>

ㄷ. 위의 내용을 중국어로 적어 보세요.

		今	天	是	我	的	生	日	，	朋	友	们	到	我	家
来	为	我	庆	祝	生	日	。	他	们	给	我	买	了	一	个
大	生	日	蛋	糕	。	吃	蛋	糕	之	前	，	我	许	了	一
个	生	日	愿	望	——		希	望	家	人	和	朋	友	们	身
体	健	康	，	生	活	幸	福	。	晚	餐	后	，	我	们	一
起	去	唱	了	卡	拉	O	K	，	玩	得	非	常	高	兴	。

오늘은 내 생일이라서 친구들이 생일을 축하해 주기 위해 우리집에 왔다. 그들은 커다란 생일 케이크를 사다 주었다. 케이크를 먹기 전, 나는 가족과 친구들이 모두 건강하고 행복하게 해달라고 소원을 빌었다. 저녁을 먹은 후 우리는 함께 노래방에 가서 신나게 놀았다.

庆祝 qìngzhù 동 경축하다, 축하하다 | 蛋糕 dàngāo 명 케이크 | 许 xǔ 동 허락하다, 허용하다, 약속하다 | 愿望 yuànwàng 명 희망, 소원, 바람 | 幸福 xìngfú 명 행복 | 晚餐 wǎncān 명 저녁 식사 | 卡拉OK kǎlāōukèi 명 가라오케, 노래방

2 논설문

〈2〉 제시어 사용하여 논설문 쓰기

(2) 쓰기 훈련 p.122

① 退休、寂寞、陪伴、公寓、日益

ㄱ. 주어진 단어의 병음과 품사, 의미를 써 보세요.

退休 tuìxiū 동 퇴직하다

寂寞 jìmò 형 외롭다, 쓸쓸하다

陪伴 péibàn 동 모시다, 같이 있다, 함께하다

公寓 gōngyù 명 아파트

日益 rìyì 부 나날이, 날이 갈수록

ㄴ. 조합할 수 있는 단어끼리 조합시키고, 나머지는 자주 같이 쓰이는 짝을 찾아 보세요.

退休老人 퇴직한 노인

非常寂寞 매우 쓸쓸하다

更是寂寞 더욱 외롭다

陪伴老人 노인과 함께 있어 주다

陪伴男友 남자친구와 함께하다

日益突出 나날이 두드러지게 보이다

日益增加 나날이 증가하다

ㄷ. 주어진 단어나 어휘 조합을 통해 논하고자 하는 문제점을 찾아 보세요.
   '退休, 寂寞, 公寓' 이 세 단어로 보아 퇴직 노인들이 아파트에서 혼자 외롭게 시간을 보낸다는 것을 유추할 수 있다. 즉, 노인 문제를 주제로 하면 된다.

ㄹ. 정해진 주제에 따라 문제 제기, 문제 분석, 해결 방법을 요약해 보세요.
   문제 제기 : 많은 나라에서 노인 문제가 나날이 두드러지게 보이고 있다.
   문제 분석 : 자녀들이 함께 있어 주지 못하기 때문에 노인들은 더욱 외롭고, 어떤 노인은 퇴직 후 할 일조차 없다.
   해결 방법 : 정부에서 많은 노인 아파트를 지어 오갈 데 없는 노인들을 도와야 한다.

ㅁ. 위의 내용을 중국어로 적어 보세요.

	现	在	很	多	国	家	进	入	了	老	龄	化	社	会,
老	人	问	题	日	益	突	出	。	尤	其	是	一	些	没	有
子	女	陪	伴	的	老	人	,	更	是	寂	寞	,	还	有	一
些	退	休	以	后	没	有	事	可	干	的	老	人	。	我	觉
得	政	府	应	该	多	建	一	些	老	年	公	寓	,	帮	助
照	顾	那	些	老	无	所	依	的	老	人	。				

현재 많은 나라들이 노령화 사회에 들어서면서 노인 문제가 나날이 두드러지고 있다. 특히 자녀들이 함께 있어 주지 못하는 노인들은 더욱 외로운데, 어떤 노인들은 퇴직 후에 할 일이 없기도 하다. 나는 정부에서 많은 노인 아파트를 지어 늙어서 의지할 곳 없는 노인들을 보살펴야 한다고 생각한다.

老龄化 lǎolínghuà 동 노령화하다 | **突出** tūchū 형 두드러지다, 돋보이다 | **尤其是** yóuqíshì 부 특히, 더욱이 | **政府** zhèngfǔ 명 정부 | **建** jiàn 동 건설하다, 짓다 | **依** yī 동 기대다, 의지하다

② 交通、严重、利用、为了、生活

ㄱ. 주어진 단어의 병음과 품사, 의미를 써 보세요.
   交通 jiāotōng 명 교통
   严重 yánzhòng 형 심각하다, 엄중하다
   利用 lìyòng 동 이용하다
   为了 wèile 개 ~를 하기 위해
   生活 shēnghuó 명 생활

ㄴ. 조합할 수 있는 단어끼리 조합시키고, 나머지는 자주 같이 쓰이는 짝을 찾아 보세요.
   交通**工具** 교통수단
   影响交通 교통에 영향을 주다
   问题严重 문제가 심각하다
   利用**交通工具** 교통수단을 이용하다
   为了**解决问题** 문제를 해결하기 위해

为了安全 안전을 위해

生活水平 생활 수준

ㄷ. 주어진 단어나 어휘 조합을 통해 논하고자 하는 문제점을 찾아 보세요.
'交通，严重，生活' 이 세 단어로 보아 교통 문제가 심각해진 이유와 그 해결책에 대한 내용을 쓰면 된다.

ㄹ. 정해진 주제에 따라 문제 제기, 문제 분석, 해결 방법을 요약해 보세요.
문제 제기 : 생활 수준이 높아짐에 따라 자가용이 많아지고 있다.
문제 분석 : 자가용의 이용은 생활에 편리함을 가져다 주지만 교통에 영향을 주는데, 특히 출퇴근 시간 때면 특히 심해진다.
해결 방법 : 교통 문제를 해결하기 위해 대중교통을 많이 이용해야 한다.

ㅁ. 위의 내용을 중국어로 적어 보세요.

		随	着	生	活	水	平	的	提	高	，	拥	有	私	家
车	的	人	越	来	越	多	了	。	开	车	出	行	确	实	给
我	们	的	生	活	带	来	了	很	多	方	便	，	但	同	时
也	影	响	了	交	通	，	尤	其	是	在	上	下	班	高	峰
时	特	别	严	重	。	为	了	解	决	这	一	问	题	，	希
望	大	家	出	门	时	多	利	用	大	众	交	通	工	具	。

생활 수준이 높아짐에 따라 자가용을 소유한 사람들이 점점 많아지고 있다. 자가용을 몰고 나가면 확실히 많은 편리함이 있지만 동시에 교통에 영향을 미치게 된다. 특히 출퇴근 시간인 러시아워에는 훨씬 심각하다. 이 문제를 해결하기 위해서는 외출할 때 대중교통을 많이 이용해야 한다.

〈3〉 그림 보고 논설문 쓰기

(2) 쓰기 훈련 p.125

①

ㄱ. 그림을 자세히 관찰하고 무엇이 그려져 있는지 적어 보세요.
공공장소에 쓰레기가 지저분하게 버려져 있다.

ㄴ. 위의 그림이 우리에게 어떤 메시지를 전달하고 있는지 적어 보세요.
   함부로 버려진 쓰레기 때문에 환경 오염이 문제가 되고 있다.

ㄷ. 정해진 주제에 따라 문제 제기, 문제 분석, 해결 방법을 요약해 보세요.
   문제 제기 : 공공장소에 사람들이 버린 쓰레기가 환경 미화에 영향을 주고 환경 오염을 초래한다.
   문제 분석 : 그 원인은 사람들이 환경 의식이 부족하여 환경과 인류의 관계가 밀접함을 인식하지 못하기 때문이다.
   해결 방법 : 환경 보호는 모든 사람들의 책임으로, 모두가 함께 참여해야 한다.

ㄹ. 위의 내용을 중국어로 적어 보세요.

		现	在	在	公	共	场	所	时	常	会	看	到	有	人
随	便	丢	弃	的	垃	圾	。	这	不	但	影	响	美	观	，
而	且	还	会	造	成	环	境	污	染	。	这	主	要	是	因
为	人	们	的	环	保	意	识	不	强	，	认	识	不	到	环
保	与	人	类	关	系	密	切	。	但	保	护	环	境	人	人
有	责	，	希	望	大	家	一	起	来	保	护	环	境	吧	！

요즘 공공장소에서 사람들이 함부로 쓰레기 버리는 것을 자주 볼 수 있다. 이는 미관에 영향을 줄뿐 아니라 환경 오염을 일으키기도 한다. 그 주요한 원인은 사람들의 환경 보호 의식이 부족하고, 환경과 인류가 밀접한 관계에 있다는 것을 인식하지 못하기 때문이다. 하지만 환경을 보호하는 것은 모든 사람에게 책임이 있으므로 모두가 함께 환경 보호에 참여해야 한다.

公共场所 gōnggòngchǎngsuǒ 공공장소 | **时常** shícháng 🖳 자주, 늘, 항상 | **随便** suíbiàn 🖳 마음대로, 함부로 | **丢弃** diūqì 🖳 버리다, 포기하다 | **垃圾** lājī 쓰레기, 오물 | **美观** měiguān 🖳 보기 좋다, 예쁘다 | **造成** zàochéng 🖳 조성하다, 만들다 | **环境污染** huánjìngwūrǎn 🖳 환경 오염 | **环保意识** huánbǎoyìshí 환경 보호 의식 | **强** qiáng 🖳 강하다, 굳건하다 | **密切** mìqiè 🖳 밀접하다, 긴밀하다

②

ㄱ. 그림을 자세히 관찰하고 무엇이 그려져 있는지 적어 보세요.
   술잔 속에 자동차가 빠졌다.

ㄴ. 위의 그림이 우리에게 어떤 메시지를 전달하고 있는지 적어 보세요.
   음주운전을 하면 위험하다는 것을 비유적으로 경고하고 있다.

ㄷ. 정해진 주제에 따라 문제 제기, 문제 분석, 해결 방법을 요약해 보세요.

문제 제기 : 술이 무조건 나쁜 것은 아니지만 술을 마신 후 운전을 하는 것이 문제이다.

문제 분석 : 음주운전을 하는 것은 자신의 생명에 대해 책임지지 않는 것일 뿐만 아니라 타인의 생명에도 위협을 준다.

해결 방법 : 자신과 타인의 안전을 위해 음주운전을 하지 말아야 한다.

ㄹ. 위의 내용을 중국어로 적어 보세요.

		中	国	有	句	俗	话	说	:	"	无	酒	不	成	席	"	。
因	此	很	多	场	合	都	缺	不	了	酒	。	喝	酒	本	来		
不	是	什	么	坏	事	,	但	有	的	人	酒	后	驾	驶	,		
这	不	仅	是	对	自	己	生	命	的	不	负	责	任	,	而		
且	也	对	他	人	生	命	构	成	威	胁	。	所	以	为	了		
自	身	和	他	人	的	安	全	,	请	不	要	酒	后	驾	驶	。	

중국에는 '술이 없으면 연회가 아니다'라는 말이 있다. 이 때문에 많은 모임에서 술을 빼놓을 수 없다. 술을 마시는 것은 결코 나쁜 일이 아니다. 하지만 어떤 사람들은 술을 마신 후 운전을 하는데 이는 자신의 생명을 책임지지 않는 것일 뿐만 아니라 타인의 생명에도 위협을 준다. 그래서 자신과 타인의 안전을 위해 절대 음주운전은 하지 말아야 한다.

俗话 súhuà 명 속담, 옛말 | **不成** bùchéng 동 이루지 못하다 | **席** xí 명 연회 | **场合** chǎnghé 명 장소, 상황 | **缺不了** quēbuliǎo 빠질 수 없다 | **责任** zérèn 명 책임 | **构成** gòuchéng 동 이루다, 형성하다 | **威胁** wēixié 명 위협 | **安全** ānquán 형 안전하다

2 제시어 사용하여 글쓰기 p.145

모범답안

1 毕业典礼、激动、照相、热闹、舍不得

今天是我**毕业典礼**的日子，我的心情非常**激动**。很多朋友来参加了我的毕业典礼。我们在校园里**照**了很多**相**，校园里到处都是拍照留念的毕业生，**热闹**极了。就要离开校园，踏上社会了，我真有点儿**舍不得**。

ㄱ. 주어진 단어의 의미와 품사를 파악한다.

毕业典礼 bìyè diǎnlǐ 명 졸업식
激动 jīdòng 형 (감정이) 흥분하다, 감격하다
照相 zhàoxiàng 동 사진을 찍다
热闹 rènao 형 떠들썩하다, 시끌벅적하다, 번화하다
舍不得 shěbude 동 아쉬워하다, 아까워하다, 섭섭해하다

ㄴ. 조합할 수 있는 단어끼리 조합시키고, 나머지는 자주 같이 쓰이는 짝을 찾아준다.
  参加毕业典礼 졸업식에 참석하다
  举行毕业典礼 졸업식을 진행하다
  非常激动 매우 감격하다
  激动的心情 격동하는 심정
  激动得说不出话来 감격하여 말을 잇지 못하다
  热闹极了 매우 떠들썩하다
  十分热闹 아주 시끌벅적하다
  舍不得离开 떠나기 아쉬워하다
  舍不得吃 먹기 아까워하다

ㄷ. 단어나 어휘 조합을 통해 스토리를 구상한다.
  주요 인물 : 我, 朋友们
  시간 : 今天
  장소 : 学校
  사건 발생 : 나는 졸업을 한다.
  경과 : 친구들이 내 졸업식에 왔다.
  결과 : 나는 학교를 떠나기 아쉽다.

ㄹ. 위의 내용을 중국어로 적어 보자.

	今	天	是	我	毕	业	典	礼	的	日	子	,	我	的
心	情	非	常	激	动	。	很	多	朋	友	来	参	加	了	我
的	毕	业	典	礼	。	我	们	在	校	园	里	照	了	很	多
相	,	校	园	里	到	处	都	是	拍	照	留	念	的	毕	业
生	,	热	闹	极	了	。	就	要	离	开	校	园	,	踏	上
社	会	了	,	我	真	有	点	儿	舍	不	得	。			

오늘은 나의 졸업식 날이어서 나는 매우 흥분되었다. 많은 친구들이 졸업식에 참석해 주었다. 우리는 캠퍼스에서 많은 사진을 찍었고, 캠퍼스 곳곳에는 기념 사진을 찍는 졸업생들로 시끌벅적했다. 이제 곧 학교를 떠나 사회로 진출하게 되어 정말 아쉽다.

日子 rìzi 몡 날, 날짜 | 心情 xīnqíng 몡 심정, 기분 | 校园 xiàoyuán 몡 캠퍼스, 교정 | 到处 dàochù 튀 도처에, 곳곳에 | 拍照 pāizhào 동 사진을 찍다, 촬영하다 | 留念 liúniàn 동 기념으로 남기다 | 踏 tà 동 (발로) 밟다 | 社会 shèhuì 몡 사회

모범답안 **2** 着急、堵车、幸好、放心、提前

　　今天上午有个考试，所以昨天晚上开夜车了。早上一睁眼已经八点多了。我非常**着急**，赶紧穿完衣服跑出家门，来到路边打了一辆出租车。**幸好**今天路上没有**堵车**，还**提前**十分钟到了学校，这下终于**放心**了。

ㄱ. 주어진 단어의 의미와 품사를 파악한다.
　　着急 zháojí 형 초조하다, 조급하다
　　堵车 dǔchē 동 차가 막히다
　　幸好 xìnghǎo 부 다행히, 운 좋게
　　放心 fàngxīn 동 안심하다, 마음을 놓다
　　提前 tíqián 동 (예정된 시간이나 기한을) 앞당기다

ㄴ. 조합할 수 있는 단어끼리 조합시키고, 나머지는 자주 같이 쓰이는 짝을 찾아준다.
　　非常着急 매우 조급하다
　　不要着急 조급해하지 마라
　　担心堵车 차가 막힐까 봐 걱정하다
　　幸好没晚 다행히도 늦지 않았다
　　幸好赢了 다행히도 이겼다
　　放心乘坐 안심하고 타다
　　放心吧 안심하세요
　　提前到达 앞당겨 도착하다
　　提前10分钟 10분 앞당기다

ㄷ. 단어나 어휘 조합을 통해 스토리를 구상한다.
　　주요 인물 : 我
　　시간 : 今天早上
　　사건 발생 : 아침에 늦잠을 자서 매우 조급했다.
　　경과 : 나가자마자 택시를 탔는데 다행히 차가 막히지 않았다.
　　결과 : 다행히 학교에 일찍 도착해서 그제서야 안심했다.

ㄹ. 위의 내용을 중국어로 적어 보자.

		今	天	上	午	有	个	考	试	，	所	以	昨	天	晚
上	开	夜	车	了	。	早	上	一	睁	眼	已	经	八	点	多
了	。	我	非	常	着	急	，	赶	紧	穿	完	衣	服	跑	出
家	门	，	来	到	路	边	打	了	一	辆	出	租	车	。	幸
好	今	天	路	上	没	有	堵	车	，	还	提	前	十	分	钟
到	了	学	校	，	这	下	终	于	放	心	了	。			

　　오늘 아침에 시험이 있어서 어제 밤을 새서 공부했다. 아침에 눈을 뜨자 이미 8시가 넘었다. 나는 너무 급해서 서둘러 옷을 입고 뛰어나가 길가에서 택시를 잡았다. 다행히도 오늘은 차가 막히지 않아서 학교에 10분 먼저 도착했다. 그제서야 나는 비로소 안심할 수 있었다.

考试 kǎoshì 명 시험 | **开夜车** kāiyèchē 밤을 새워 공부하다, 밤을 꼬박 새우다 | **睁眼** zhēngyǎn 눈을 뜨다 | **赶紧** gǎnjǐn 부 서둘러, 재빨리 | **终于** zhōngyú 부 마침내, 결국

> **모범답안**
>
> **3** 留学、手续、适应、难忘、打交道
>
> 去年爸爸让我去中国留学，说实话我不想去，因为我的性格非常内向，不善与人打交道。可是没有办法，手续已经办好了。但没想到我很快就适应了中国的生活，并喜欢上了中国。中国的留学生活非常让我难忘。

ㄱ. 주어진 단어의 의미와 품사를 파악한다.

留学 liúxué 동 유학하다

手续 shǒuxù 명 수속, 절차

适应 shìyìng 동 적응하다

难忘 nánwàng 형 잊기 어렵다, 잊을 수 없다

打交道 dǎjiāodào 동 왕래하다, 교제하다

ㄴ. 조합할 수 있는 단어끼리 조합시키고, 나머지는 자주 같이 쓰이는 짝을 찾아준다.

留学研修 유학, 연수하다

去中国留学 중국에 유학 가다

办理手续 수속을 밟다

跟外国人打交道 외국인과 왕래하다

善于打交道 사교에 능하다

适应环境 환경에 적응하다

适应生活 생활에 적응하다

难忘的人 잊을 수 없는 사람

非常难忘 매우 잊기 어렵다

ㄷ. 단어나 어휘 조합을 통해 스토리를 구상한다.

주요 인물 : 我

시간 : 去年

장소 : 中国

사건 발생 : 아버지가 나에게 중국으로 유학을 가라고 하셨다.

경과 : 나는 가고 싶지 않았지만 어쩔 수 없이 갔다.

결과 : 결국 중국을 좋아하게 됐고 유학 생활을 잊을 수 없다.

ㄹ. 위의 내용을 중국어로 적어 보자.

	去	年	爸	爸	让	我	去	中	国	留	学	，	说	实
话	我	不	想	去	，	因	为	我	的	性	格	非	常	内	向,
不	善	与	人	打	交	道	。	可	是	没	有	办	法	，	手
续	已	经	办	好	了	。	但	没	想	到	我	很	快	就	适
应	了	中	国	的	生	活	，	并	喜	欢	上	了	中	国	。
中	国	的	留	学	生	活	非	常	让	我	难	忘	。		

작년에 아버지는 나에게 중국으로 유학을 가라고 하셨다. 사실 나는 가고 싶지 않았는데, 내 성격이 매우 내성적이고 사람들과 잘 어울리지 못하기 때문이었다. 그러나 수속이 이미 끝난 상태라 어쩔 수 없었다. 하지만 생각 밖에도 나는 매우 빨리 중국 생활에 적응했고 중국을 좋아하게 되었다. 중국 유학 생활은 나에게 잊지 못할 추억이 되었다.

说实话 shuōshíhuà 동 진실을 말하다, 솔직하게 말하면 | 性格 xìnggé 명 성격, 개성 | 内向 nèixiàng 형 내향적이다, 내성적이다 | 不善于 búshànyú ~을 잘 못하다 | 喜欢上 xǐhuanshàng 좋아하게 되다

모범답안

4 宠物、卫生、爱心、消除、照顾

最近养宠物的人越来越多了，这是因为养宠物有很多好处。首先，通过照顾宠物可以培养爱心和责任心，尤其对独生子女一代。另外，还可以消除寂寞，尤其对独处的老人。但不要让宠物随地大小便，破坏环境卫生。

ㄱ. 주어진 단어의 의미와 품사를 파악한다.

宠物 chǒngwù 명 애완동물
卫生 wèishēng 형 위생적이다
爱心 àixīn 명 사랑하는 마음, 아끼는 마음
消除 xiāochú 동 (불리한 것을) 없애다, 제거하다
照顾 zhàogù 동 보살피다, 고려하다

ㄴ. 조합할 수 있는 단어끼리 조합시키고, 나머지는 자주 같이 쓰이는 짝을 찾아준다.

养宠物 애완동물을 키우다
宠物医院 애완동물 병원
环境卫生 환경 위생
卫生条件 위생 조건
献出爱心 사랑하는 마음을 바치다
培养爱心 사랑하는 마음을 키우다
消除寂寞 외로움을 없애다
消除疲劳 피로를 제거하다
照顾宠物 애완동물을 보살피다
精心照顾 정성껏 보살피다

ㄷ. 주어진 단어와 어휘 조합을 통해 논하고자 하는 문제점을 찾아낸다.
'宠物, 爱心, 消除' 등의 단어로 보아 애완동물을 키우는 문제를 주제로 해야 함을 알 수 있다.

ㄹ. 정해진 주제에 따라 문제 제기, 문제 분석, 해결 방법을 요약해 본다.
문제 제기: 애완동물을 키우는 사람들이 점점 많아지고 있다.
문제 분석: 애완동물을 키우는 것을 통해 사랑하는 마음과 책임감을 키울 수 있고, 특히 독거노인들의 외로움을 달랠 수도 있다.
해결 방법: 애완동물을 키울 때 환경 위생에도 신경써야 한다.

ㅁ. 위의 내용을 중국어로 적어 보자.

	最	近	养	宠	物	的	人	越	来	越	多	了	,	这
是	因	为	养	宠	物	有	很	多	好	处	。	首	先	,	通
过	照	顾	宠	物	可	以	培	养	爱	心	和	责	任	心	,
尤	其	对	独	生	子	女	一	代	。	另	外	,	还	可	以
消	除	寂	寞	,	尤	其	对	独	处	的	老	人	。	但	不
要	让	宠	物	随	地	大	小	便	,	破	坏	环	境	卫	生 。

최근 애완동물을 키우는 사람들이 점점 많아지고 있는데 이것은 애완동물을 키우면 좋은 점이 많기 때문이다. 우선 애완동물을 돌봄으로서 특히 형제가 없는 아이들이 사랑하는 마음과 책임감을 기를 수 있다. 또, 독거노인들의 외로움도 달랠 수 있다. 하지만 애완동물이 아무 데서나 용변을 보아 환경 위생을 망치도록 해서는 안 된다.

好处 hǎochù 뗑 좋은 점, 이익 | **通过** tōngguò 께 ~를 통해 | **培养** péiyǎng 통 배양하다, 기르다 | **责任心** zérènxīn 뗑 책임감 | **独生子女** dúshēng zǐnǚ 뗑 외아들이나 외동딸 | **寂寞** jìmò 톙 적막하다, 외롭다, 쓸쓸하다 | **独处** dúchù 통 독거하다, 혼자 살다 | **随地** suídì 뿐 어디서나, 아무 데나 | **大小便** dàxiǎobiàn 뗑 대소변 | **破坏** pòhuài 통 파괴하다, 망치다, 훼손시키다

모범답안

5 广告、精心、信息、受骗、提供

　　在现代社会广告可谓无处不在。广告确实给人们带来了很多好处。首先，广告可以提供一些商品信息。其次，广告大多通过精心制作的，有着优美的画面，可以给人带来享受。但要注意一些虚假广告，谨防上当受骗。

ㄱ. 주어진 단어의 의미와 품사를 파악한다.

广告 guǎnggào 뗑 광고
精心 jīngxīn 톙 공들이다, 심혈을 기울이다
信息 xìnxī 뗑 소식, 정보, 뉴스
受骗 shòupiàn 통 속다, 사기당하다
提供 tígōng 통 제공하다

ㄴ. 조합할 수 있는 단어끼리 조합시키고, 나머지는 자주 같이 쓰이는 짝을 찾아준다.

商品广告 상품 광고
招聘广告 모집 광고
精心制作 정성들여 제작하다
精心准备 정성들여 준비하다
提供信息 정보를 제공하다
招聘信息 모집 공고
上当受骗 사기당하다
避免受骗 사기당하는 것을 피하다
提供服务 서비스를 제공하다

ㄷ. 주어진 단어와 어휘 조합을 통해 논하고자 하는 문제점을 찾아낸다.
'广告, 信息, 受骗' 등의 단어로 보아 광고의 장단점을 쓰면 된다는 것을 알 수 있다.

ㄹ. 정해진 주제에 따라 문제 제기, 문제 분석, 해결 방법을 요약해 본다.
문제 제기: 현대사회에 광고가 아주 많다.
문제 분석: 광고는 많은 정보를 제공해 주고 아름다운 광고 화면은 사람들에게 즐거움도 선사한다. 하지만 허위 광고도 적잖게 존재한다.
해결 방법: 허위 광고에 속지 않도록 주의해야 한다.

ㅁ. 위의 내용을 중국어로 적어 보자.

		在	现	代	社	会	广	告	可	谓	无	处	不	在	。
广	告	确	实	给	人	们	带	来	了	很	多	好	处	。	首
先	,	广	告	可	以	提	供	一	些	商	品	信	息	。	其
次	,	广	告	大	多	通	过	精	心	制	作	的	,	有	着
优	美	的	画	面	,	可	以	给	人	带	来	享	受	。	但
要	注	意	一	些	虚	假	广	告	,	谨	防	上	当	受	骗	。

현대사회에는 광고가 존재하지 않는 곳이 없다. 광고는 확실히 사람들에게 많은 이익을 가져다 준다. 우선 광고는 상품 정보를 제공해 주고, 심혈을 기울여 만든 아름다운 광고 화면은 사람들에게 즐거움도 선사한다. 하지만 허위 광고를 주의해서 속지 않도록 해야 한다.

可谓 kěwèi 동 ~라고 말할 수 있다 | 无处不在 wú chù bú zài 없는 곳이 없다 | 确实 quèshí 부 확실히, 틀림없이 | 制作 zhìzuò 동 제작하다, 만들다 | 优美 yōuměi 형 우아하고 아름답다 | 画面 huàmiàn 명 화면 | 享受 xiǎngshòu 동 누리다, 향유하다 | 虚假 xūjiǎ 형 거짓의, 허위의 | 谨防 jǐnfáng 동 몹시 경계하다, 조심하여 방비하다 | 上当 shàngdàng 동 속다, 사기를 당하다

모범답안

6 春节、不可缺少、团圆、传统、意味着

春节是韩国传统节日之一。春节时离家在外的人都尽量赶回故乡，与家人团圆。春节时不可缺少的食物是年糕汤，喝了年糕汤意味着又长了一岁。孩子们很喜欢过春节，因为可以吃到美味的饭菜，可以收到压岁钱。

ㄱ. 주어진 단어의 의미와 품사를 파악한다.
春节 Chūnjié 고유 설, 춘지에
不可缺少 bù kě quē shǎo 없어서는 안 된다
团圆 tuányuán 동 (가족이 흩어졌다가) 다시 모이다
传统 chuántǒng 명 전통
意味着 yìwèizhe 동 (어떤 뜻을) 의미하다

ㄴ. 조합할 수 있는 단어끼리 조합시키고, 나머지는 자주 같이 쓰이는 짝을 찾아준다.
   过春节 설을 보내다
   春节礼物 설 선물
   不可缺少的条件 없어서는 안 되는 조건
   不可缺少的食物 없어서는 안 되는 음식
   吃团圆饭 가족이 한 자리에 모여 식사하다
   一家团圆 가족이 한 자리에 모이다
   传统习惯 전통 습관
   根据传统 전통에 따르면
   意味着什么 무엇을 의미하는가
   意味着又长了一岁 또 한 살 먹었음을 의미한다

ㄷ. 주어진 단어와 어휘 조합을 통해 논하고자 하는 문제점을 찾아낸다.
   '春节, 团圆, 传统' 등의 단어로 보아 전통 명절 설에 대한 내용을 주제로 해야 함을 알 수 있다.

ㄹ. 정해진 주제에 따라 문제 제기, 문제 분석, 해결 방법을 요약해 본다.
   문제 제기: 설은 한국의 가장 큰 전통 명절이다.
   문제 분석: 설에는 모두 고향으로 돌아가 가족들과 함께 한다.
             떡국을 먹는 것은 또 한 살 먹었음을 의미한다.
             맛있는 음식도 먹을 수 있고 아이들은 세뱃돈도 받을 수 있다.
   해결 방법: 아이들은 설 지내는 것을 좋아한다.

ㅁ. 위의 내용을 중국어로 적어 보자.

	春	节	是	韩	国	传	统	节	日	之	一	。	春	节
时	离	家	在	外	的	人	都	尽	量	赶	回	故	乡	，	与
家	人	团	圆	。	春	节	时	不	可	缺	少	的	食	物	是
年	糕	汤	，	喝	了	年	糕	汤	意	味	着	又	长	了	一
岁	。	孩	子	们	很	喜	欢	过	春	节	，	因	为	可	以
吃	到	美	味	的	饭	菜	，	可	以	收	到	压	岁	钱	。

설은 한국의 전통 명절 중 하나로, 설에는 고향을 떠났던 가족들이 모두 집으로 돌아와 가족들과 함께 밥을 먹는다. 설에 빠질 수 없는 음식은 떡국인데, 떡국을 먹는다는 것은 또 한 살 먹는 것을 의미한다. 아이들은 맛있는 음식을 먹을 수 있고 세뱃돈도 받을 수 있어 설 지내는 것을 매우 좋아한다.

节日 jiérì 명 명절, 기념일 | 离家 líjiā 집을 떠나다 | 尽量 jǐnliàng 부 가능한 한, 되도록 | 故乡 gùxiāng 명 고향 | 食物 shíwù 명 음식 | 年糕汤 niángāotāng 떡국 | 美味 měiwèi 명 좋은 맛, 맛있는 음식 | 饭菜 fàncài 명 밥과 반찬, 식사 | 压岁钱 yāsuìqián 명 세뱃돈

모범답안

7 寒假、旅行、赚钱、知识、吸引

서술문
　　我一直想去长城旅行，长城之所以吸引我，是因为中国有句俗话："不到长城非好汉"。为了去长城，我一直利用业余时间打工赚钱。今年寒假我终于如愿所偿地去看了长城。这次去长城还令我增长了很多知识。

논설문
　　在韩国寒假时大学生打算各不相同。有的大学生去旅行，他们认为旅行不但可以开阔视野，而且还可以增长知识。有的大学生打工，他们认为打工不但可以赚钱，还可以积累经验。所以有实力的公司吸引着这些大学生。

ㄱ. 주어진 단어의 의미와 품사를 파악한다.

　寒假 hánjià 명 겨울 방학
　旅行 lǚxíng 동 여행하다
　赚钱 zhuànqián 동 돈을 벌다, 이윤을 남기다
　知识 zhīshi 명 지식
　吸引 xīyǐn 동 흡인하다, 빨아당기다, 매료시키다

ㄴ. 조합할 수 있는 단어끼리 조합시키고, 나머지는 자주 같이 쓰이는 짝을 찾아준다.

　放寒假 겨울 방학을 하다
　寒假计划 겨울 방학 계획
　旅行路线 여행 노선
　旅行计划 여행 계획
　打工赚钱 아르바이트를 해서 돈을 벌다
　增长知识 지식이 증가되다
　学习知识 지식을 공부하다
　吸引游客 여행객을 매료시키다
　吸引力 흡인력

ㄷ. 단어나 어휘 조합을 통해 주제를 정한다.
　위에 제시된 단어의 의미와 어휘 조합을 보면 겨울 방학에 한 일을 주제로 해야 함을 알 수 있다.

ㄹ. 서술문으로 쓸지 논설문으로 쓸지 문제를 정한다.

　▶ **서술문**: 겨울 방학에 여행 다녀온 일을 추억하며 쓰자면 서술문으로 쓰는 것이 좋다. 어디를, 왜 가고 싶었는지, 여행을 가기 위해 어떤 노력을 했는지, 여행을 통해 느낀 점은 무엇인지 등에 대해 언급하는 것도 좋다.

주요 인물 : 我
시간 : 寒假
장소 : 中国长城
사건 발생 : 만리장성에 매료되어 꼭 한 번 가 보고 싶었다.
경과 : 줄곧 아르바이트를 해서 돈을 모아 겨울 방학에 원하던 만리장성 여행을 다녀 왔다.
결과 : 여행을 통해 많은 지식을 배웠다.

▶ **논설문**: 대학생들이 겨울 방학을 어떻게 보내는지, 그렇게 보내면 어떤 의미가 있는지에 대해 쓰려면 논설문으로 쓰는 것이 좋다.

문제 제기 : 한국에서 대학생들의 겨울 방학 계획은 모두 다르다.
문제 분석 : 여행은 시야를 넓혀 주고 지식을 늘릴 수 있기 때문에 어떤 학생은 여행을 간다. 아르바이트를 하면 돈을 벌수 있고 경험도 쌓을 수 있기 때문에 어떤 학생은 아르바이트를 하기도 한다.
해결 방법 : 힘 있는 회사들이 이런 대학생들을 끌어당기고 있다.

ㅁ. 위의 내용을 중국어로 적어보자.

서술문:

　我一直想去长城旅行，长城之所以吸引我，是因为中国有句俗话："不到长城非好汉"。为了去长城，我一直利用业余时间打工赚钱。今年寒假我终于如愿所偿地去看了长城。这次去长城还令我增长了很多知识。

나는 줄곧 만리장성에 가 보고 싶었다. '장성에 오르지 않으면 사내대장부가 아니다'라는 중국의 속담이 나를 만리장성에 가고 싶게 만든 것이다. 만리장성에 가기 위해 나는 줄곧 자투리 시간을 이용해 아르바이트를 해서 돈을 벌었다. 올 겨울 방학에 나는 마침내 바라고 바라던 만리장성에 갈 수 있게 되었다. 이번 만리장성 여행은 나에게 많은 지식을 쌓을 수 있게 해 주었다.

一直 yìzhí 貝 줄곧, 내내 | **俗话** súhuà 圐 속담, 옛말 | **好汉** hǎohàn 圐 사내대장부, 호걸 | **利用** lìyòng 圄 이용하다 | **业余时间** yèyúshíjiān 여가 시간 | **打工** dǎgōng 圄 아르바이트하다, 일하다 | **如愿** rúyuàn 圄 원하는 대로 되다 | **令** lìng 圄 ~하게 하다 | **增长** zēngzhǎng 圄 증가하다, 늘어나다

논설문:

　在韩国寒假时大学生打算各不相同。有的大学生去旅行，他们认为旅行不但可以开阔视野，而且还可以增长知识。有的大学生打工，他们认为打工不但可以赚钱，还可以积累经验。所以有实力的公司吸引着这些大学生。

한국에서 겨울 방학 때 대학생들의 계획은 가지각색이다. 어떤 대학생은 시야를 넓히고 지식을 쌓을 수 있다고 여겨 여행을 가고, 어떤 대학생들은 돈을 벌 수 있을 뿐 아니라 경험도 쌓을 수 있다고 여겨 아르바이트를 한다. 그래서 힘 있는 회사들은 이런 대학생들을 끌어당긴다.

打算 dǎsuàn 圄 ~할 생각이다, 계획하다 | **各不相同** gè bù xiāngtóng 匎 서로 다르다, 제각기 다르다 | **开阔** kāikuò 圄 넓히다 | **视野** shìyě 圐 시야 | **积累** jīlěi 圄 쌓이다, 누적되다 | **经验** jīngyàn 圐 경험, 체험 | **实力** shílì 圐 실력, 힘

| 모범 답안 | **8** 打工、独立、梦想、奋斗、灰心 |

서술문

　　我的**梦想**是当歌手，我一直在为实现我的梦想而努力**奋斗**着。业余时间我常常去**打工**，既为了经济**独立**，也为了交学唱歌、跳舞的学费。虽然我参加了很多比赛，都被淘汰了，但我并不**灰心**，我会一直努力下去的。

논설문

　　很多大学生毕业后想自己创业。他们常常利用假期去**打工**。他们打工一方面为了经济**独立**，另一方面为了积累经验。虽然在现代社会创业失败得很多，但他们并不**灰心**，他们为了实现**梦想**会努力**奋斗**的。

ㄱ. 주어진 단어의 의미와 품사를 파악한다.

　打工 dǎgōng 동 일하다, 아르바이트하다
　独立 dúlì 동 독립하다, 홀로 서다
　梦想 mèngxiǎng 명 꿈, 이상
　奋斗 fèndòu 동 분투하다, 노력하다
　灰心 huīxīn 동 용기를 잃다, 낙심하다

ㄴ. 조합할 수 있는 단어끼리 조합시키고, 나머지는 자주 같이 쓰이는 짝을 찾아준다.

　打工挣钱 아르바이트를 해서 돈을 벌다
　独立生活 독립적으로 생활하다
　经济独立 경제적으로 독립하다
　实现梦想 꿈을 이루다
　努力奋斗 노력하고 분투하다
　奋斗到底 끝까지 분투하다
　灰心丧气 낙심하다, 의기소침하다
　不要灰心 낙심하지 마라

ㄷ. 단어나 어휘 조합을 통해 주제를 정한다.

　꿈을 이루기 위해 열심히 일하고 노력하고 분투하되 마음대로 잘 되지 않아도 낙심하지 않고 계속 열심히 하라는 내용을 주제로 한다.

ㄹ. 서술문으로 쓸지 논설문으로 쓸지 문체를 정한다.

　▶ **서술문**: 꿈을 위해 노력하고 있는 나의 모습을 쓰고자 한다면 서술문으로 쓰는 것이 좋다.

　주요 인물 : 我
　사건 발생 : 나의 꿈은 가수가 되는 것이다. 나는 꿈을 이루기 위해 열심히 노력해 왔다.
　경과 : 여가 시간이 생기면 나는 아르바이트를 했다. 경제적으로 독립하고 학비를 내기 위해서였다. 그리고 많은 경연에도 나갔지만 모두 떨어졌다.
　결과 : 나는 낙심하지 않고 앞으로도 열심히 할 것이다.

　▶ **논설문**: 요즘 대학생들이 자신의 꿈을 이루기 위해 노력하고 분투하는 현상에 대해 쓰고자 한다면 논설문으로 쓰는 것이 좋다.

> 문제 제기 : 많은 대학생들이 졸업 후 창업하기를 원한다.
> 문제 분석 : 방학에 아르바이트를 함으로서 경제적으로 독립하고 경험도 많이 쌓아 둔다.
> 해결 방법 : 현대사회에서는 창업에 실패하는 사람들이 많지만 그들은 결코 낙심하지 않고 자신의 꿈을 이루기 위해 분투할 것이다.

ㅁ. 위의 내용을 중국어로 적어 보자.

서술문:

		我	的	梦	想	是	当	歌	手	,	我	一	直	在	为
实	现	我	的	梦	想	而	努	力	奋	斗	着	。	业	余	时
间	我	常	常	去	打	工	,	既	为	了	经	济	独	立	,
也	为	了	交	学	唱	歌	、	跳	舞	的	学	费	。	虽	然
我	参	加	了	很	多	比	赛	,	都	被	淘	汰	了	,	但
我	并	不	灰	心	,	我	会	一	直	努	力	下	去	的	。

나의 꿈은 가수가 되는 것이라 그 꿈을 실현시키기 위해 계속해서 노력해 왔다. 나는 여가 시간에 자주 아르바이트를 했는데, 경제적으로 독립하기 위해서이기도 하고, 노래와 춤을 배우는 학비를 내기 위해서이기도 했다. 나는 여러 번 경연에 참가했지만 모두 떨어졌다. 하지만 나는 결코 실망하지 않았고, 앞으로도 계속 노력할 것이다.

歌手 gēshǒu 몡 가수 | **实现** shíxiàn 동 실현하다, 달성하다 | **梦想** mèngxiǎng 몡 꿈, 이상 | **经济** jīngjì 몡 경제 | **交学费** jiāo xuéfèi 학비를 내다 | **淘汰** táotài 동 도태하다

논설문:

		很	多	大	学	生	毕	业	后	想	自	己	创	业	。
他	们	常	常	利	用	假	期	去	打	工	。	他	们	打	工
一	方	面	为	了	经	济	独	立	,	另	一	方	面	为	了
积	累	经	验	。	虽	然	在	现	代	社	会	创	业	失	败
得	很	多	,	但	他	们	并	不	灰	心	,	他	们	为	了
实	现	梦	想	会	努	力	奋	斗	的	。					

많은 대학생들이 졸업 후 창업을 하고 싶어 한다. 그들은 종종 방학을 이용해 아르바이트를 하는데, 경제적인 독립과 경험을 쌓기 위함이다. 물론 현대사회에서 창업에 실패하는 사람들은 엄청나게 많다. 하지만 그들은 절대 실망하지 않고 자신의 꿈을 실현하기 위해 고군분투할 것이다.

创业 chuàngyè 동 창업하다 | **假期** jiàqī 몡 휴가 기간 | **失败** shībài 동 실패하다

> **모범답안**
>
> **9** 收入、兴趣、发挥、发展、专长
>
> **서술문**
> 　　最近我被两家公司录取了。一家公司吧，收入比较高，但我对这家公司的工作不感兴趣；另一家公司吧，待遇方面差些，但可以发挥自己的专长，并且发展空间很大。我犹豫再三，最终选了有发展的公司。
>
> **논설문**
> 　　每个人认为的理想的工作都不一样。有人认为，为了生活得更好，收入高的是理想的工作；有人认为自己感兴趣的才是理想的工作。但我认为能够发挥自己的专长，并有发展前途的工作才是最理想的工作。

ㄱ. 주어진 단어의 의미와 품사를 파악한다.
　收入 shōurù 명 수입, 소득 동 받아들이다, 수록하다
　兴趣 xìngqù 명 재미, 흥미, 취미
　发挥 fāhuī 동 발휘하다
　发展 fāzhǎn 동 발전하다, 발전시키다
　专长 zhuāncháng 명 특기, 전문적인 학문

ㄴ. 조합할 수 있는 단어끼리 조합시키고, 나머지는 자주 같이 쓰이는 짝을 찾아준다.
　收入很高 수입이 매우 높다
　感兴趣 흥미를 느끼다, 관심이 있다
　兴趣广泛 취미가 광범위하다
　发展前途 발전 가능성
　发展方向 발전 방향
　发挥能力 능력을 발휘하다
　发挥专长 특기를 발휘하다

ㄷ. 단어나 어휘 조합을 통해 주제를 정한다.
　'收入, 发挥, 发展' 이 세 단어를 연결시켜 생각해 보면 직업에 관한 일을 적어야 함을 알 수 있다.

ㄹ. 서술문으로 쓸지 논설문으로 쓸지 문제를 정한다.
　▶ **서술문**: 두 회사에 동시에 합격했으나 발전 가능성이 있고, 나의 특기를 발휘할 수 있는 회사를 선택한 이야기를 쓸 수 있다.

> 주요 인물 : 我
> 시간 : 最近
> 사건 발생 : 최근에 나는 두 회사에 동시에 합격했다.
> 경과 : 한 회사는 수입이 높지만 나는 그 회사의 업무에 별로 흥미를 느끼지 못했다. 다른 한 회사는 대우는 좀 못하지만 나의 특기를 발휘할 수 있고 발전 가능성이 크다.
> 결과 : 망설이던 끝에 발전 가능성이 있는 회사를 선택했다.

　▶ **논설문**: 수입이 많은 일이 이상적인 직업인지, 자신이 흥미를 느끼는 일이 이상적인 직업인지에 대해 이야기할 수 있다.

문제 제기 : 사람들이 생각하는 이상적인 직업은 모두 다르다.

문제 분석 : 어떤 사람은 더 나은 생활을 하기 위해 수입이 많은 일이 이상적인 직업이라 생각하고, 어떤 사람은 자신이 관심을 가지는 일이 가장 이상적인 직업이라 생각한다.

해결 방법 : 나는 자신의 특기를 발휘할 수 있고 발전 가능성이 있는 직업이 가장 이상적인 직업이라 생각한다.

ㅁ. 위의 내용을 중국어로 적어 보자.

서술문 :

最近我被两家公司录取了。一家公司吧，收入比较高，但我对这家公司的工作不感兴趣；另一家公司吧，待遇方面差些，但可以发挥自己的专长，并且发展空间很大。我犹豫再三，最终选了有发展的公司。

최근 나는 두 회사에 동시에 취직되었다. 한 회사는 수입이 비교적 높지만 나는 이 회사의 업무에 별로 흥미를 느끼지 못하고, 또 다른 회사는 대우는 좀 별로지만 나의 특기를 발휘할 수 있고 발전 가능성이 큰 회사이다. 나는 계속해서 망설이다가 결국 발전 가능성이 있는 회사를 선택했다.

录取 lùqǔ 동 고용하다, 채용하다 | 待遇 dàiyù 명 대우, 대접 | 差 chà 형 부족하다, 모자라다 | 空间 kōngjiān 명 공간 | 犹豫再三 yóuyù zàisān 재삼 머뭇거리다 | 最终 zuìzhōng 명 최후, 최종, 끝 | 发展 fāzhǎn 동 발전하다

논설문 :

每个人认为的理想的工作都不一样。有人认为，为了生活得更好，收入高的是理想的工作；有人认为自己感兴趣的才是理想的工作。但我认为能够发挥自己的专长，并有发展前途的工作才是最理想的工作。

모든 사람의 이상적인 직업은 각각 다르다. 어떤 사람은 더 나은 생활을 위해서 수입이 높은 것을 이상적인 직업이라 생각하고, 어떤 사람은 자신이 흥미를 느끼는 일이어야 이상적인 직업이라고 생각한다. 하지만 나는 자신의 장점을 발휘할 수 있고, 발전 가능성이 있는 일이야말로 가장 이상적인 직업이라고 생각한다.

理想 lǐxiǎng 형 이상적이다, 만족스럽다 | 前途 qiántú 명 전도, 전망, 앞길

> 모범 답안
>
> **10** 交流、和睦、关键、观念、理解
>
> **서술문**
> 　　平时家人都各忙各的，几乎没有交流的时间。但只要有空，我们一家人就会坐在一起聊天。有时候我们对有些问题的看法很不一致，我想关键的原因是我们的观念不一样。好在我们互相理解，所以我们家很和睦。
>
> **논설문**
> 　　如何与家人和睦相处呢？我觉得最关键的是沟通和理解。因为毕竟父母和子女生活的环境不同，生活的经历也不一样，所以在观念上也会有所不同。因此多交流很重要。另外家人要互相帮助，互相关心。

ㄱ. 주어진 단어의 의미와 품사를 파악한다.

　　交流 jiāoliú 동 교류하다
　　和睦 hémù 형 화목하다
　　关键 guānjiàn 명 관건, 키포인트
　　观念 guānniàn 명 관념, 의식
　　理解 lǐjiě 동 이해하다

ㄴ. 조합할 수 있는 단어끼리 조합시키고, 나머지는 자주 같이 쓰이는 짝을 찾아준다.

　　感情交流 감정을 교류하다
　　经济交流 경제 교류
　　和睦相处 화목하게 지내다
　　和睦的家庭 화목한 가정
　　关键的原因 관건적인 원인
　　思想观念 사상 관념
　　家庭观念 가정 관념
　　理解对方 상대방을 이해하다
　　互相理解 서로 이해하다

ㄷ. 단어나 어휘 조합을 통해 주제를 정한다.
　　'交流, 和睦, 理解' 이 세 단어를 보면 가족간에 서로 마음을 교류하고 이해해야 화목하게 지낼 수 있음을 알 수 있다.

ㄹ. 서술문으로 쓸지 논설문으로 쓸지 문제를 정한다.
　　▶ **서술문**: 가족들이 서로 바쁘지만 대화를 통해 화목한 가정을 이루고 있다는 내용을 쓸 수 있다.

> 주요 인물 : 我和家人
> 시간 : 现在
> 장소 : 家
> 사건 발생 : 우리 가족은 평소에는 각자 바빠서 서로 대화할 시간이 별로 없다.
> 경과 : 하지만 시간만 나면 함께 대화를 나눈다. 가끔은 생각이 달라서 문제에 대한 견해가 일치하지 않는다.
> 결과 : 그래도 가족 서로가 이해를 해주기에 우리 집은 매우 화목하다.

▶ **논설문**: 가족간에 화목하게 지낼 수 있는 방법에 대해 이야기할 수 있다.

문제 제기 : 어떻게 해야 가족과 화목하게 지낼 수 있을까?
문제 분석 : 관건은 대화를 하고 이해하는 것이다. 부모와 자녀들은 사고방식이나 처한 환경이 다르고 겪고 있는 일도 달라 관념상에 차이가 있을 수 있으므로 많이 교류해야 한다.
해결 방법 : 또한 가족들은 서로 돕고 서로 관심을 가져 줘야 한다.

ㅁ. 위의 내용을 중국어로 적어 보자.

서술문:

　平时家人都各忙各的，几乎没有交流的时间。但只要有空，我们一家人就会坐在一起聊天。有时候我们对有些问题的看法很不一致，我想关健的原因是我们的观念不一样。好在我们互相理解，所以我们家很和睦。

평소 가족들은 모두 각자 바빠서 교류할 시간이 거의 없다. 그러나 시간이 나기만 하면 우리 가족은 함께 모여 앉아 이야기를 나눈다. 어떤 때는 서로 어떤 문제에 대해 의견이 다르기도 한데, 내가 볼 때 그 이유는 우리의 관념이 다르기 때문이다. 다행히 우리는 서로 이해하기 때문에 우리 가족은 매우 화목하다.

各忙各的 gè máng gè de 각자 바쁘다 | **几乎** jīhū 🔒 거의, 거의 모두 | **有空** yǒukòng 틈이 나다 | **看法** kànfǎ 명 의견, 견해 | **不一致** bùyízhì 불일치 | **好在** hǎozài 🔒 다행히도, 운 좋게 | **互相** hùxiāng 🔒 상호, 서로

논설문:

　如何与家人和睦相处呢？我觉得最关健的是沟通和理解。因为毕竟父母和子女生活的环境不同，生活的经历也不一样，所以在观念上也会有所不同。因此多交流很重要。另外家人要互相帮助，互相关心。

어떻게 해야 가족들과 화목하게 지낼 수 있을까? 가장 중요한 것은 소통과 이해인 것 같다. 왜냐하면 부모와 자녀들의 생활 환경이 다르고 경험도 다르기 때문에 관념상 다른 점이 존재하기 때문이다. 그러므로 많이 교류하는 것이 중요하다. 또한 가족들이 서로 돕고 관심을 가져야 한다.

如何 rúhé 때 어떻게, 어찌하면 | **相处** xiāngchǔ 동 함께 지내다 | **沟通** gōutōng 동 교류하다, 소통하다 | **毕竟** bìjìng 🔒 필경, 결국 | **经历** jīnglì 명 경험, 경력

3 그림 보고 글쓰기 p.161

모범 답안

1

　　上个周末天气非常好，我和朋友一起去爬山了。由于是深秋，满山的红叶漂亮极了。我们一边爬山，一边欣赏美丽的景色。呼吸着新鲜的空气，心情也变得好多了。所以我和朋友决定以后有时间的话，要常常来爬山。

ㄱ. 그림을 자세히 관찰하고 정확히 이해한다.

　주요 인물 : 我和朋友
　시간 : 上个周末
　장소 : 山
　사건 : 爬山, 欣赏红叶

ㄴ. 관찰한 그림을 통해 사건의 발생 원인, 경과, 결과를 연상한다.

　사건 발생: 지난 주말에 친구랑 등산을 하러 갔다.
　경과: 등산을 하면서 아름다운 경치를 감상했다.
　결과: 앞으로 시간이 나면 자주 오자고 친구랑 약속했다.

ㄷ. 위의 내용을 중국어로 적어 보자.

		上	个	周	末	天	气	非	常	好	，	我	和	朋	友
一	起	去	爬	山	了	。	由	于	是	深	秋	，	满	山	的
红	叶	漂	亮	极	了	。	我	们	一	边	爬	山	，	一	边
欣	赏	美	丽	的	景	色	。	呼	吸	着	新	鲜	的	空	气，
心	情	也	变	得	好	多	了	。	所	以	我	和	朋	友	决
定	以	后	有	时	间	的	话	，	要	常	常	来	爬	山	。

　　지난 주말 날씨가 너무 좋아 나는 친구와 함께 등산을 하러 갔다. 늦가을이어서 온 산이 단풍으로 매우 아름다웠다. 우리는 등산을 하면서 아름다운 경치를 감상했다. 신선한 공기를 마시니 기분도 한결 좋아졌다. 그래서 나와 친구는 앞으로 시간이 날 때 자주 등산을 하러 오기로 했다.

周末 zhōumò 명 주말 | **天气** tiānqì 명 날씨 | **爬山** páshān 동 등산하다, 산을 오르다 | **深秋** shēnqiū 명 늦가을, 만추 | **满山** mǎnshān 명 만산, 온 산 | **红叶** hóngyè 명 단풍 | **欣赏** xīnshǎng 동 감상하다 | **美丽** měilì 형 아름답다, 곱다 | **景色** jǐngsè 명 경치, 풍경 | **呼吸** hūxī 동 숨을 쉬다, 호흡하다 | **新鲜** xīnxiān 형 신선하다, 산뜻하다 | **空气** kōngqì 명 공기 | **心情** xīnqíng 명 마음, 기분 | **决定** juédìng 동 결정하다

모범 답안

2

暑假时我和朋友一起去北京旅行了。第一天去天安门时我们迷路了。我们又担心又害怕。就在这时有个好心的警察向我们走过来，耐心地给我们指了路。我永远忘不了这位好心的警察。

ㄱ. 그림을 자세히 관찰하고 정확히 이해한다.

주요 인물 : 我, 警察

시간 : 暑假

장소 : 路上

사건 : 我们迷路了，警察给我们指了路

ㄴ. 관찰한 그림을 통해 사건의 발생 원인, 경과, 결과를 연상한다.

사건 발생: 여름 방학에 베이징에 여행을 갔다가 길을 잃었다.

경과: 마음씨 착한 경찰이 길을 알려 주었다.

결과: 나는 그 경찰을 잊을 수 없다.

ㄷ. 위의 내용을 중국어로 적어 보자.

	暑	假	时	我	和	朋	友	一	起	去	北	京	旅	行
了	。	第	一	天	去	天	安	门	时	我	们	迷	路	了	。
我	们	又	担	心	又	害	怕	。	就	在	这	时	有	个	好
心	的	警	察	向	我	们	走	过	来	,	耐	心	地	给	我
们	指	了	路	。	我	永	远	忘	不	了	这	位	好	心	的
警	察	。													

여름 방학 때 나는 친구와 함께 베이징에 여행을 갔다. 첫째 날 티앤안먼에 갈 때 우리는 길을 잃어서 걱정되고 무서웠다. 바로 이때 어떤 마음씨 좋은 경찰 아저씨가 우리에게로 와서 친절하게 길을 알려 주었다. 나는 이 마음씨 좋은 경찰 아저씨를 영원히 잊을 수 없을 것이다.

暑假 shǔjià 명 여름 방학 | **天安门** Tiān'ānmén 고유 티앤안먼, 천안문 | **迷路** mílù 동 길을 잃다 | **担心** dānxīn 동 걱정하다, 근심하다 | **害怕** hàipà 동 두려워하다, 무서워하다 | **好心** hǎoxīn 형 착한, 선량한 | **警察** jǐngchá 명 경찰 | **耐心** nàixīn 형 참을성이 있다, 인내심이 강하다 | **指路** zhǐlù 길을 가리키다 | **永远** yǒngyuǎn 부 영원히, 언제나 | **忘不了** wàngbuliǎo 동 잊을 수 없다, 잊지 못하다

모범 답안	3		上个月我们学校举办了校内卡拉OK比赛，我也参加了。我参赛的歌曲是《朋友》。轮到我了，我紧张极了，但随着音乐的响起，我渐渐平静了下来，饱含深情地演唱了这首歌，下面响起了热烈的掌声。

ㄱ. 그림을 자세히 관찰하고 정확히 이해한다.

주요 인물 : 我

시간 : 上个月

장소 : 学校

사건 : 我参加了卡拉OK比赛

ㄴ. 관찰한 그림을 통해 사건의 발생 원인, 경과, 결과를 연상한다.

사건 발생: 지난 달 우리 학교에서 노래 대회가 열렸다.

경과: 나도 대회에 나가 노래를 열심히 불렀다.

결과: 열렬한 박수를 받았다.

ㄷ. 위의 내용을 중국어로 적어 보자.

	上	个	月	我	们	学	校	举	办	了	校	内	卡	拉
O	K	比	赛	，	我	也	参	加	了	。	我	参	赛	的	歌
曲	是	《	朋	友	》	。	轮	到	我	了	，	我	紧	张	极	了 ，
但	随	着	音	乐	的	响	起	，	我	渐	渐	平	静	了	下
来	，	饱	含	深	情	地	演	唱	了	这	首	歌	，	下	面
响	起	了	热	烈	的	掌	声	。							

　　지난 달 우리 학교에서 교내 노래 대회가 열렸고, 나도 참석했는데 내가 부를 노래는 '친구'였다. 내 차례가 됐고, 나는 너무나 긴장이 됐지만 음악이 나옴에 따라 점점 평정심을 되찾아 갔다. 감정을 실어 노래를 부르고 나니 무대 아래에서는 열렬한 박수 소리가 울려 퍼졌다.

举办 jǔbàn 동 거행하다, 개최하다 | **校内** xiàonèi 명 교내 | **卡拉OK** kǎlāōukèi 명 가라오케, 노래방 | **比赛** bǐsài 명 시합, 경연 | **参赛** cānsài 동 시합에 참가하다 | **歌曲** gēqǔ 명 노래, 가곡 | **轮到** lúndào 차례가 돌아오다 | **紧张** jǐnzhāng 형 긴장하다 | **随着** suízhe ~에 따라서 | **音乐** yīnyuè 명 음악 | **响起** xiǎngqǐ 터져 나오다 | **渐渐** jiànjiàn 부 점점 | **平静** píngjìng 형 고요하다, 차분하다 | **饱含** bǎohán 충만하다, 가득 차다 | **深情** shēnqíng 깊은 정, 깊은 친분 | **演唱** yǎnchàng 동 공연하다, 노래를 부르다 | **热烈** rèliè 형 열렬하다 | **掌声** zhǎngshēng 명 박수 소리

모범 답안

4

农历八月十五是中国传统节日之一——中秋节。中秋节时家家户户都吃团圆饭。夜晚的时候，家人团聚在一起，一边吃月饼一边赏月。古诗云：每逢佳节倍思亲。远在他乡的游子也借此寄托自己对故乡亲人的思念之情。

ㄱ. 그림을 자세히 관찰한다.
중국에서 중추절에 먹는 위에빙이 그려져 있다.

ㄴ. 관찰한 그림을 통해 논하고자 하는 문제점을 찾아낸다.
위에빙을 통해 중국의 중추절에 대해 설명해야 함을 알 수 있다.

ㄷ. 정해진 주제에 따라 문제 제기, 문제 분석, 해결 방법을 요약해 본다.
문제 제기: 음력 8월 15일은 중국의 전통명절 중추절이다.
문제 분석: 중추절이 되면 가족이 한자리에 모여 식사하고 위에빙을 먹으며 달 구경을 한다.
해결 방법: 고향을 멀리 떠난 사람들도 위에빙을 먹는 것으로 고향을 그리는 마음을 달래곤 한다.

ㄹ. 위의 내용을 중국어로 적어 보자.

		农	历	八	月	十	五	是	中	国	传	统	节	日	之
一	—	—	中	秋	节	。	中	秋	节	时	家	家	户	户	都
吃	团	圆	饭	。	夜	晚	的	时	候	，	家	人	团	聚	在
一	起	，	一	边	吃	月	饼	一	边	赏	月	。	古	诗	云:
每	逢	佳	节	倍	思	亲	。	远	在	他	乡	的	游	子	也
借	此	寄	托	自	己	对	故	乡	亲	人	的	思	念	之	情。

음력 8월 15일은 중국의 전통명절 중 하나인 중추절이다. 중추절에는 온가족이 모두 모여서 함께 밥을 먹는다. 밤에는 가족들이 모여서 위에빙을 먹으며 달을 구경한다. '명절 때가 되면 언제나 가족 생각이 더하다'라는 싯구가 있다. 고향을 멀리 떠나 있는 사람들도 위에빙을 먹으면서 고향을 그리는 마음을 달래곤 한다.

农历 nónglì 명 음력 | 传统 chuántǒng 명 전통 | 中秋节 Zhōngqiūjié 고유 중추절, 추석 | 家家户户 jiājiā hùhù 명 가가호호, 집집마다 | 夜晚 yèwǎn 명 밤, 야간 | 团聚 tuánjù 동 한 자리에 모이다, 한데 모이다 | 月饼 yuèbǐng 명 위에빙, 월병 | 赏月 shǎngyuè 동 달구경하다 | 古诗 gǔshī 고시, 고대의 시 | 逢 féng 만나다, 마주치다 | 思亲 sīqīn 가족 | 他乡 tāxiāng 명 타향 | 游子 yóuzǐ 명 나그네, 방랑자 | 寄托 jìtuō 동 의탁하다, 맡기다 | 思念 sīniàn 동 그리워하다, 보고 싶어하다

| 모범 답안 | 5 | 不知从何时起，酒已是人们交际时不可缺少的东西。喝酒不仅能活跃气氛，而且还能促进人与人之间的感情。另外，喝酒还可以消除烦恼、缓解压力。但千万要注意喝酒要适量，过量饮酒会对身心造成伤害。 |

ㄱ. 그림을 자세히 관찰한다.

　　술병과 술잔이 그려져 있다.

ㄴ. 관찰한 그림을 통해 논하고자 하는 문제점을 찾아낸다.

　　술은 언제 마시는지, 왜 마시는지 생각해 보면 음주의 장단점에 대해 써야 함을 알 수 있다.

ㄷ. 정해진 주제에 따라 문제 제기, 문제 분석, 해결 방법을 요약해 본다.

　　문제 제기: 술은 사람들이 교제하는 과정에서 없어서는 안 되는 존재가 되었다.

　　문제 분석: 장점－분위기를 활발하게 하여 사람들간의 감정을 돈독하게 해 준다.

　　　　　　　　　　고민을 덜어줄 수 있고 스트레스를 완화시킬수 있다.

　　　　　　　단점－많이 마시면 몸과 마음을 상하게 할 수 있다.

　　해결 방법: 술은 적당히 마셔야 한다.

ㄹ. 위의 내용을 중국어로 적어 보자.

	不	知	从	何	时	起	，	酒	已	是	人	们	交	际
时	不	可	缺	少	的	东	西	。	喝	酒	不	仅	能	活	跃
气	氛	，	而	且	还	能	促	进	人	与	人	之	间	的	感
情	。	另	外	，	喝	酒	还	可	以	消	除	烦	恼	、	缓
解	压	力	。	但	千	万	要	注	意	喝	酒	要	适	量	，
过	量	饮	酒	会	对	身	心	造	成	伤	害	。			

언제부터인지 모르겠지만 술은 이미 사람들의 교류에 있어 빠질 수 없는 존재가 되었다. 술을 마시면 분위기를 돋울 수 있을 뿐 아니라 사람들간의 감정도 돈독하게 해 준다. 또한 술을 마시면 고민을 덜고 스트레스를 해소할 수 있다. 하지만 술은 반드시 적정량을 마셔야 한다. 지나친 음주는 몸과 마음을 상하게 할 수 있다.

何时 héshí 몡 언제, 어느 때 | **交际** jiāojì 통 교제하다, 서로 사귀다 | **活跃** huóyuè 통 활발하게 하다, 활성화하다 | **气氛** qìfēn 몡 분위기 | **促进** cùjìn 통 촉진시키다 | **消除** xiāochú 통 제거하다, 없애다 | **烦恼** fánnǎo 통 걱정하다, 근심하다 | **缓解** huǎnjiě 통 완화시키다 | **压力** yālì 몡 스트레스 | **千万** qiānwàn 부 부디, 제발, 절대로 | **注意** zhùyì 통 주의하다, 조심하다 | **适量** shìliàng 톙 적당량이다 | **过量** guòliàng 톙 한계량을 초과하다 | **饮酒** yǐnjiǔ 통 술을 마시다, 음주하다 | **身心** shēnxīn 몡 몸과 마음, 심신 | **造成** zàochéng 통 형성하다, 조성하다 | **伤害** shānghài 통 상하게 하다, 손상시키다

모범답안

6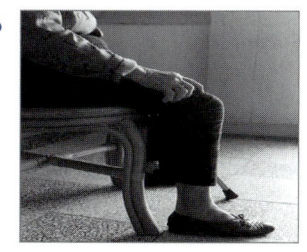
随着生活水平和医疗技术的提高，人的寿命越来越长，从而引起了老人问题。那如何解决呢？我想首先，政府应完善养老制度，并要多建一些养老设施。其次，社会和家庭要多关心老人。我希望人人都老有所乐。

ㄱ. 그림을 자세히 관찰한다.
　노인이 혼자 의자에 앉아 있다.

ㄴ. 관찰한 그림을 통해 논하고자 하는 문제점을 찾아낸다.
　노인이 혼자 의자에 앉아 있다는 것은 갈 데가 없어서 외롭게 시간을 보낸다는 것을 의미하므로 노인 문제를 말하고 있는 것이다.

ㄷ. 정해진 주제에 따라 문제 제기, 문제 분석, 해결 방법을 요약해 본다.
　문제 제기: 생활 수준과 의술이 높아짐에 따라 사람들의 수명도 길어져 노인 문제가 생겨나고 있다.
　문제 분석: 노인 문제를 해결하는 방법－정부에서 양로 제도를 좀 더 개선하고 많은 양로 시설을 만들어야 한다. 사회와 가정에서도 관심을 가져야 한다.
　해결 방법: 누구나 노인이 되어도 갈 곳이 있었으면 좋겠다.

ㄹ. 위의 내용을 중국어로 적어 보자.

	随	着	生	活	水	平	和	医	疗	技	术	的	提	高	，
人	的	寿	命	越	来	越	长	，	从	而	引	起	了	老	人
问	题	。	那	如	何	解	决	呢	？	我	想	首	先	，	政
府	应	完	善	养	老	制	度	，	并	要	多	建	一	些	养
老	设	施	。	其	次	，	社	会	和	家	庭	要	多	关	心
老	人	。	我	希	望	人	人	都	老	有	所	乐	。		

　생활 수준과 의료 기술이 높아짐에 따라 사람의 수명은 점점 길어지고 있고, 이에 따라 노인 문제가 생겨나고 있다. 그렇다면 어떻게 해결해야 할까? 우선 정부가 양로 제도를 개선하고 좀 더 많은 양로 시설을 만들어야 한다. 다음으로 사회와 가정이 노인들에게 많은 관심을 가져야 한다. 나는 모든 사람들이 늙어서도 행복하기를 바란다.

医疗 yīliáo 명 의료 | 技术 jìshù 명 기술 | 提高 tígāo 동 제고하다, 향상시키다 | 寿命 shòumìng 명 수명 | 从而 cóng'ér 접 따라서, 이리하여 | 引起 yǐnqǐ 동 야기하다, 불러 일으키다 | 完善 wánshàn 동 완벽하게 하다 | 养老 yǎnglǎo 동 노인을 모시다 | 制度 zhìdù 명 제도 | 设施 shèshī 명 시설 | 其次 qícì 대 다음, 그 다음

모범 답안

7

서술문
　　我是一名大学生，每天都坐地铁去学校上课。今天不知为什么地铁特别拥挤，挤得我都喘不过气来。我往旁边挪了一下，不小心踩到了别人的脚，我赶紧向他说对不起，还好他很理解，并没有生气。

논설문
　　韩国首尔的交通十分便利。目前地铁已有九条线路，可谓四通八达。平时地铁不太拥挤，可在上下班高峰期却很拥挤，尤其是二号线地铁。为了缓解这个问题，地铁公司在上下班的时间增加了很多车次。

ㄱ. 그림을 자세히 관찰한다.

　　지하철 안에 사람이 붐비는 모습이다.

ㄴ. 서술문으로 쓸지 논설문으로 쓸지 문제를 정한다.

▶ **서술문**: 사람들로 가득한 지하철 안에서 발생할 만한 일을 상상해서 적는다.

주요 인물 : 我
시간 : 上学时
장소 : 在地铁里
사건 발생 : 아침에 학교 가는 지하철에 사람이 너무 많아 숨을 쉴 수가 없을 정도였다.
경과 : 내가 옆으로 옮기려다 옆 사람의 발을 밟았다.
결과 : 내가 바로 사과를 했더니 그 사람은 이해해 주고 화내지 않았다.

▶ **논설문**: 출퇴근 시 지하철의 혼잡함과 그 해결 방법에 대해 적는다.

문제 제기 : 한국 서울의 교통은 지하철이 9호선까지 있어서 매우 편리하다.
문제 분석 : 평소에 지하철은 사람이 별로 없지만 출퇴근 러시아워가 되면 매우 붐빈다.
해결 방법 : 이 문제를 해결하기 위해 지하철공사는 출퇴근 러시아워 때 지하철을 추가하여 운행하고 있다.

ㄷ. 위의 내용을 중국어로 적어 보자.

서술문 :

		我	是	一	名	大	学	生	，	每	天	都	坐	地	铁
去	学	校	上	课	。	今	天	不	知	为	什	么	地	铁	特
别	拥	挤	，	挤	得	我	都	喘	不	过	气	来	。	我	往
旁	边	挪	了	一	下	，	不	小	心	踩	到	了	别	人	的
脚	，	我	赶	紧	向	他	说	对	不	起	，	还	好	他	很
理	解	，	并	没	有	生	气	。							

나는 대학생이고, 매일 지하철을 타고 학교에 간다. 오늘은 왜인지 지하철이 특히 심하게 붐볐는데, 숨을 쉴 수 없을 정도였다. 내가 옆으로 옮기려고 할 때 잘못해서 다른 사람의 발을 밟았다. 나는 서둘러 사과했고, 다행히도 그는 이해해 주고 화를 내지 않았다.

地铁 dìtiě 명 지하철 | **拥挤** yōngjǐ 형 붐비다, 혼잡하다 | **喘气** chuǎnqì 동 호흡하다, 숨차다 | **挪** nuó 동 옮기다, 움직이다 | **不小心** bùxiǎoxīn 실수로, 잘못하여 | **踩脚** cǎijiǎo 발을 밟다 | **赶紧** gǎnjǐn 부 서둘러, 재빨리 | **还好** háihǎo 형 다행히, 운 좋게 | **生气** shēngqì 동 화 내다

논설문:

	韩	国	首	尔	的	交	通	十	分	便	利	。	目	前
地	铁	已	有	九	条	线	路	，	可	谓	四	通	八	达	。
平	时	地	铁	不	太	拥	挤	，	可	在	上	下	班	高	峰
期	却	很	拥	挤	，	尤	其	是	二	号	线	地	铁	。	为
了	缓	解	这	个	问	题	，	地	铁	公	司	在	上	下	班
的	时	间	增	加	了	很	多	车	次	。					

한국 서울의 교통은 매우 편리하다. 현재 지하철은 이미 9호선까지 있어 가히 사방으로 통한다고 할 수 있다. 평소 지하철은 그다지 붐비지 않지만 출퇴근 러시아워 때는 매우 혼잡하다. 특히 2호선이 그렇다. 이 문제를 해결하기 위해 지하철공사는 출퇴근 시간에 지하철을 추가 운행하고 있다.

首尔 Shǒu'ěr 고유 서울 | **交通** jiāotōng 명 교통 | **十分** shífēn 부 매우, 대단히 | **便利** biànlì 형 편리하다 | **线路** xiànlù 명 선로, 노선 | **可谓** kěwèi 동 ~라고 할 만하다 | **四通八达** sì tōng bā dá 성 (길이) 사방으로 통하다 | **高峰期** gāofēngqī 명 절정기, 극성기 | **增加** zēngjiā 동 증가하다, 늘리다 | **车次** chēcì 명 운행 순서, 운행 시간

모범답안

8

서술문
　　今天下午有一个考试，可我还没有复习好。所以今天我很早就起床来到了校园。早晨的空气好极了，我找了一个安静的地方拿出书复习起来。周围也有很多晨读的学生，大家都在聚精会神地看书。我要好好复习。

논설문
　　中国的很多大学生有早晨读书的习惯。一来早上空气很新鲜；二来早晨头脑比较清醒，容易记住看过的内容。有的学生在大声朗读外语，有的学生在静静地看书。最近就业形势很紧张，所以早晨读书的学生更多了。

ㄱ. 그림을 자세히 관찰한다.
　　학생들이 캠퍼스에서 열심히 공부를 하고 있다.

ㄴ. 서술문으로 쓸지 논설문으로 쓸지 문제를 정한다.

▶ **서술문**: 누가, 왜 캠퍼스에서 공부를 하는지, 어떻게 하는지에 대해 쓴다.

> 주요 인물 : 我
> 시간 : 今天
> 장소 : 校园
> 사건 발생 : 오늘 오후에 시험이 있는데 나는 복습을 잘 하지 못했다.
> 경과 : 아침 일찍 일어나 캠퍼스에 가서 조용한 장소를 골라 공부를 시작했다. 주위에 많은 학생들이 열심히 공부하고 있었다.
> 결과 : 나도 잘 복습을 잘 해야 겠다.

▶ **논설문**: 학생들이 이른 아침에 공부하는 현상에 대해 분석하고 설명할 수 있다.

> 문제 제기 : 중국 대학생들은 새벽에 일어나 공부하는 습관이 있다.
> 문제 분석 : 아침에는 공기가 신선하고 머리도 맑아 기억이 잘 된다. 어떤 학생은 큰 소리로 외국어를 낭독하고 어떤 학생은 조용히 책을 읽는다.
> 해결 방법 : 최근에 취업 상황이 좋지 않아 새벽에 일어나 공부하는 학생이 더 많아진 것 같다.

ㄷ. 위의 내용을 중국어로 적어 보자.

서술문:

		今	天	下	午	有	一	个	考	试	，	可	我	还	没
有	复	习	好	。	所	以	今	天	我	很	早	就	起	床	来
到	了	校	园	。	早	晨	的	空	气	好	极	了	，	我	找
了	一	个	安	静	的	地	方	拿	出	书	复	习	起	来	。
周	围	也	有	很	多	晨	读	的	学	生	，	大	家	都	在
聚	精	会	神	地	看	书	。	我	要	好	好	复	习	。	

오늘 오후에 시험이 있는데 나는 복습을 잘 하지 못했다. 그래서 오늘 아침 일찍 일어나 캠퍼스로 갔다. 아침 공기는 매우 좋았다. 나는 조용한 곳을 찾아 책을 꺼내 복습하기 시작했다. 주위에도 새벽에 공부하는 학생들이 많았고 모두들 집중해서 공부를 했다. 나도 열심히 복습을 해야겠다.

复习 fùxí 통 복습하다 | **校园** xiàoyuán 명 교정, 캠퍼스 | **早晨** zǎochén 명 이른 아침, 새벽 | **安静** ānjìng 형 조용하다, 고요하다 | **周围** zhōuwéi 명 주위, 주변 | **聚精会神** jù jīng huì shén 성 정신을 집중하다, 열중하다

논설문:

	中	国	的	很	多	大	学	生	有	早	晨	读	书	的
习	惯	。	一	来	早	上	空	气	很	新	鲜	；	二	来	早
晨	头	脑	比	较	清	醒	,	容	易	记	住	看	过	的	内
容	。	有	的	学	生	在	大	声	朗	读	外	语	,	有	的
学	生	在	静	静	地	看	书	。	最	近	就	业	形	势	很
紧	张	,	所	以	早	晨	读	书	的	学	生	更	多	了	。

중국의 많은 대학생들은 아침 일찍 일어나 공부하는 습관이 있다. 첫 번째 이유는 아침 공기가 맑기 때문이고, 두 번째 이유는 아침에는 머리가 맑아서 봤던 내용을 쉽게 기억할 수 있기 때문이다. 어떤 학생은 큰 소리로 외국어를 낭독하기도 하고, 어떤 학생은 조용히 책을 보기도 한다. 최근에는 취업이 어려워서 아침에 공부하는 학생들이 더 많아졌다.

习惯 xíguàn 명 습관 | 头脑 tóunǎo 명 두뇌, 머리 | 清醒 qīngxǐng 형 (정신이) 맑다, 또렷하다 | 记住 jìzhù 통 기억하다 | 朗读 lǎngdú 통 낭독하다, 큰 소리로 읽다 | 就业 jiùyè 통 취직하다, 취업하다 | 形势 xíngshì 명 정세, 형편, 상황

모범 답안

9

서술문
　　我是一名即将毕业的大学生。昨天我和朋友为了找工作去了一个招聘会，招聘会上人山人海。我和朋友看到一家公司的招聘专业和我们的专业对口，我们就去这家公司面试了，但由于缺乏经验，最后没被录取。

논설문
　　现在就业越来越难，所以很多学校开人才招聘会，为即将毕业的大学生提供一个找工作的信息渠道。但由于竞争太激烈，能够被录取的机会很少。因此要想在竞争中取胜，必须做好充分的准备，多掌握几种技能。

ㄱ. 그림을 자세히 관찰한다.
　　채용박람회에 가서 면접을 보고 있다.

ㄴ. 서술문으로 쓸지 논설문으로 쓸지 문체를 정한다.

▶ **서술문**: 채용박람회에 참가했던 경험에 대해 쓴다.

주요 인물 : 我
시간 : 昨天
장소 : 招聘会场
사건 발생 : 어제 나는 친구랑 함께 채용박람회에 갔다.
경과 : 마침 채용 분야가 우리의 전공과 잘 맞아서 가서 면접을 봤다.
결과 : 경험 부족으로 채용되지는 못했다.

▶ **논설문**: 요즘 취업 상황과 채용박람회에서 성공할 수 있는 방법 등에 대해 이야기한다.

> 문제 제기 : 요즘 취업이 점점 어려워지고 있다.
> 문제 분석 : 대학교에서는 이제 곧 졸업할 학생들에게 취업 정보를 제공하기 위해 채용박람회를 열기도 한다. 하지만 경쟁이 치열해서 채용될 기회가 적다.
> 해결 방법 : 경쟁에서 이기려면 충분한 준비를 해야 하고 여러 가지 기능을 갖추어야 한다.

ㄷ. 위의 내용을 중국어로 적어 보자.

서술문:

　　我是一名即将毕业的大学生。昨天我和朋友为了找工作去了一个招聘会，招聘会上人山人海。我和朋友看到一家公司的招聘专业和我们的专业对口，我们就去这家公司面试了，但由于缺乏经验，最后没被录取。

나는 졸업 예정인 대학생이다. 어제 나는 친구와 일을 구하기 위해 채용박람회에 갔다. 채용박람회는 인산인해를 이루었다. 나와 친구는 한 회사의 채용 분야가 우리의 전공과 맞는 것을 발견하고 그 회사의 면접을 봤다. 하지만 경험이 부족해서 결국 채용되지는 못했다.

即将 jíjiāng 튀 곧, 머지않아 | **招聘会** zhāopìnhuì 뗭 채용박람회 | **人山人海** rén shān rén hǎi 졩 모인 사람이 대단히 많다, 인산인해 | **专业** zhuānyè 똉 전공 | **对口** duìkǒu 일치하다, 부합하다 | **面试** miànshì 똉 면접시험 보다 | **缺乏** quēfá 둉 결핍되다, 결여되다 | **录取** lùqǔ 둉 채용하다, 고용하다, 뽑다

논설문:

　　现在就业越来越难，所以很多学校开人才招聘会，为即将毕业的大学生提供一个找工作的信息渠道。但由于竞争太激烈，能够被录取的机会很少。因此要想在竞争中取胜，必须做好充分的准备，多掌握几种技能。

요즘 취업이 점점 어려워지고 있어서 많은 학교에서 채용박람회를 열고 있다. 이는 곧 졸업할 대학생들에게 일자리 정보를 제공해 주는 경로이다. 그러나 경쟁이 매우 치열하기 때문에 채용될 수 있는 기회는 매우 적다. 이 때문에 경쟁에서 이기고 싶다면 반드시 충분한 준비가 필요하고 여러 가지 기능을 익혀두어야 한다.

人才 réncái 똉 인재 | **渠道** qúdào 똉 경로, 방법 | **竞争** jìngzhēng 둉 경쟁하다 | **激烈** jīliè 톙 치열하다, 격렬하다 | **机会** jīhuì 똉 기회 | **取胜** qǔshèng 둉 승리하다 | **充分** chōngfèn 톙 충분하다 | **准备** zhǔnbèi 둉 준비하다 | **掌握** zhǎngwò 둉 정복하다, 장악하다, 숙달하다 | **技能** jìnéng 똉 기능, 솜씨

모범 답안

10

서술문

我已经大学毕业了，但还没找到工作。所以我打算一边学习，一边找工作。我去一家汉语补习班报了名。这家补习班环境不错，老师上课也很生动形象，经常把我们逗得哈哈大笑。现在我的汉语水平有了很大提高。

논설문

在韩国有各种各样的补习班。很多人利用业余时间去补习班学习。他们的目的各不相同，有的人是为了提高职场竞争力，有的人是为了找工作，有的人是为了考大学，有的人纯粹是因为兴趣……他们学习都非常努力。

ㄱ. 그림을 자세히 관찰한다.

많은 성인들이 열심히 공부하고 있는 모습으로, 학원 풍경으로 볼 수 있다.

ㄴ. 서술문으로 쓸지 논설문으로 쓸지 문제를 정한다.

▶ **서술문**: 왜 학원에 가게 되었는지, 학원에서의 공부는 어땠고, 어떤 결과가 있었는지에 대해 쓸 수 있다.

주요 인물 : 我
시간 : 最近
장소 : 补习班
사건 발생 : 나는 이미 대학을 졸업했는데 아직 취직을 하지 못했다.
경과 : 공부하면서 일자리를 구하려고 먼저 중국어 학원에 가서 등록했다. 학원 환경도 좋았고 선생님의 수업도 생동감이 있어 우리는 늘 그 재미에 웃었다.
결과 : 현재 나의 중국어 수준은 많이 향상되었다.

▶ **논설문**: 사람들이 학원에서 열심히 공부하는 현상과 그 이유에 대해 분석하고 설명할 수 있다.

문제 제기 : 한국에는 다양한 학원이 있는데 많은 사람들이 여가 시간을 이용해 학원에 가서 공부한다.
문제 분석 : 그들의 목적은 각기 다르다. 어떤 사람은 직장에서 자신의 경쟁력을 향상시키기 위해 공부하고, 어떤 사람은 취직하기 위해, 또 어떤 사람은 대학에 붙기 위해, 또 어떤 사람은 순전히 취미로 공부를 한다.
해결 방법 : 그들은 모두 매우 열심히 공부한다.

ㄷ. 위의 내용을 중국어로 적어 보자.

서술문 :

	我	已	经	大	学	毕	业	了	，	但	还	没	找	到
工	作	。	所	以	我	打	算	一	边	学	习	，	一	边	找
工	作	。	我	去	一	家	汉	语	补	习	班	报	了	名	。
这	家	补	习	班	环	境	不	错	，	老	师	上	课	也	很
生	动	形	象	，	经	常	把	我	们	逗	得	哈	哈	大	笑。
现	在	我	的	汉	语	水	平	有	了	很	大	提	高	。	

나는 이미 대학을 졸업했지만 아직 일자리를 구하지 못했다. 그래서 공부를 하면서 일을 찾을 생각으로 중국어 학원에 등록했다. 이 학원은 환경도 괜찮고 선생님의 수업도 생동감 넘쳐서 우리를 크게 웃게 만들곤 한다. 요즘 나의 중국어 실력은 크게 향상되었다.

补习班 bǔxíbān 명 학원 | **报名** bàomíng 통 등록하다, 신청하다 | **不错** búcuò 형 좋다, 괜찮다 | **生动形象** shēngdòng xíngxiàng 이미지가 살아 있다 | **逗** dòu 형 우습다, 재미있다 | **哈哈大笑** hāhā dàxiào 하하거리며 크게 웃다

논설문:

	在	韩	国	有	各	种	各	样	的	补	习	班	。	很
多	人	利	用	业	余	时	间	去	补	习	班	学	习	。	他
们	的	目	的	各	不	相	同	,	有	的	人	是	为	了	提
高	职	场	竞	争	力	,	有	的	人	是	为	了	找	工	作,
有	的	人	是	为	了	考	大	学	,	有	的	人	纯	粹	是
因	为	兴	趣	…	…	他	们	学	习	都	非	常	努	力	。

한국에는 각양각색의 학원이 있다. 많은 사람들이 여가 시간을 이용해 학원을 다니고 있는데 그들의 목적은 각기 다르다. 어떤 사람은 직장에서의 경쟁력을 높이기 위해, 어떤 사람은 일자리를 구하기 위해, 어떤 사람은 대학에 합격하기 위해, 어떤 사람은 순수하게 재미로 공부한다. 그들은 모두 매우 열심히 공부한다.

目的 mùdì 명 목적 | **各不相同** gè bù xiāngtóng 성 서로 다르다, 제각기 다르다 | **职场** zhíchǎng 명 직장 | **竞争力** jìngzhēnglì 명 경쟁력 | **纯粹** chúncuì 부 순전히, 완전히, 전적으로

Ⅲ 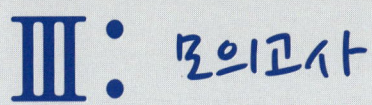 모의고사

1 모의고사 1 p.168

> **정답** **91** 很   充分   这个   证据
>
> 这个证据很充分。

ㄱ. 함께 쓸 수 있는 어휘들을 먼저 한 묶음으로 묶는다.

这个证据 : '这个'는 명사를 수식하므로 '这个证据'는 한 묶음이 되어야 한다.

ㄴ. 주술목을 찾는다.

술어 : 형용사 '充分'이 술어로 적합하다.
주어 : '充分'의 주어는 명사 '证据'가 적합하다.

ㄷ. 나머지 단어의 위치를 찾는다.

很 : 정도부사 '很'은 형용사 '充分' 앞에 위치해야 한다. → 很充分

ㄹ. 어순에 맞춰 나열한다.

    주어   술어
 这个证据   很充分。

ㅁ. 정답 및 해석

很　充分　这个　证据　　　　매우　충분하다　이　증거
→ 这个证据很充分。　　　　→ 이 증거는 매우 충분하다.

充分 chōngfèn 형 충분하다 | 证据 zhèngjù 명 증거

> **정답** **92** 有   风险   很大的   从事股票投资   会
>
> 从事股票投资会有很大的风险。

ㄱ. 함께 쓸 수 있는 어휘들을 먼저 한 묶음으로 묶는다.

很大的风险 : '很大的' 뒤에는 명사가 와야 하므로 '很大的风险'은 한 묶음이 된다.

ㄴ. 주술목을 찾는다.

주어/술어/목적어 : '리스크가 있다'라는 뜻의 술목구 '有风险'과 '주식투자를 하다'라는 뜻의 술목구 '从事股票投资'를 의미

Ⅲ-1. 모의고사   105

상에 따라 배열하면 '주식투자는 위험하다'라는 문장을 만들 수 있다. 따라서 '从事股票投资'가 주어, '有风险'의 '有'가 술어, '风险'이 목적어가 된다.

ㄷ. 나머지 단어의 위치를 찾는다.
会 : 조동사 '会'는 술어동사 '有' 앞에 위치해야 한다. → 会有

ㄹ. 어순에 맞춰 나열한다.

　　　　주어　　　　　　　술어　　목적어
从事　　股票投资　　会　　有　　很大的风险。
　　　　술목구　　　　조동사

ㅁ. 정답 및 해석

有　风险　很大的　从事股票投资　会　　　　있다　리스크　매우 큰　주식에 투자하다　~할 것이다
→ 从事股票投资会有很大的风险。　　　　　→ 주식에 투자하는 것은 리스크가 클 수 있다.

风险 fēngxiǎn 몡 위험(성), 리스크, 모험 | 从事 cóngshì 동 종사하다, 몸담다 | 股票 gǔpiào 몡 주식, 증권 | 投资 tóuzī 몡동 투자(하다)

정답

93 合同　需要　还　您的签字　那份

那份合同还需要您的签字。

ㄱ. 함께 쓸 수 있는 어휘들을 먼저 한 묶음으로 묶는다.
那份合同 : '那份' 뒤에는 명사가 와야 하므로 의미상 '那份合同'은 한 묶음이 되어야 한다.

ㄴ. 주술목을 찾는다.
술어 : 동사 '需要'가 술어로 쓰였다.
주어/목적어 : 두 개의 명사구 '那份合同'과 '您的签字' 중 의미 관계에 따라 주어는 '那份合同', 목적어는 '您的签字'가 된다.

ㄷ. 나머지 단어의 위치를 찾는다.
还 : 부사 '还'는 술어동사 '需要' 앞에 위치해야 한다. → 还需要

ㄹ. 어순에 맞춰 나열한다.

　주어　　　　　술어　　목적어
那份合同　　还　　需要　　您的签字。
　　　　　　부사

ㅁ. 정답 및 해석

合同　需要　还　您的签字　那份　　　　계약서　필요하다　또　당신의 사인　저
→ 那份合同还需要您的签字。　　　　→ 저 계약서에는 당신의 사인이 필요합니다.

需要 xūyào 동 필요하다 | 合同 hétong 몡 계약서 | 签字 qiānzì 동 서명하다, 사인하다

정답	**94** 这件事　别人的意见　征求　还得
	这件事还得征求别人的意见。

ㄱ. 함께 쓸 수 있는 어휘들을 먼저 한 묶음으로 묶는다.

　　征求……意见 : '의견을 널리 구하다'라는 뜻의 술목구이다.

ㄴ. 주술목을 찾는다.

　　술어/목적어 : 술목구 '征求……意见'에서 술어는 '征求', 목적어는 '意见'이 된다.
　　주어 : 명사구 '这件事'는 주어가 된다.

ㄷ. 나머지 단어의 위치를 찾는다.

　　还得 : '还得'는 '부사+조동사'로 술어동사 '征求' 앞에 위치해야 한다. → 还得征求

ㄹ. 어순에 맞춰 나열한다.

　　　　주어　　　　　　　　　술어　　목적어
　　这件事　还　得　征求　别人的意见。
　　　　　　부사 + 조동사

ㅁ. 정답 및 해석

　　这件事　别人的意见　征求　还得　　이 일　다른 사람의 의견　구하다　~해야 한다
　　→ 这件事还得征求别人的意见。　　→ 이 일은 다른 사람들의 의견을 들어봐야 한다.

意见 yìjiàn 명 견해, 의견 | 征求 zhēngqiú 동 의견을 구하다(묻다)

정답	**95** 抽屉　在　车库的钥匙　里
	车库的钥匙在抽屉里。

ㄱ. 주술목을 찾는다.

　　술어 : 동사 '在'가 술어로 쓰인 존현문이므로 '주어(사람/사물)+在+장소'의 순으로 써야 한다.

ㄴ. 나머지 단어의 위치를 찾는다.

　　里 : 방위사 '里'는 명사 뒤에 위치해야 하므로 의미상 명사 '抽屉' 뒤에 위치해야 한다. → 抽屉里

ㄷ. 어순에 맞춰 나열한다.

　　　주어　　술어
　　车库的钥匙　在　抽屉里。
　　　사물　　　　　장소

ㄹ. 정답 및 해석

抽屉　在　车库的钥匙　里　　　서랍　~에 있다　차고 열쇠　안
→ **车库的钥匙在抽屉里。**　　　→ 차고 열쇠는 서랍 안에 있다.

抽屉 chōuti 명 서랍 ｜ **车库** chēkù 명 차고 ｜ **钥匙** yàoshi 명 열쇠

정답

96 有利于　消除　喝酒　紧张情绪

喝酒有利于消除紧张情绪。

ㄱ. 함께 쓸 수 있는 어휘들을 먼저 한 묶음으로 묶는다.

消除……紧张情绪: '긴장을 풀다'라는 뜻의 술목구로 쓰였다.

ㄴ. 주술목을 찾는다.

술어/목적어: '有利于'는 다른 동사구를 목적어로 가질 수 있으므로 '有利于+동사구'의 형태로 문장을 만들면 술목구 '消除紧张情绪'는 '有利于'의 목적어가 된다.

ㄷ. 어순에 맞춰 나열한다.

주어　　술어　　　목적어
喝酒　有利于　消除　紧张情绪。
　　　　　　동사구(술목구)

ㄹ. 정답 및 해석

有利于　消除　喝酒　紧张情绪　　　~에 이롭다　없애다　술을 마시다　긴장된 마음
→ **喝酒有利于消除紧张情绪。**　　　→ 술을 마시는 것은 긴장을 푸는 데 도움이 된다.

有利于 yǒulìyú ~에 이롭다 ｜ **消除** xiāochú 동 해소하다, 풀다 ｜ **紧张** jǐnzhāng 형 긴장하다, 불안하다 ｜ **情绪** qíngxù 명 기분, 마음

정답

97 能力　孩子独立解决问题的　应该　培养　家长

家长应该培养孩子独立解决问题的能力。

ㄱ. 함께 쓸 수 있는 어휘들을 먼저 한 묶음으로 묶는다.

孩子独立解决问题的能力: '孩子独立解决问题的' 뒤에는 명사가 와야 하므로 '孩子独立解决问题的能力'는 한 묶음이 된다.

ㄴ. 주술목을 찾는다.

술어: 동사 '培养'이 술어가 된다.
주어: 사람을 의미하는 단어 '家长'이 주어가 되어야 한다.

ㄷ. 나머지 단어의 위치를 찾는다.

应该 : 조동사 '应该'는 술어 '培养' 앞에 위치해야 한다. → 应该培养

ㄹ. 어순에 맞춰 나열한다.

주어　　　　술어　　　목적어
家长　　应该　　培养　　孩子独立解决问题的能力。
　　　　조동사

ㅁ. 정답 및 해석

能力　孩子独立解决问题的　应该　培养　家长
→ 家长应该培养孩子独立解决问题的能力。
능력　아이가 스스로 문제를 해결할 수 있는　~해야 한다　기르다　학부모
→ 부모는 아이들이 스스로 문제를 해결할 수 있는 능력을 길러 주어야 한다.

独立 dúlì 동 독립하다, 홀로서다 | 解决 jiějué 동 해결하다, 풀다 | 培养 péiyǎng 동 배양하다, 기르다 | 家长 jiāzhǎng 명 가장, 학부모

정답

98 临时取消了　航班　飞往成都的　被

飞往成都的航班被临时取消了。

ㄱ. 함께 쓸 수 있는 어휘들을 먼저 한 묶음으로 묶는다.

飞往成都的航班 : '飞往成都的' 뒤에는 명사가 와야 하므로 '飞往成都的航班'은 한 묶음이 된다.

ㄴ. 주술목을 찾는다.

술어 : 동사 '取消'가 술어가 된다.
주어 : 제시어에 '被'가 있는 피동문이므로 명사구 '飞往成都的航班'은 주어가 되어야 한다. 일반적으로 피동문에는 목적어가 없음에 주의하도록 한다.

ㄷ. 나머지 단어의 위치를 찾는다.

被 : 개사 '被'는 술어구 '临时取消了' 앞에 위치해야 한다. → 被临时取消了

ㄹ. 어순에 맞춰 나열한다.

　　　주어　　　　　　술어
飞往成都的航班　被　临时取消了。
　　　　　　　개사 + 술어구

ㅁ. 정답 및 해석

临时取消了　航班　飞往成都的　被　　잠정 취소되다　항공편　청두행의　~당하다
→ **飞往成都的航班被临时取消了。**　　→ 청두행 항공편이 잠정 취소되었다.

临时 línshí 형 잠시의, 일시적인 | 取消 qǔxiāo 동 취소하다 | 航班 hángbān 명 (배나 비행기의) 운항편, 항공편 | 飞往 fēiwǎng 동 비행기를 타고 ~로 가다[향하다] | 成都 Chéngdū 고유 청두[스촨성의 성도]

모범답안

99 白领、贸易、竞争、升职、英语

我是一名白领，在一家贸易公司工作。平时工作很忙，但为了能有升职的机会，我每天下班后都去补习班学英语。今年有一次升职的机会，但竞争太激烈，我最终没能升职。但我并不灰心，我会继续努力的。

ㄱ. 주어진 단어의 의미와 품사를 파악한다.

白领 báilǐng 명 화이트칼라
贸易 màoyì 명 무역, 교역
竞争 jìngzhēng 동 경쟁하다
升职 shēngzhí 동 승진하다
英语 yīngyǔ 명 영어

ㄴ. 조합할 수 있는 단어끼리 조합시키고, 나머지는 자주 같이 쓰이는 짝을 찾아준다.

贸易公司 무역 회사
贸易关系 무역 관계
竞争激烈 경쟁이 치열하다
竞争能力 경쟁 능력
希望升职 승진하기를 희망하다
升职考试 승진 시험
升职机会 승진 기회

ㄷ. 단어나 어휘 조합을 통해 스토리를 구상한다.

주요 인물 : 我
시간 : 最近
장소 : 公司
사건 발생 : 나는 무역회사에 근무하고 있고, 승진하고 싶다.
경과 : 승진하기 위해서 학원에 가서 영어도 배우고 있지만 경쟁이 너무 치열하다.
결과 : 결국 승진은 못했지만 계속해서 노력할 것이다.

ㄹ. 위의 내용을 중국어로 적어 보자.

		我	是	一	名	白	领	，	在	一	家	贸	易	公	司
工	作	。	平	时	工	作	很	忙	，	但	为	了	能	有	升
职	的	机	会	，	我	每	天	下	班	后	都	去	补	习	班
学	英	语	。	今	年	有	一	次	升	职	的	机	会	，	但
竞	争	太	激	烈	，	我	最	终	没	能	升	职	。	但	我
并	不	灰	心	，	我	会	继	续	努	力	的	。			

나는 무역회사에서 일하는 직장인이다. 평소 일이 바쁘지만 승진 기회를 잡기 위해 매일 퇴근 후 학원에 가서 영어를 배운다. 올해는 한 번의 승진 기회가 있었지만 경쟁이 매우 치열해서 나는 결국 승진하지 못했다. 하지만 나는 낙담하지 않고 계속해서 노력할 것이다.

机会 jīhuì 명 기회 | 下班 xiàbān 동 퇴근하다 | 补习班 bǔxíbān 명 학원 | 升职 shēngzhí 동 승진 | 激烈 jīliè 형 격렬하다, 치열하다 | 灰心 huīxīn 동 낙담하다, 낙심하다 | 继续 jìxù 동 계속하다, 끊임없이 하다

모범 답안

100

平时工作很忙，没有时间逛超市。所以我常常趁周末的时候开车去我家附近的一个大型超市买东西。这家超市吃的、穿的、用的什么都有，并且质量又好，价格又便宜。另外还有一个很大的停车场，非常方便。

ㄱ. 그림을 자세히 관찰하고 정확히 이해한다.

주요 인물 : 我
시간 : 平时
장소 : 超市
사건 : 我去超市买东西

ㄴ. 관찰한 그림을 통해 사건의 발생 원인, 경과, 결과를 연상한다.

사건 발생: 나는 종종 주말에 대형 마트에 쇼핑하러 간다.
경과: 마트에는 물건이 다양하고 품질도 좋으며 가격도 저렴하다.
결과: 아주 큰 주차장까지 있어서 매우 편리하다.

ㄷ. 위의 내용을 중국어로 적어 보자.

		平	时	工	作	很	忙	，	没	有	时	间	逛	超	市。
所	以	我	常	常	趁	周	末	的	时	候	开	车	去	我	家
附	近	的	一	个	大	型	超	市	买	东	西	。	这	家	超
市	吃	的	、	穿	的	、	用	的	什	么	都	有	，	并	且
质	量	又	好	，	价	格	又	便	宜	。	另	外	还	有	一
个	很	大	的	停	车	场	，	非	常	方	便	。			

평소에는 일 때문에 바빠서 마트에 갈 시간이 없다. 그래서 나는 종종 주말에 차를 끌고 집 근처의 대형 마트에 가서 물건을 산다. 이 마트는 먹을 것, 입을 것, 쓸 것이 모두 갖춰져 있고, 품질도 좋으며 가격 또한 저렴하다. 또 큰 주차장이 있어서 매우 편리하다.

平时 píngshí 명 평소, 평상시 | 逛 guàng 동 거닐다, 돌아다니다, 구경하다 | 超市 chāoshì 명 슈퍼마켓 | 趁 chèn 개 ~을 틈타, ~을 이용하여 | 开车 kāichē 동 차를 몰다, 운전하다 | 附近 fùjìn 명 부근, 근처 | 大型 dàxíng 형 대형의 | 质量 zhìliàng 명 품질, 질 | 价格 jiàgé 명 가격 | 停车场 tíngchēchǎng 명 주차장

2 모의고사 2 p.170

> **정답**
> **91** 竞争　那两个队　很　激烈
> 那两个队竞争很激烈。

ㄱ. 함께 쓸 수 있는 어휘들을 먼저 한 묶음으로 묶는다.
　竞争激烈 : '경쟁이 치열하다'라는 뜻의 주술구이다.

ㄴ. 주술목을 찾는다.
　주어/술어 : 형용사 '激烈'의 주어는 명사 '竞争'이고, '竞争激烈'의 설명의 대상은 명사구 '那两个队'이다. 따라서 명사구 '那两个队'가 전체 문장의 주어, 주술구 '竞争激烈'가 술어가 된다.

ㄷ. 나머지 단어의 위치를 찾는다.
　很 : 정도부사 '很'은 형용사 '激烈' 앞에 위치해야 한다. → 很激烈

ㄹ. 어순에 맞춰 나열한다.
　　　주어　　　술어
　　那两个队　竞争　很激烈。
　　명사구　　　주술구

ㅁ. 정답 및 해석
　竞争　那两个队　很　激烈　　　경쟁　저 두 팀　매우　치열하다
　→ 那两个队竞争很激烈。　　　　→ 저 두 팀은 경쟁이 매우 치열하다.

竞争 jìngzhēng 동 경쟁하다 ｜ 队 duì 명 단체, 팀 ｜ 激烈 jīliè 형 치열하다

> **정답**
> **92** 每一个机会　把握　要　善于
> 要善于把握每一个机会。

ㄱ. 함께 쓸 수 있는 어휘들을 먼저 한 묶음으로 묶는다.
　把握……机会 : '기회를 잡다'라는 뜻의 술목구로 쓰이므로 '把握每一个机会'는 한 묶음이 되어야 한다.

ㄴ. 주술목을 찾는다.
　술어/목적어 : 동사 '善于'는 동사(구)를 목적어로 갖는 동사로 '善于+동사구'의 구조로 써야 한다. 따라서 '善于'가 전체 문장의 술어가 되고, 술목구 '把握机会'가 '善于'의 목적어가 된다.

ㄷ. 나머지 단어의 위치를 찾는다.

要 : 조동사 '要'는 술어 '善于' 앞에 위치해야 한다. → 要善于

ㄹ. 어순에 맞춰 나열한다.

要　善于　把握　每一个机会。
조동사　술어　　목적어
　　　　　　동사구(술목구)

ㅁ. 정답 및 해석

每一个机会　把握　要　善于　　　모든 기회　잡다　~해야 한다　~를 잘하다
→ **要善于把握每一个机会。**　　　→ 모든 기회를 잘 잡아야 한다.

机会 jīhuì 뗑 기회, 찬스 | 把握 bǎwò 동 잡다, 붙들다 | 善于 shànyú 동 ~를 잘하다, ~에 능(숙)하다

정답　**93** 忘了　这么重要的事　她　竟然　把　给

她竟然把这么重要的事给忘了。

ㄱ. 함께 쓸 수 있는 어휘들을 먼저 한 묶음으로 묶는다.

把这么重要的事 : 개사 '把' 뒤에는 명사가 와야 하므로 '把这么重要的事'는 한 묶음이 된다.

ㄴ. 주술목을 찾는다.

술어 : 동사 '忘了'가 술어로 쓰였다.
주어 : 사람을 의미하는 단어 '她'가 주어로 쓰였다.
목적어 : 동사 '忘了'의 목적어는 '把这么重要的事'이지만 이것은 개사구이므로 술어 '忘了' 앞에 위치해야 한다.

ㄷ. 나머지 단어의 위치를 찾는다.

竟然 : '把'자문에서 부사 '竟然'은 '把+명사' 앞에 위치해야 한다. → 竟然把这么重要的事
给 : '给'는 술어동사 '忘了' 앞에 위치해야 한다. → 给忘了

ㄹ. 어순에 맞춰 나열한다.

주어　　　의미상 목적어　　술어
她　竟然　把这么重要的事　给忘了。
　　부사　　개사구

ㅁ. 정답 및 해석

忘了　这么重要的事　她　竟然　把　给　　잊다　이렇게 중요한 일　그녀　놀랍게도　~을
→ **她竟然把这么重要的事给忘了。**　　　→ 뜻밖에 그녀는 매우 중요한 일을 잊고 있었다.

忘 wàng 동 잊다 | 竟然 jìngrán 부 뜻밖에도, 놀랍게도

정답	**94** 一家大型企业　小王　被　录取了
	小王被一家大型企业录取了。

ㄱ. 함께 쓸 수 있는 어휘들을 먼저 한 묶음으로 묶는다.

　被一家大型企业 : 개사 '被' 뒤에는 명사가 와야 하므로 의미상 '被一家大型企业'가 되어야 한다.

ㄴ. 주술목을 찾는다.

　술어 : 동사 '录取了'가 술어로 쓰였다.
　주어 : 사람을 의미하는 단어 '小王'이 주어로 쓰였다.

ㄷ. 나머지 단어의 위치를 찾는다.

　被一家大型企业 : 개사구 '被一家大型企业'는 술어 '录取了' 앞에 위치해야 한다. → 被一家大型企业录取了

ㄹ. 어순에 맞춰 나열한다.

　　小王　被一家大型企业　录取了。
　　주어　　개사구　　　　술어

ㅁ. 정답 및 해석

　一家大型企业　小王　被　录取了　　　대기업　샤오왕　~에 의해　취직되다
　→ 小王被一家大型企业录取了。　　　　→ 샤오왕은 대기업에 취직되었다.

大型 dàxíng 혱 대형의 | **企业** qǐyè 몡 기업 | **录取** lùqǔ 동 채용하다, 뽑다

정답	**95** 真理　在　少数人手里　总是　掌握
	真理总是掌握在少数人手里。

ㄱ. 함께 쓸 수 있는 어휘들을 먼저 한 묶음으로 묶는다.

　掌握在……手里 : '~의 손에 달려 있다'라는 뜻의 관용구이다.

ㄴ. 주술목을 찾는다.

　술어 : 동사 '掌握'가 술어로 쓰였다.
　주어 : 명사 '真理'가 주어로 쓰였다.

ㄷ. 나머지 단어의 위치를 찾는다.

　总是 : 부사 '总是'는 술어 '掌握' 앞에 위치해야 한다. → 总是掌握

ㄹ. 어순에 맞춰 나열한다.

　　　주어　　　　　술어　　　　보어
　　　真理　总是　掌握　在少数人手里。
　　　　　　부사　　　　　　개사구

ㅁ. 정답 및 해석

真理　在　少数人手里　总是　掌握　　　　진리　~에 있다　소수 사람들의 손　항상　장악하다
→ **真理总是掌握在少数人手里。**　　　　→ 진리는 항상 소수의 사람들에 의해 좌우된다.

真理 zhēnlǐ 몡 진리 | 总是 zǒngshì 囝 줄곧, 언제나 | 掌握 zhǎngwò 동 장악하다, 주도하다

정답

96 班主任　这个消息　弄糊涂了　把

这个消息把班主任弄糊涂了。

ㄱ. 함께 쓸 수 있는 어휘들을 먼저 한 묶음으로 묶는다.

把……弄糊涂了 : '~를 정신 없게 만들다'라는 뜻의 관용구로 쓰였다.

ㄴ. 주술목을 찾는다.

술어 : 동사구 '弄糊涂了'가 술어로 쓰였다.
주어 : 명사 '班主任'과 '这个消息'를 '주어+把+명사+弄糊涂了' 구조에 넣어 의미 관계를 따져보면 '소식이 담임을 정신없게 한 것'이지 '담임이 소식을 정신없게 한 것'이 아니므로 주어는 '这个消息'가 되어야 한다.

ㄷ. 어순에 맞춰 나열한다.

　　주어　　의미상 목적어　　술어
　　这个消息　把班主任　　弄糊涂了。
　　　　　　　개사구

ㄹ. 정답 및 해석

班主任　这个消息　弄糊涂了　把　　　담임 선생님　이 소식　혼란스럽게 하다　~를
→ **这个消息把班主任弄糊涂了。**　　　→ 이 소식은 담임 선생님을 매우 혼란스럽게 했다.

班主任 bānzhǔrèn 몡 담임 교사 | 消息 xiāoxi 몡 소식 | 弄糊涂 nòng hútu 정신이 없다, 혼란스럽다

정답

97 考虑　他　为朋友　得　非常周到

他为朋友考虑得非常周到。

ㄱ. 주술목을 찾는다.

술어 : 동사 '考虑'가 술어로 쓰였다.

Ⅲ-2. 모의고사

주어 : 인칭대사 '他'가 주어로 쓰였다.

ㄴ. 나머지 단어의 위치를 찾는다.
得 : 술어와 정도보어를 연결하는 구조조사 '得'는 동사 '考虑' 뒤에 위치해야 한다. → 考虑得
为朋友 : 개사구 '为朋友'는 술어 '考虑' 앞에 위치해야 한다. → 为朋友考虑
非常周到 : 형용사구 '非常周到'는 '考虑'의 정도를 나타내므로 술어 '考虑' 뒤에 위치해야 한다. → 考虑得非常周到

ㄷ. 어순에 맞춰 나열한다.

주어 　　　　 술어　　 정도보어
他　　为朋友　考虑得　非常周到。
　　　개사구　　　　　형용사구

ㄹ. 정답 및 해석

考虑　他　为朋友　得　非常周到　　　고려하다　그　친구를 위해　得　매우 세심하다
→ **他为朋友考虑得非常周到。**　　　→ 그는 친구를 아주 세심하게 배려했다.

考虑 kǎolǜ 동 고려하다, 생각하다 | **周到** zhōudào 형 치밀하다, 빈틈없다

정답
98 亲密　他们俩的　关系　非常　一直

他们俩的关系一直非常亲密。

ㄱ. 함께 쓸 수 있는 어휘들을 먼저 한 묶음으로 묶는다.
他们俩的关系 : '他们俩的' 뒤에는 명사가 와야 하므로 '他们俩的关系'는 한 묶음이 된다.

ㄴ. 주술목을 찾는다.
술어 : 형용사 '亲密'가 술어로 쓰였다.
주어 : 형용사가 술어로 쓰인 문장이므로 명사구 '他们俩的关系'는 주어가 된다.

ㄷ. 나머지 단어의 위치를 찾는다.
一直/非常 : 정도부사 '非常'과 시간부사 '一直'는 '시간부사+정도부사'의 순으로 술어 '亲密' 앞에 위치해야 한다.
　　　　　→ 一直非常亲密

ㄹ. 어순에 맞춰 나열한다.

　　주어　　　　　　　　　　　　술어
他们俩的关系　一直　非常　亲密。
　　　　　　시간부사 + 정도부사

ㅁ. 정답 및 해석

亲密　他们俩的　关系　非常　一直　　친밀하다　그들 둘의　관계　매우　줄곧
→ **他们俩的关系一直非常亲密。**　　→ 그들 두 사람의 관계는 줄곧 매우 친밀했다.

亲密 qīnmì 형 사이가 좋다, 친밀하다 | **俩** liǎ 수 두 사람 | **一直** yìzhí 부 계속, 줄곧

| 모범답안 | **99** 机会、决定、需要、积极、创造 |

> 　　**决定**成功的因素很多，但我觉得最重要的是能力和**机会**，二者缺一不可。光有能力，没有机会是不会成功的，反之亦然。能力我们可以通过培养来获得。机会也同样**需要**自己**积极**地**创造**。我们不能坐等机会的到来。

ㄱ. 주어진 단어의 의미와 품사를 파악한다.

　　机会 jīhuì 명 기회
　　决定 juédìng 동 결정하다
　　需要 xūyào 동 필요로 하다, 요구되다
　　积极 jījí 형 적극적이다
　　创造 chuàngzào 동 창조하다

ㄴ. 조합할 수 있는 단어끼리 조합시키고, 나머지는 자주 같이 쓰이는 짝을 찾아준다.

　　创造机会　기회를 창조하다
　　等待机会　기회를 기다리다
　　决定成功　성공을 결정하다
　　决定未来　미래를 결정하다
　　需要努力　노력이 필요하다
　　需要管理　관리가 필요하다
　　积极创造　적극적으로 창조하다
　　积极参加　적극적으로 참가하다
　　创造未来　미래를 창조하다
　　创造条件　조건을 창조하다

ㄷ. 주어진 단어와 어휘 조합을 통해 논하고자 하는 문제점을 찾아낸다.

　　'决定, 创造'에서 '决定成功, 创造机会'와 같은 어휘 조합을 만들 수 있고, 이를 통해 성공을 결정하는 요소 중 하나가 기회를 창조하는 것이라는 내용으로 쓸 수 있다.

ㄹ. 정해진 주제에 따라 문제 제기, 문제 분석, 해결 방법을 요약해 본다.

　　문제 제기: 성공을 결정하는 요소 중에 가장 중요한 두 가지는 바로 능력과 기회이다.
　　문제 분석: 능력은 계속 키워야 얻을 수 있고 기회는 본인이 적극적으로 창조해야 한다.
　　해결 방법: 우리는 앉아서 기회가 오기만을 기다려서는 안 된다.

ㅁ. 위의 내용을 중국어로 적어 보자.

		决	定	成	功	的	因	素	很	多	,	但	我	觉	得
最	重	要	的	是	能	力	和	机	会	,	二	者	缺	一	不
可	。	光	有	能	力	,	没	有	机	会	是	不	会	成	功
的	,	反	之	亦	然	。	能	力	我	们	可	以	通	过	培
养	来	获	得	。	机	会	也	同	样	需	要	自	己	积	极
地	创	造	。	我	们	不	能	坐	等	机	会	的	到	来	。

성공을 결정하는 요소는 매우 많지만 내가 볼 때 가장 중요한 것은 능력과 기회이다. 이 두 가지는 하나도 빠질 수 없는 것들이다. 능력만 있고 기회가 없다면 성공할 수 없을 것이다. 그 반대도 마찬가지다. 능력은 우리가 계속 키워야만 얻을 수 있고, 기회 역시 적극적으로 창조해야 한다. 우리는 가만히 앉아서 기회가 오기만을 기다릴 수는 없다.

成功 chénggōng 몡 성공 | 因素 yīnsù 몡 요소, 성분, 요인 | 缺一不可 quē yī bù kě 셩 하나라도 부족해선 안 된다 | 光 guāng 뷔 단지, 다만, 오로지 | 反之亦然 fǎn zhī yì rán 셩 바꾸어 말해도 역시 그렇다 | 培养 péiyǎng 동 배양하다, 기르다, 키우다 | 获得 huòdé 동 얻다, 획득하다 | 同样 tóngyàng 혱 서로 같다, 마찬가지이다 | 到来 dàolái 동 도래하다, 닥쳐오다

모범 답안

100

今天是情人节，我打算买一束花送给我的女朋友。我和女朋友已经交往一年多了。我来到一家花店，买了九朵红玫瑰。因为红玫瑰代表爱情，九朵是希望我们爱情长久。我把花送给女朋友的时候，她高兴极了。

ㄱ. 그림을 자세히 관찰하고 정확히 이해한다.

주요 인물 : 我

시간 : 今天

장소 : 花店

사건 : 到花店买花

ㄴ. 관찰한 그림을 통해 사건의 발생 원인, 경과, 결과를 연상한다.

사건 발생: 오늘은 발렌타인데이여서 여자친구에게 꽃을 선물할 생각이다.

경과: 꽃집에 가서 9송이 붉은 장미를 샀다.

결과: 여자친구는 꽃을 받으면서 너무 좋아했다.

ㄷ. 위의 내용을 중국어로 적어 보자.

		今	天	是	情	人	节	，	我	打	算	买	一	束	花
送	给	我	的	女	朋	友	。	我	和	女	朋	友	已	经	交
往	一	年	多	了	。	我	来	到	一	家	花	店	，	买	了
九	朵	红	玫	瑰	。	因	为	红	玫	瑰	代	表	爱	情	，
九	朵	是	希	望	我	们	爱	情	长	久	。	我	把	花	送
给	女	朋	友	的	时	候	，	她	高	兴	极	了	。		

오늘은 발렌타인데이여서 나는 꽃 한 다발을 사서 여자친구에게 선물하려고 한다. 나와 여자친구는 교제한지 1년이 넘었다. 나는 한 꽃집에 들어가서 빨간 장미 9송이를 샀다. 빨간 장미는 사랑을 의미하고, 9송이는 우리의 사랑이 영원하기를 바란다는 뜻이기 때문이다. 내가 꽃을 주었을 때 여자친구는 매우 기뻐했다.

情人节 Qíngrénjié 고유 발렌타인데이 | 打算 dǎsuàn 동 ~하려고 하다, ~할 작정이다 | 束 shù 양 묶음, 다발 | 交往 jiāowǎng 동 왕래하다, 교제하다 | 花店 huādiàn 몡 꽃집 | 玫瑰 méigui 몡 장미 | 代表 dàibiǎo 동 대표하다, 표시하다, 나타내다 | 爱情 àiqíng 몡 애정, 남녀 간의 사랑 | 长久 chángjiǔ 혱 매우 길고 오래다, 장구하다

3 모의고사 3 p.172

> **정답** **91** 要　处理　遇到问题　灵活
>
> 遇到问题要灵活处理。

ㄱ. 함께 쓸 수 있는 어휘들을 먼저 한 묶음으로 묶는다.
　灵活处理 : '(일을) 융통성 있게 처리하다'라는 뜻의 상용구이다.

ㄴ. 주술목을 찾는다.
　주어/술어 : 동사구 '灵活处理'와 '遇到问题'를 의미 관계에 따라 배열하면 '문제에 부딪히면 융통성 있게 해결해야 한다'라는 문장을 만들 수 있다. 따라서 '遇到问题'가 주어가 되고, '灵活处理'가 술어가 되는 것이 의미상 적합하다.

ㄷ. 나머지 단어의 위치를 찾는다.
　要 : 조동사 '要'는 술어 '灵活处理' 앞에 위치해야 한다. → 要灵活处理

ㄹ. 어순에 맞춰 나열한다.
　　　주어　　　　　　　술어
　遇到问题　要　灵活处理。
　술목구　　조동사　　동사구

ㅁ. 정답 및 해석
　要　处理　遇到问题　灵活　　　~해야 한다　처리하다　문제에 부딪히다　융통성 있다
　→ 遇到问题要灵活处理。　　　　→ 문제에 부딪혔을 때는 융통성 있게 해결해야 한다.

处理 chǔlǐ 통 처리하다, (문제를) 해결하다 ｜ **遇到** yùdào 통 마주치다, 부딪히다 ｜ **灵活** línghuó 형 민첩하다, 융통성 있다

> **정답** **92** 开幕式　答应　出席　她
>
> 她答应出席开幕式。

ㄱ. 함께 쓸 수 있는 어휘들을 먼저 한 묶음으로 묶는다.
　出席开幕式 : '개막식에 참석하다'라는 뜻으로, 자주 함께 쓰이는 단어이다.

ㄴ. 주술목을 찾는다.
　술어/목적어 : 동사 '答应'은 동사(구)를 목적어로 취할 수 있는 동사이므로 '答应'이 술어로 쓰였고, 동사구 '出席开幕式'는 '答应'의 목적어가 된다.
　주어 : 인칭대사 '她'가 주어로 쓰였다.

ㄷ. 어순에 맞춰 나열한다.

주어　술어　　목적어
她　答应　出席　开幕式。
　　　　　동사구(술목구)

ㄹ. 정답 및 해석

开幕式　答应　出席　她　　개막식　약속하다　참석하다　그녀
→ 她答应出席开幕式。　　→ 그녀는 개막식에 참석하기로 약속했다.

开幕式 kāimùshì 몡 개막식 | 答应 dāying 동 동의하다, 약속하다 | 出席 chūxí 동 참석하다, 출석하다

정답　**93** 那些士兵的　真让人　佩服　勇气

那些士兵的勇气真让人佩服。

ㄱ. 함께 쓸 수 있는 어휘들을 먼저 한 묶음으로 묶는다.

那些士兵的勇气: '那些士兵的' 뒤에는 명사가 와야 하므로 '那些士兵的勇气'는 한 묶음이 된다.

ㄴ. 주술목을 찾는다.

술어: 사역동사 '让'은 '주어+让(술어1)+사람+형용사(술어2)'의 구조로 쓰인다. 따라서 동사 '让'은 첫 번째 술어 자리에 위치하고, 형용사 '佩服'는 두 번째 술어 자리에 위치해야 한다.

주어: 명사구 '那些士兵的勇气'는 주어가 된다.

ㄷ. 어순에 맞춰 나열한다.

주어　　　　　술어1　목적어　술어2
那些士兵的勇气　真　让　人　佩服。
　명사구　　　부사　　사람　형용사

ㄹ. 정답 및 해석

那些士兵的　真让人　佩服　勇气　　그 사병들의　정말 사람으로 하여금　감탄하다　용기
→ 那些士兵的勇气真让人佩服。　　→ 그 사병들의 용기는 정말 사람을 감탄하게 만들었다.

士兵 shìbīng 몡 병사, 사병 | 佩服 pèifú 동 탄복하다, 감탄하다 | 勇气 yǒngqì 몡 용기

정답　**94** 风险　一定的　做　心脏手术　有

做心脏手术有一定的风险。

ㄱ. 함께 쓸 수 있는 어휘들을 먼저 한 묶음으로 묶는다.

一定的风险: '一定的' 뒤에는 명사가 와야 하므로 '一定的风险'은 한 묶음이 된다.

ㄴ. 주술목을 찾는다.
  술어 : 동사 '有'가 술어로 쓰였다.
  목적어 : '做'의 목적어는 '手术'이며, 동사 '有'의 목적어는 '风险'이 되어야 한다.
  주어 : 두 개의 동사구 '有一定的风险'과 '做心脏手术'를 의미 관계에 따라 분석해 보면 '做心脏手术'가 주어로 적합하다.

ㄷ. 어순에 맞춰 나열한다.
  　　주어　　　　술어　　　목적어
  做　心脏手术　　有　　一定的风险。
  　　술목구

ㄹ. 정답 및 해석
  风险　一定的　做　心脏手术　有　　　위험　상당한　~을 하다　심장 수술　~이 있다
  做心脏手术有一定的风险。　　　　→ 심장 수술을 하는 것은 상당한 위험이 있다.

  风险 fēngxiǎn 몡 위험(성), 모험 | 一定 yídìng 閉 상당한, 어느 정도의 | 心脏 xīnzàng 몡 심장 | 手术 shǒushù 몡통 수술(하다)

> **정답**
> **95** 本场比赛的　他　解说员　担任
> 他担任本场比赛的解说员。

ㄱ. 함께 쓸 수 있는 어휘들을 먼저 한 묶음으로 묶는다.
  本场比赛的解说员 : '本场比赛的' 뒤에는 명사가 와야 하므로 의미상 '本场比赛的解说员'이 한 묶음이 된다.

ㄴ. 주술목을 찾는다.
  술어 : 동사 '担任'이 술어로 쓰였다.
  주어 : 인칭대사 '他'가 주어가 된다.
  목적어 : 명사구 '本场比赛的解说员'은 술어 '担任'의 목적어가 된다.

ㄷ. 어순에 맞춰 나열한다.
  주어　술어　　목적어
  他　担任　本场比赛的解说员。
  　　　　　　　명사구

ㄹ. 정답 및 해석
  本场比赛的　他　解说员　担任　　이번 경기의　그　해설자　맡다
  → **他担任本场比赛的解说员。**　　→ 그는 이번 경기의 해설자를 맡았다.

  比赛 bǐsài 몡 경기, 시합 | 解说员 jiěshuōyuán 몡 해설자 | 担任 dānrèn 통 맡다, 담임하다, 담당하다

정답	**96** 好运　乐观的态度　为我们　能　带来
	乐观的态度能为我们带来好运。

ㄱ. 함께 쓸 수 있는 어휘들을 먼저 한 묶음으로 묶는다.

　　带来好运 : '행운을 가져오다'라는 뜻의 술목구이다.

ㄴ. 주술목을 찾는다.

　　주어/술어/목적어 : 술목구 '带来好运'에서 동사 '带来'가 술어, 명사 '好运'이 목적어이므로 명사구 '乐观的态度'가 주어가 되어야 한다.

ㄷ. 나머지 단어의 위치를 찾는다.

　　能 : 개사구 '为我们'과 조동사 '能'은 '조동사+개사구'의 순으로 술어 '带来' 앞에 위치해야 한다. → 能为我们带来

ㄹ. 어순에 맞춰 나열한다.

　　　주어　　　　　　　　　　술어　　목적어
　　乐观的态度　能　为我们　带来　好运。
　　　명사구　　　조동사 + 개사구

ㅁ. 정답 및 해석

　　好运　乐观的态度　为我们　能　带来　　　행운　낙관적인 태도　우리에게　~할 수 있다　가져오다
　　→ 乐观的态度能为我们带来好运。　　→ 낙관적인 태도는 우리에게 행운을 가져다 준다.

　　好运 hǎoyùn 몡 행운 | 乐观 lèguān 톈 낙관적이다 | 态度 tàidu 몡 태도 | 带来 dàilái 통 가져오다, 가져다 주다

정답	**97** 好　隔音效果　这种玻璃　特别
	这种玻璃隔音效果特别好。

ㄱ. 함께 쓸 수 있는 어휘들을 먼저 한 묶음으로 묶는다.

　　效果好 : '效果好'는 '효과가 좋다'라는 뜻의 주술구로 쓰인다.

ㄴ. 주술목을 찾는다.

　　주어/술어 : 형용사 '好'가 술어로 쓰였고, '好'의 주어는 '效果'가 된다. '效果'의 대상은 명사구 '这种玻璃'이므로 전체 문장의 주어는 '这种玻璃'가 되어야 한다.

ㄷ. 나머지 단어의 위치를 찾는다.

　　特别 : 정도부사 '特别'는 형용사 '好' 앞에 위치해야 한다. → 特别好

ㄹ. 어순에 맞춰 나열한다.

　　　주어　　　술어
　　这种玻璃　隔音效果　特别好。
　　　　　　　　주술구

ㅁ. 정답 및 해석

| 好 | 隔音效果 | 这种玻璃 | 特别 | | 좋다 | 방음 효과 | 이런 유리 | 매우 |

→ 这种玻璃隔音效果特别好。   → 이런 유리는 방음 효과가 매우 뛰어나다.

隔音 géyīn 동 방음하다 | 效果 xiàoguǒ 명 효과 | 玻璃 bōli 명 유리 | 特别 tèbié 부 특히, 매우

정답

98 交流   促进了   东西方文化的   丝绸之路

丝绸之路促进了东西方文化的交流。

ㄱ. 함께 쓸 수 있는 어휘들을 먼저 한 묶음으로 묶는다.

东西方文化的交流 : '东西方文化的' 뒤에는 명사가 와야 하므로 의미상 '东西方文化的交流'는 한 묶음이 된다.

ㄴ. 주술목을 찾는다.

술어 : 동사 '促进了'가 술어로 쓰였다.
주어/목적어 : 명사구 '东西方文化的交流'와 '丝绸之路' 중 의미 관계를 따져 보면 '促进了'의 목적어는 '东西方文化的交流', 주어는 '丝绸之路'가 되어야 한다.

ㄷ. 어순에 맞춰 나열한다.

주어 　　 술어 　　 목적어
丝绸之路　促进了　东西方文化的交流。
　　　　　　　　　　명사구

ㄹ. 정답 및 해석

| 交流 | 促进了 | 东西方文化的 | 丝绸之路 | | 교류 | 촉진하다 | 동서양 문화의 | 비단길 |

→ 丝绸之路促进了东西方文化的交流。   → 비단길은 동서양 문화의 교류를 촉진시켰다.

交流 jiāoliú 동 교류하다 | 促进 cùjìn 동 촉진하다 | 丝绸之路 Sīchóuzhīlù 고유 비단길, 실크로드

모범답안

99 挑战、放弃、困难、梦想、自信

每个人都有**梦想**，但不一定每个人都能实现梦想。这是因为在实现梦想的过程中，我们会遇到各种各样的**困难**。这时，有的人选择了**放弃**，有的人面对困难时充满了**自信**，勇敢**挑战**，最终克服了困难，实现了梦想。

ㄱ. 주어진 단어의 의미와 품사를 파악한다.

挑战 tiǎozhàn 동 도전하다
放弃 fàngqì 동 포기하다
困难 kùnnan 형 (사정이) 어렵다, 곤란하다 명 곤란, 어려움
梦想 mèngxiǎng 동 꿈꾸다, 허황된 생각을 하다, 망상하다 명 꿈, 이상
自信 zìxìn 동 자신하다

ㄴ. 조합할 수 있는 단어끼리 조합시키고, 나머지는 자주 같이 쓰이는 짝을 찾아준다.

勇敢挑战　용감하게 도전하다
不断挑战　끊임없이 도전하다
放弃机会　기회를 포기하다
选择放弃　포기를 선택하다
克服困难　곤란을 극복하다
面对困难　곤란에 대처하다
实现梦想　꿈을 실현하다
梦想成真　꿈을 이루다
充满自信　자신감이 넘치다
自信心　자신감

ㄷ. 주어진 단어와 어휘 조합을 통해 논하고자 하는 문제점을 찾아낸다.

주어진 단어와 어휘 조합을 보면 꿈을 이루기 위해서라면 자신감을 갖고 도전하고, 포기하지 말아야 한다는 것을 알 수 있다.

ㄹ. 정해진 주제에 따라 문제 제기, 문제 분석, 해결 방법을 요약해 본다.

문제 제기: 누구나 꿈은 있지만 모두 다 실현할 수 있는 것은 아니다.

문제 분석: 어려움에 부딪혔을 때 어떤 사람은 포기를 선택하지만 어떤 사람은 오히려 자신감이 넘치며 용감하게 도전한다.

해결 방법: 결국 이런 사람은 어려움을 극복하고 꿈을 실현하게 된다.

ㅁ. 위의 내용을 중국어로 적어 보자.

	每	个	人	都	有	梦	想	，	但	不	一	定	每	个
人	都	能	实	现	梦	想	。	这	是	因	为	在	实	现	梦
想	的	过	程	中	，	我	们	会	遇	到	各	种	各	样	的
困	难	。	这	时	，	有	的	人	选	择	了	放	弃	，	有
的	人	面	对	困	难	时	充	满	了	自	信	，	勇	敢	挑
战	，	最	终	克	服	了	困	难	，	实	现	了	梦	想	。

모든 사람에게는 꿈이 있다. 하지만 모든 사람이 꿈을 실현할 수 있는 것은 아니다. 꿈을 실현하는 과정에서 우리는 여러 가지 어려움을 만날 수 있기 때문이다. 이때 어떤 사람은 포기를 선택하고, 어떤 사람은 어려움에 닥쳤을 때 자신감을 갖고 용기 있게 도전한다. 결국 이 사람은 어려움을 극복하고 꿈을 실현하게 되는 것이다.

不一定 bùyídìng 🖫 반드시 ~한 것은 아니다 | 实现 shíxiàn 🗐 실현하다, 달성하다 | 过程 guòchéng 🗐 과정 | 遇到 yùdào 🗐 마주치다, 맞닥뜨리다 | 选择 xuǎnzé 🗐 선택하다 | 面对 miànduì 🗐 마주 대하다, 직면하다 | 困难 kùnnan 🗐 곤란, 어려움 | 充满 chōngmǎn 🗐 충만하다, 가득 차다, 넘치다 | 勇敢 yǒnggǎn 🗐 용감하다 | 克服 kèfú 🗐 극복하다, 이기다

| 모범답안 | 100 |  | 上个星期日我和朋友一起去看电影了。电影院里人多极了。我们看的是一部爱情片，是一个令人感动的爱情故事。当女主人公最终死在男主人公怀里时，很多观众都感动得泪流满面。原来美好的爱情人人都向往。 |

ㄱ. 그림을 자세히 관찰하고 정확히 이해한다.

주요 인물 : 我

시간 : 上个星期日

장소 : 电影院

사건 : 很多人在电影院看电影

ㄴ. 관찰한 그림을 통해 사건의 발생 원인, 경과, 결과를 연상한다.

사건 발생: 지난 주말에 나는 친구와 영화를 보러 갔다.

경과: 우리는 아주 감동적인 멜로 영화를 보았다.

결과: 누구나 아름다운 사랑을 갈망하는 것 같다.

ㄷ. 위의 내용을 중국어로 적어 보자.

		上	个	星	期	日	我	和	朋	友	一	起	去	看	电
影	了	。	电	影	院	里	人	多	极	了	。	我	们	看	的
是	一	部	爱	情	片	，	是	一	个	令	人	感	动	的	爱
情	故	事	。	当	女	主	人	公	最	终	死	在	男	主	人
公	怀	里	时	，	很	多	观	众	都	感	动	得	泪	流	满
面	。	原	来	美	好	的	爱	情	人	人	都	向	往	。	

지난주 일요일에 나는 친구와 함께 영화를 보러 갔다. 영화관에는 사람들이 매우 많았다. 우리가 본 것은 매우 감동적인 러브스토리의 멜로 영화였다. 여자 주인공이 마지막에 남자 주인공의 품에서 죽을 때 많은 관중들이 감동해서 눈물 범벅이 되었다. 사실 모든 사람들이 아름다운 사랑을 갈망하는 것 같다.

电影院 diànyǐngyuàn 명 영화관 | **爱情片** àiqíngpiàn 명 애정영화, 멜로 영화 | **感动** gǎndòng 동 감동하다, 감격하다 | **主人公** zhǔréngōng 명 주인공 | **怀** huái 명 가슴, 품 | **观众** guānzhòng 명 관중 | **泪** lèi 명 눈물 | **满面** mǎnmiàn 명 온 얼굴, 만면 | **原来** yuánlái 부 알고 보니, 원래 | **美好** měihǎo 형 좋다, 훌륭하다, 아름답다 | **向往** xiàngwǎng 동 갈망하다, 동경하다

2013년 汉办 新HSK 5급 필수어휘 수정리스트

新HSK에는 각 급수 별로 지정된 필수어휘 범위 안에서만 문제가 출제되지 않기 때문에 필수어휘만 학습해서는 고득점 하기 어려운 것이 사실입니다. 최근 汉办에서 발표한 필수어휘상에 약간의 변화가 있기는 하지만, 본사 교재에서는 새로 추가된 단어 대부분을 실전문제 등에서 충분히 다루고 있기 때문에 최신 시험 경향 파악에 전혀 무리가 없음을 알려 드립니다. 이번에 삭제된 단어 역시 출제 가능성이 높으므로 꼭 알아 두는 것이 좋습니다. 참고로 新HSK 5급 필수어휘(2013년 수정판) 전체 목록을 담은 엑셀 파일은 '다락원 홈페이지(www.darakwon.co.kr) ▶ 학습자료 ▶ 중국어 카테고리'에서 다운로드 받으실 수 있으며, 본 자료의 작성일 이후로 필수어휘상에 또 다른 수정사항이 발표되면 본 자료 역시 수정된 내용으로 다운로드 받으실 수 있습니다.

(작성일 : 2013년 6월 17일)

추가

단어	발음·뜻	단어	발음·뜻
哎	āi 캅 어! 야[놀람이나 반가움을 나타냄]	熬夜	áoyè 동 밤새다, 철야하다
百分之……	bǎifēnzhī…… 100분의 ~, ~퍼센트	报到	bàodào 도착했음을 보고하다, 알리다
报社	bàoshè 명 신문사	抱怨	bàoyuàn 동 (불만을 품고) 원망하다
冰激凌	bīngjīlíng 명 아이스크림	播放	bōfàng 동 (라디오를 통해) 방송하다
不但…… 而且……	búdàn……érqiě…… ~뿐만 아니라 ~이다	差距	chājù 명 차이, 격차
超级	chāojí 형 슈퍼(super), 최고의	潮湿	cháoshī 형 습기가 많다, 축축하다
成人	chéngrén 명 성인, 어른 동 어른이 되다	池塘	chítáng 명 (작고 얕은) 못
迟早	chízǎo 부 조만간, 머지않아	出示	chūshì 동 내보이다, 제시하다, 포고문을 붙이다
词汇	cíhuì 명 어휘	粗糙	cūcāo 형 (질감이) 거칠다, (일하는 데 있어) 서투르다
大厦	dàshà 명 빌딩, 고층 건물	当心	dāngxīn 동 조심하다, 주의하다, 유의하다
岛屿	dǎoyǔ 명 섬, 도서	地点	dìdiǎn 명 지점, 장소, 위치
兑换	duìhuàn 동 현금으로 바꾸다, 환전하다	耳环	ěrhuán 명 귀걸이
饭店	fàndiàn 명 호텔, 식당	分手	fēnshǒu 동 헤어지다, 갈라서다, 이별하다
赶	gǎn 동 뒤쫓다, (열차, 버스 따위의 시간에) 대다, 서두르다	感兴趣	gǎn xìngqù 흥미를 느끼다
刚	gāng 부 방금, 바로, 마침	恭喜	gōngxǐ 동 축하하다
归纳	guīnà 동 귀납하다	国王	guówáng 명 국왕
好客	hàokè 동 손님 접대를 좋아하다	后背	hòubèi 명 등
互联网	hùliánwǎng 명 인터넷	花	huā 명 꽃
划	huá 동 배를 젓다, 베다, 긋다 형 수지가 맞다 huà 동 (금을) 긋다, (금전이나 장부를) 건네주다, 계획하다	滑	huá 형 반들반들하다, 매끈매끈하다
怀孕	huáiyùn 동 임신하다	黄河	Huánghé 고유 (지명) 황허
或许	huòxǔ 부 아마, 어쩌면, 혹시	急诊	jízhěn 명동 응급 진료(를 하다), 급진(하다)
假设	jiǎshè 동 가정하다, 꾸며내다	兼职	jiānzhí 동 겸직하다, 직무를 겸임하다
健身	jiànshēn 동 신체를 건강하게 하다, 튼튼하게 하다	交往	jiāowǎng 동 왕래하다, 내왕하다
戒	jiè 동 경계하다, 훈계하다, (좋지 못한 습관을) 끊다	尽快	jǐnkuài 부 되도록 서둘러, 가능한 한 빨리
经商	jīngshāng 동 상업을 경영하다, 장사하다	开水	kāishuǐ 명 끓인 물
看望	kànwàng 동 방문하다, 문안하다	靠	kào 동 기대다, (물건을) 기대어 두다, 접근하다
空	kōng 형 (속이) 텅 비다 부 공연히 kòng 동 비우다, (시간 따위를) 내다 명 틈, 짬	夸张	kuāzhāng 동 과장하다 명 과장법
昆虫	kūnchóng 명 곤충	朗读	lǎngdú 동 낭독하다, 읽다

단어	발음 / 뜻	단어	발음 / 뜻
老婆	lǎopo 명 아내, 처, 집사람	类型	lèixíng 명 유형
冷淡	lěngdàn 형 냉담하다, 차갑다	连续	liánxù 동 연속하다, 계속하다
列车	lièchē 명 열차	旅行	lǚxíng 동 여행하다
没有	méiyǒu 동 없다 부 (아직) ~않다	媒体	méitǐ 명 매체, 매스컴
梦想	mèngxiǎng 명동 헛된 생각(을 하다), 갈망(하다)	敏感	mǐngǎn 형 민감하다, 예민하다
模特	mótè 명 모델	哪	nǎ 대 어느 것, 어디 부 어찌하여, 왜
哪儿	nǎr 대 어느 것, 어디	那	nà 대 그, 저, 그 사람, 그것
男	nán 명 남자	难免	nánmiǎn 형 피하기 어렵다, 벗어나기 어렵다
内部	nèibù 명 내부	嗯	èng 감 응
女	nǚ 명 여자	欧洲	Ōuzhōu 고유 유럽
培训	péixùn 동 기르다, 훈련시키다, 양성하다	碰	pèng 동 부딪치다, 충돌하다, (우연히) 만나다, 마주치다
拼音	pīnyīn 동 표음 문자(表音文字)로 표기하다	平安	píng'ān 형 평안하다, 편안하다, 무사하다
签	qiān 동 서명하다, 사인하다 명 꼬리표	轻易	qīngyì 형 제멋대로이다, 경솔하다, 쉽다, 간단하다
日子	rìzi 명 날, 날짜, 기간, 시절	色彩	sècǎi 명 색채, 빛깔
伤害	shānghài 동 상해하다, 손상하다, 해치다	商务	shāngwù 명 상업상의 용무
生意	shēngyi 명 장사, 영업	生长	shēngzhǎng 동 생장하다, 자라다
时差	shíchā 명 시차	首	shǒu 명 시작, 최초, 우두머리, 지도자
数	shǔ 동 세다, 헤아리다 shù 명 수	摔倒	shuāidǎo 동 쓰러지다, 넘어지다
说	shuō 동 말하다	搜索	sōusuǒ 동 수색하다, (인터넷) 검색하다
虽然……但是……	suīrán……dànshì…… 비록 ~이지만 ~이다	随身	suíshēn 동 몸에 지니다, 휴대하다
随手	suíshǒu 부 ~하는 김에, 겸해서	淘气	táoqì 형 장난이 심하다
讨价还价	tǎo jià huán jià 성 가격[값]을 흥정하다	特色	tèsè 명 특색, 특징
停	tíng 동 정지하다, 서다, 멈추다	偷	tōu 동 훔치다 부 남몰래, 슬그머니 명 도둑
投入	tóurù 동 돌입하다, 투자하다 형 (열정적으로) 몰두하다	外公	wàigōng 명 외조부, 외할아버지
网络	wǎngluò 명 네트워크, 인터넷	维修	wéixiū 동 보수하다, 수리하다
位于	wèiyú 동 위치하다	胃口	wèikǒu 명 식욕, 흥미
文字	wénzì 명 문자, 글자	无所谓	wúsuǒwèi 동 ~라고 할 수 없다, 개의치 않다, 상관없다
勿	wù 부 ~해서는 안 된다, ~하지 마라	吸取	xīqǔ 동 흡수하다, 빨아들이다, 섭취하다
夏令营	xiàlìngyíng 명 여름 캠프	香肠	xiāngcháng 명 소시지
想象	xiǎngxiàng 명동 상상(하다)	消极	xiāojí 형 부정적이다, 소극적이다
写作	xiězuò 동 글을 짓다, 저작하다, 저술하다	修理	xiūlǐ 동 수리하다, 고치다
学历	xuélì 명 학력	押金	yājīn 명 보증금
牙齿	yáchǐ 명 이, 치아	研究	yánjiū 동 연구하다
演讲	yǎnjiǎng 명동 연설(하다), 강연(하다)	一点儿	yìdiǎnr 수량 조금
一律	yílǜ 형 일률적이다, 한결같다, 서로 같다	一下	yíxià 수량 한 번[동사 뒤에 쓰여 '좀 ~해보다'라는 뜻을 나타냄] 부 단시간에, 갑자기
一再	yízài 부 거듭, 반복하여, 되풀이하여	因为……所以……	yīnwèi……suǒyǐ…… ~때문에 ~하다
印刷	yìnshuā 동 인쇄하다	用功	yònggōng 동 열심히 공부하다

员工	yuángōng 명 종업원		乐器	yuèqì 명 악기	
在乎	zàihu 동 ~에 있다, 마음에 두다, 개의하다		在于	zàiyú 동 ~에 있다, ~에 달려 있다	
占	zhān 점치다 zhàn 점령하다, 차지하다		长辈	zhǎngbèi 명 손윗사람, 연장자	
着火	zháohuǒ 동 불나다, 불붙다		照	zhào 동 비추다, 비치다, (사진, 영화를) 찍다 개 ~대로, ~에 따라	
这	zhè 대 이것, 이		挣	zhēng 동 발버둥치다, 발악하다 zhèng 동 몸부림치며 속박에서 벗어나다, (돈이나 재산 등을) 노력하여 얻다	
只有……才……	zhǐyǒu……cái…… ~해야만 ~이다		种类	zhǒnglèi 명 종류	
重大	zhòngdà 형 중대하다, 무겁고 크다		主任	zhǔrèn 명 장, 주임	
主题	zhǔtí 명 주제		抓	zhuā 동 꽉 쥐다, 할퀴다, 붙잡다, 체포하다	
转	zhuǎn (방향, 위치 등이) 바뀌다, (몸을) 돌리다, (중간에서) 전하다 zhuàn 동 돌다, 회전하다		装修	zhuāngxiū 동 (가옥을) 장식하고 꾸미다, 설치하고 수리해 주다 명 내부 설비	
追	zhuī 동 뒤쫓다, 추격하다, 추구하다, 구애하다		字母	zìmǔ 명 자모, 알파벳	
组	zǔ 명 조, 세트 동 조직하다, 구성하다		左右	zuǒyòu 명 가량, 안팎, 내외[수량사 뒤에 쓰여 대략적인 수를 나타냄], 좌우	
作家	zuòjiā 명 작가				

삭제 : 班主任 | 必需 | 丙 | 不必 | 不但 | 不好意思 | 不免 | 才 | 残疾 | 差别 | 朝代 | 乘 | 池子 | 除 | 传递 | 磁带 | 但是 | 当代 | 岛 | 等候 | 点头 | 丁 | 而且 | 凡是 | 饭馆 | 访问 | 肺 | 费用 | ……分之…… | 愤怒 | 服从 | 刚刚 | 鸽子 | 革命 | 更加 | 孤单 | 古老 | 固体 | 雇佣 | 关怀 | 罐头 | 光荣 | 河 | 横 | 胡须 | 花园 | 划船 | 滑冰 | 黄 | 黄瓜 | 皇帝 | 皇后 | 煎 | 尖锐 | 健身房 | 解放 | 解说员 | 戒烟 | 紧 | 敬爱 | 卷 | 看来 | 抗议 | 恐怖 | 蜡烛 | 狼 | 类 | 粒 | 立方 | 连续剧 | 露 | 没 | 谜语 | 棉花 | 民主 | 明信片 | 哪(儿) | 那(儿) | 男人 | 难看 | 女人 | 排球 | 碰见 | 品种 | 朴素 | 企图 | 牵 | 签字 | 侵略 | 勤劳 | 请客 | 嚷 | 融化 | 荣幸 | 荣誉 | 舌头 | 神经 | 实行 | 食品 | 摔 | 寺庙 | 算 | 虽然 | 缩小 | 所谓 | 所以 | 塔 | 特意 | 体积 | 田野 | 停止 | 通讯 | 铜 | 统治 | 弯 | 维护 | 委托 | 武器 | 洗衣机 | 想像 | 消灭 | 小偷 | 鞋 | 协调 | 信 | 兴趣 | 雄伟 | 修 | 选举 | 研究生 | 液体 | 一路平安 | 以后 | 因为 | 硬币 | 宇宙 | 缘故 | 增长 | 这(儿) | 真理 | 枕头 | 政策 | 挣钱 | 执行 | 钟 | 嘱咐 | 祝 | 字典 | 宗教 | 祖国 | 祖先 | 罪犯 | 做生意

新HSK 급소공략 5급 쓰기
해설서

新HSK 급소공략
5급 쓰기

新 HSK 5급 쓰기 **만점을 향한 공략법** 대공개!

명쾌한 유형 분석과 풍부한 실전문제, 모의고사 3회분
출제 유형에 따른 빈틈 없는 공략법을 알고, 풍부한 실전문제로 실력을 다진다!

상세한 문제 해설과 정답 찾기 요령 공개
미션을 하나하나 따라가며 숨어 있는 정답을 쏙쏙 찾아내는 안목을 기른다!

쓰기 내공 Tip으로 쓰기 기본 실력을 UP
일목요연하게 정리된 핵심 어법과 표현 및 문형으로 쓰기 내공을 탄탄히 쌓는다!

다락원 홈페이지 접속

정가 **15,000원**

ISBN 978-89-277-2079-9
ISBN 978-89-277-2056-0(set)